블랙스완 시대의 PR

한국PR협회 엮음

32명의
PR 전문가가 본
포스트코로나 시대
32개의 트렌드

한울
아카데미

일러두기

'PR'의 국립국어원 외래어표기법은 '피아르'입니다. 그러나 이 책에서는 저자의 의견에 따라 '피알'로 독음하고 'PR이', 'PR은', 'PR을' 등으로 표기함을 밝힙니다.

차례

발간사 – 한국PR협회 회장 **김주호** _6

서문 – **성민정** _8

1부 코로나와 PR 커뮤니케이션

1. 코로나19와 커뮤니케이션 트렌드 — 12
성민정(한국PR협회 연구이사·저술위원장, 중앙대 교수)

2. 정부의 코로나19 방역 커뮤니케이션 — 23
조삼섭(숙명여대 홍보광고학과 교수)

3. 코로나19 위기 상황에서 공익 PR의 역할과 가치 — 30
이재승(대한적십자사 기획조정실장)

4. 팬데믹과 공공외교: 한국 PR 발전의 두 번째 절호의 기회 — 37
신호창(서강대학교 메타버스전문대학원 교수)

5. 코로나19와 미디어 지형의 변화 — 44
김재인(다트미디어 고문)

6. 코로나 팬데믹은 언론 · 미디어 업계에 위기였을까, 기회였을까 — 58
이옥진(조선일보 기자)

7. 코로나 시대의 부침을 겪은 글로벌 스포츠 시장 — 66
김주호(KPR 사장, 한국PR협회 회장)

8. 코로나19를 거치면서 소비와 지출은 얼마나 변했을까 — 78
김지영(Visa Korea 전무)

9. 코로나 시대 항공사 커뮤니케이션 — 86
조영석(아시아나항공 전무)

10. 팬데믹으로 변화하는 업무방식, 핵심은 사내 커뮤니케이션 —— 98
김희진(커뮤니케이션즈 코리아 부사장)

11. 코로나 팬데믹 이후 브랜드 캠페인의 변화 —— 105
조재형(피알원 대표)

2부 사회변화와 PR 커뮤니케이션

12. 일본발 무역규제와 불매운동 —— 116
유재웅(한국위기커뮤니케이션연구소 대표)

13. 명성이 기업을 삼킨다 —— 123
강함수(에스코토스컨설팅 대표)

14. 저출산과 고령화 그리고 세대 간 갈등 —— 132
장수환(경남도청 홍보담당관)

15. 탄소중립 시대의 기업 커뮤니케이션 —— 140
임수길(SK이노베이션 밸류크리에이션센터 부사장) **오세진**(SK이노베이션 밸류크리에이션센터 팀장)

16. 유한킴벌리 ESG 경영과 PR 역할, 시너지 —— 149
전양숙(유한킴벌리 이사, ESG 및 커뮤니케이션 본부장)

17. 요즘 회사에서 요즘 직원들과 일 잘하는 방법 —— 157
권용규(우아한형제들 상무, 사장님비즈니스성장센터장)

18. 우리 시대는 존경의 마음을 보낼 '영웅'이 필요해 —— 164
최정식(국가보훈부 홍보담당관)

19. K-먹방의 열풍과 미래 —— 172
임유진(숭실대 경영대학원 겸임교수) **안순태**(이화여대 커뮤니케이션미디어학부 교수)

3부 기술과 문화, 그리고 PR 커뮤니케이션

20. 디지털 대전환 시대 테크 기반 체험 솔루션 트렌드 변화 — 180
고아진(제일기획 팀장)

21. 왜 유튜브인가 — 192
김종래(디앤씨컴퍼니 부사장)

22. 메타버스와 NFT로 진화하는 콘텐츠 — 201
임지현(카카오게임즈 부사장, 한국PR협회 부회장)

23. 생성형 AI 시대에 PR 커뮤니케이션의 방향성 — 210
김윤경(팬덤퍼널 대표)

24. 챗GPT가 이끄는 AI 세계 — 219
김묘영(바이스 버사 디자인 스튜디오 대표)

25. 챗GPT를 활용한 브랜드의 메시지 하우스 개발 — 225
이중대(메시지 하우스 대표)

26. K-콘텐츠의 성공, 그리고 미래 — 236
한광섭(한국PR협회 명예회장)

27. 전 세계 시청자가 〈오징어 게임〉을 본 이유 — 245
김영섭(타이거 스튜디오 대표)

28. 놀면 뭐하니? 부캐의 탄생 — 252
황유선(글램잇 대표)

29. '누리호와 나로호 사이' — 259
정세진(한화에어로스페이스 전략부문 커뮤니케이션실장)

30. 오픈런, 줄서기를 문화로 만들다 — 267
이상우(프레인앤리 연구소장)

31. 팝업스토어, 어디까지 가봤니? — 274
방지연(LF 홍보팀장)

32. 왜 일론 머스크는 트위터를 인수했을까? — 281
김은용(KPR 전무)

발간사

블랙 스완(Black Swan)은 검은 백조를 말합니다. 백조는 흰색인데 검은 백조는 어색한 표현이죠. 흰색이라고만 생각했던 백조가 검은색으로 처음 발견된 것은 17세기 호주에서 일이라고 합니다. 사람들의 고정된 생각을 깬 의외의 일이 생긴 겁니다. 월스트리트 금융전문가인 나심 니콜라스 탈레브가 『검은 백조(The black swan)』라는 책을 쓰며 서브프라임 모기지 사태(subprime mortgage crisis)를 예언한 게 이 용어가 예기치 않은 일, 충격적인 일을 설명하는 표현으로 광범위하게 쓰이게 되었습니다. 9·11테러나 영국의 유럽 연합 탈퇴를 의미하는 브렉시트(Brexit) 등이 여기에 해당됩니다.

우리가 겪어온 3년간의 코로나는 블랙스완 시대의 전형입니다. 누구도 사전에 예측하지 못했고, 엄청난 사회적·경제적 파장을 몰고 왔습니다. 우리 사회는 2020년 초부터 시작된 코로나를 거치며 다양한 변화를 겪었습니다. 코로나 시대는 격리, 비대면, 재택근무, 온라인 미팅 등이 일상화되고 산업별로 부침이 많았습니다. 커뮤니케이션 전반으로 보면 디지털 부문이 집중 성장하고 PR 시장도 확대되었습니다. TV 광고도 일시적으로 증가했지만 스포츠마케팅이나 이벤트, 컨벤션 산업 쪽은 큰 피해를 보았습니다. 이런 사회의 큰 변화 속에 정부나 기업, 단체, 개인은 어떻게 소통을 했을까요? 실제로 PR 커뮤니케이션 측면에서 코로나 팬데믹 시대의 도전에 다양하고 적극적으로 대응해 왔습니다.

『블랙스완 시대의 PR』은 한국PR협회 32명의 다양한 PR 전문가들이 정부, 학계, 기업, PR회사 등 각 영역에서 코로나 시대를 겪으면서 달라진 사회 현상을 PR 관점에서 분석한 책입니다. 이 책은 크게 3개의 장으로 첫째는 코로나와 PR 커뮤니케이션, 둘째는 사회 변화와 PR 커뮤니케이션, 셋째로 기술과 문화, 그리고 PR 커뮤니케이션으로 구성되어 있습니다.

이 책은 한국PR협회가 학문적인 접근보다는 사회, 경제, 문화 등 전반적인 분야에서 일어나는 현상들을 PR인의 관점에서 어떻게 해석할 수 있는지를 실무적 접근으로 분석해 엮은 책입니다. 코로나 위기가 오기 전인 2019년 한국PR협회 창립 30주년을 맞아 펴냈던 『30대 뉴스에서 PR을 읽다』가 협회 창립 30년간의 주요 뉴스를 중심으로 분석한 것입니다. 이번 『블랙스완 시대의 PR』은 그 이후 코로나가 발생한 2020년부터 4년간의 시대의 트렌드 변화에 중점을 두고 분석했다고 볼 수 있습니다.

이 책의 저자로 참여해 주신 국내 최고 권위의 교수님과 홍보전문가분 들께 진심으로 감사드립니다. 또한 이 책이 나오기까지 한국PR협회 저술위원장을 맡아 애써주신 중앙대학교 성민정 교수님, 협회 임유진 사무국장님께 감사의 말씀을 드립니다. 그리고 한울의 팀장께도 고마운 마음 전합니다.

이 책이 코로나로 큰 변화를 겪고 있는 시대 환경 속에서 PR의 가치나 위상을 되돌아보는 계기가 되었으면 합니다. 앞으로 닥칠지도 모르는 더 큰 블랙스완의 시대에도 이번 코로나 시대의 PR커뮤니케이션이 하나의 교훈이 되어 더 좋은 사회를 만드는 데 기여했으면 하는 바람입니다.

2023년 8월

한국PR협회 회장 김주호

서문

지난 5월 11일, 정부는 코로나-19 종식을 선언했습니다. 3년이 넘는 기간 동안 전례 없이 사회 제반 시스템 올스톱을 초래했던 팬데믹에서 벗어난 것이 불과 반 년도 지나지 않았는데, 벌써 아득한 과거처럼 느껴집니다. 예기치 않은 감염병의 습격에 우리는 보건의 위기, 소통의 위기 그리고 사회 전 시스템과 삶이 방식이 흔들리는 혼란을 겪었고, 그것은 감염병 종식과 별개로 현재 진행 중이기도 합니다. 코로나-19 팬더믹이 인류 역사의 대 전환점이 될 것이라고들 합니다. 또한 지난 몇 년 간의 기술과 사회적 변화는 상상하지 못했던 오늘을 만들었고, 우리의 삶의 방식을 송두리째 바꿔놓고 있다고 해도 과언이 아닙니다. 각종 소셜 미디어와 AI, 챗GPT를 포함한 기술의 발전은 커뮤니케이션 매커니즘을 통째로 바꾸었으며, 이와 맞물린 사회적 가치와 구조의 변화 역시 새로운 커뮤니케이션 방식을 필요로 합니다.

지난 2019년 한국PR협회는 창립 30주년을 맞아 협회 창립 30년간의 주요 뉴스를 PR 관점에서 분석한 〈30대 뉴스에서 PR을 읽다〉를 출간한 바 있습니다. 그 이후 팬더믹과 AI, 메타버스를 비롯한 기술의 급속한 발전은 우리 사회를 짧은 시간에 변화시켰고, 불과 5년 사이에 이전 30년 동안만큼 많은 사건, 사고, 뉴스가 발생했습니다. 특히 PR 관점에서 커뮤니케이션의 본질과 의미를 고민하게 하는 큰 변화들과 다양한 사건, 사고는 커뮤니케이션 방식 및 체계의 전환 필요성을 의미하기도 합니다. 이에 〈블랙스완 시대의 PR〉을 통해 지난 5년 간의 주요 뉴스나 사건, 현상, 트렌드를 기반으로 PR 관점에서 우리 사회가 추구해야 하는 가치와 방향을 살펴보고자 합니다.

본 서적의 완성을 위해 여름부터 가을까지 바쁜 업무 중에도 원고 집필을 해주신 서른 두 분의 필자들께 깊은 감사를 드립니다. 특히 이 책의 기획 단계부터 출판까지 전 과정을 세심하게 이끌어 주신 한국PR협회 김주호 회장님과 필자 섭외와 원고 청탁 및 독촉, 교정 등 모든 단계를 매끄럽게 관리해주신 임유진 사무국장님의 노고와 수고에 더할 나위 없이 깊은 감사의 마음을 전합니다. 또한 본서의 편집과 출판 작업을 맡아 성심으로 도와주신 한울엠플러스 편집부에도 감사 드립니다.

모쪼록 이 책에 포함된 다양한 논의와 사례를 통해 지난 5년 간의 변화를 면밀히 살펴보고, 언제 다시 나타날지 모르는 블랙 스완에 대한 우리의 대비 태세가 정비되기 바랍니다. 더불어 과거로부터의 교훈을 바탕으로 소통의 장이 확대되고, 활발하고 진솔한 커뮤니케이션을 바탕으로 우리 사회가 한결 발전하는 계기가 되기를 희망합니다.

한국PR협회 연구이사·저술위원장

성민정

1부

코로나와 PR 커뮤니케이션

1. 코로나19와 커뮤니케이션 트렌드

성 민 정 (한국PR협회 연구이사·저술위원장, 중앙대 교수)

코로나19 팬데믹이 경제, 사회, 정치, 문화 등 모든 면에서 큰 변화를 초래했다는 것은 주지의 사실이다. 전 인류적 위기 상황을 기점으로 다양한 조직의 이해관계자나 사회 구성원들에게 필요한 정보를 전달 및 공유함으로써 사회 문제를 해결하고 공공의 가치를 구현하는 커뮤니케이션 기능의 사회적 가치와 역할에 대한 인식이 제고되었으며, 책임성 있고 투명하고 정교한 정보 순환의 중요성에 대한 사회적 공감대가 이루어졌다. 오늘날 커뮤니케이션 전문가들은 커뮤니케이션 기술의 발전, 팬데믹으로 인한 고립감, 사회적 참여(engagement) 및 연결성(connectivity) 강화 등 다양한 요소에 기인한 패러다임의 전환을 경험하고 있다. 이에 본 챕터는 다양한 측면의 변화가 초래한 커뮤니케이션 방식 및 트렌드에 대해 살펴보고, 포스트코로나 시대의 커뮤니케이션에 시사하는 바는 무엇인지 논의하고자 한다.

온·오프라인 구분을 뛰어 넘는 디지털 전환: 모두가 온라인 세상에서

근래 사회 변화를 이끌어온 커뮤니케이션 기술의 발전과 디지털 전환은 코로나19를 계기로 폭발적으로 가속화되었다. 한 조사에 따르면 코로나 봉쇄 첫 8

주 동안의 소비자들의 온라인 쇼핑 사용 및 성장세가 이전 5년과 동일한 것으로 나타났다.[1] 사회적 거리두기 등 물리적 제약으로 많은 사회 활동이 온라인상에서 이루어지게 되었고, 젊은 세대의 전유물이라고 생각되었던 각종 디지털 플랫폼과 미디어를 전 세대가 '사용할 수밖에 없게' 됨에 따라 자연스럽게 디지털 전환이 이루어진 것이다(신혜진 외, 2022). 이에 자연스럽게 세대 간, 그룹 간 디지털 격차가 감소하기도 했다(≪아이뉴스24≫, 2022.4.13).

소매 거래의 중심이 매장과 같은 오프라인에서 온라인으로 이동하고, 디지털 채널에 적응한 중장년층 및 그간 온라인 거래를 하지 않던 새로운 사용자들이 유입되면서 소비재 및 유통산업을 이커머스가 지배하는 구조적 변화가 발생하였다. 또한 팬데믹 기간 동안 이커머스에 익숙해진 소비자들은 코로나 이후에도 오프라인 매장으로 회귀하기보다는 비대면 거래의 안전성과 편리함을 선택했다. 가령 영국의 경우 코로나 이전에 7%에 불과했던 온라인 장보기 비율이 30%를 상회할 정도로 급성장했으며, 오프라인 매장 철수가 가속화되고 있다.[2]

온라인의 일상화는 앞서 언급된 쇼핑이나 상거래뿐만 아니라 교육, 문화 활동, 업무, 사교 활동 등 모든 면에서 이루어졌다. 특히 가족, 지인과의 연결과 소통에 대한 욕구는 다양한 소셜 네트워크 플랫폼을 활용한 모임과 커뮤니티 활동으로 이어졌고, 교육, 각종 전시회, 공연, 회의, 컨퍼런스 등 대부분의 사회활동이 비대면으로 전환됨에 따라 온라인 삶을 당연한 것으로 받아들이게 되었다. 이는 코로나 종식 이후에도 오프라인 대체 수단으로 국한되지 않고, 일상적인 삶의 방식의 한 축으로 자리 잡았다. 따라서 기업이나 조직, 브랜드의 커뮤니케이션 역시 온·오프라인을 각각 동일 비중 혹은 온라인 우선

1) https://www.mckinsey.com/capabilities/growth-marketing-and-sales/our-insights/ reimagining-marketing-in-the-next-normal
2) https://www.mckinsey.com/industries/consumer-packaged-goods/our-insights/how-consumer-goods-companies-can-prepare-for-the-next-normal

으로 고려하여 기획 및 실행되고 있다. 물론 온라인이 오프라인의 모든 것을 대체하지는 못하는 것으로 나타났다. 가령 한 조사에 따르면 소비자 64%가 줌(zoom) 등이 편리하긴 하지만 면대면 커뮤니케이션을 대체하지는 못한다고 응답해, 코로나 종식 이후 디지털 전환의 속도 조절이 어떻게 이루어질지 지켜볼 필요도 있다.[3)]

〈시사점〉 이 같은 현상을 고려하여 PR 커뮤니케이션 측면에서는 기존과 다른 화법과 소재의 사용이 이루어져야 한다. 다만 온라인의 비중이 높아졌다고 해서 모든 커뮤니케이션이 전적으로 온라인으로 이루어지거나 특정 시기 유행하는 화법이나 기법에 지나치게 의존하는 것은 경계해야 할 것이다. 또한 과거의 세대에 따른 갭이 줄어든 만큼, 보다 정교한 채널과 미디어, 플랫폼에 대한 분석을 바탕으로 커뮤니케이션 실행이 이루어져야 한다.

미디어 사용 행태 변화 및 사용량 증가

코로나19를 계기로 미디어 채널 유형과 사용량, 행태 등도 모두 변하였다. 이는 디지털 확산에 비례하기도 하는데, 가장 눈에 띄는 변화는 집에 머무는 시간이 늘어나면서 소비자들의 전반적인 미디어 사용량이 증가한 것이다. 코로나 확산 이후 미디어 소비 증가세가 가장 높은 연령층인 Z세대의 경우, 사용자 58%의 미디어 소비 및 사용이 증가했다.[4)] 특히 온라인 비디오 시청 시간의 증가가 눈에 띄는데, 동영상은 코로나 종식 이후에도 소비자와의 커뮤니케이션에 있어 가장 중요한 채널이라 할 정도로 성장했다. 시스코는 동영상이 소비자 인터넷 트래픽의 82%를 차지할 것으로 예측했다.[5)]

---

3) https://www.pewresearch.org/short-reads/2020/03/31/americans-turn-to-technology-during-covid-19-outbreak-say-an-outage-would-be-a-problem/

4) https://www.hkstrategies.com/en/how-covid-19-will-change-consumer-behavior-purchase-patterns/

한편 동영상 시청량 급증과 더불어 기존의 '잘 만들어지고 많은 정보가 담긴' 롱폼(long-form) 동영상보다 10분 이내로 짧고 단순한 숏폼(short-form) 동영상이 트렌드로 자리 잡고 있다. 이는 코로나 이후 모바일 기기 사용은 늘어났지만 점점 집중력이 짧아지고 있는 현대인에게 부합하는 콘텐츠이기도 하다. 정보의 홍수 속에서 미디어 이용자들은 깊이 생각하지 않고 소비할 수 있는, 즉 단도직입적으로 본론만 간단히 전달하는 메시지를 선호하는 것이다. 이러한 맥락에서 동영상 콘텐츠는 형식보다 그 내용이 중요하다. 휴대폰과 아이디어만 있으면 누구나 동영상 콘텐츠를 제작하고 게시할 수 있게 되면서 영상의 질이나 포맷에 대해 과거보다 훨씬 유연한 접근이 이루어지고 있다(≪헤럴드경제≫, 2023.6.28). 또한 전문가가 의도적으로 만든 양질이 콘텐츠에 비해 거칠고 날것의 느낌이 나더라도 나와 비슷한 일반인이 만든 영상이 더 믿을 수 있고 의미 있다는 인식도 한 몫을 한다.

코로나19 확산 이전부터 성장해 온 소셜 미디어는 비대면과 단절의 시대에 그 사회적 연결의 기능으로 인해 급성장하였다. 집단과 커뮤니티(sense of community) 상실감을 보완하고 인간적 연결(human connection)을 위해 소셜 미디어를 사용하면서 소셜 미디어가 진정 '소셜'해졌다는 평가를 받기도 했다.[6] 특히 소셜 미디어의 가공되지 않고 비정형적이며 계획되기보다는 즉각적이라는 특성을 바탕으로 사회적 활용이 확장되었는데, 그 가운데 줌, 구글 행아웃 등과 같은 라이브 커넥션의 사용이 일상화되었고, 라이브 피드(live feed) 기능을 바탕으로 이용자들과의 상호작용과 소통이 확대되었다. 업무와 생활방식 변화에 따라 사용자들의 소셜 미디어 사용 행태도 변했는데, 가령 하루 평균 사용량은 증가했으며, 근무 시간인 9시~5시 사용량이 늘어난 반면 근무 시간 이후에는 사용량이 급감하는 패턴이 나타났다.[7]

---

5) https://www.cisco.com/c/dam/m/en_us/solutions/service-provider/vni-forecast-highlights/pdf/Global_Device_Growth_Traffic_Profiles.pdf

6) https://grayling.com/news-and-views/covid-19-communications-trends/

그러나 미디어에 대한 신뢰는 감소하는 추세를 보인다. 미디어 소비는 전통적 미디어와 소셜 미디어 모든 채널에서 증가한 반면, 전통적인 주요 미디어에 대한 신뢰는 급감한 점에 관심을 가질 필요가 있다. 이는 글로벌한 현상이기도 한데, 그 가운데 한국은 다른 나라들과 비교하더라도 가장 낮을 뿐만 아니라 지난 몇 년 간 미디어 신뢰도가 점점 낮아지는 추세를 보이고 있다.[8] 사실 사회적 차원의 신뢰도 하락은 전통 미디어뿐만 아니라 정부, 기업, 비영리조직 등 사회를 구성하고 있는 대부분의 조직체에 해당하는 것이기도 하지만, 타 유형의 조직에 비해 미디어 신뢰도가 가장 많이 하락한 점은 주목할 만하다.

〈시사점〉 커뮤니케이션 대상의 미디어 사용 행태 및 특성에 대한 깊이 있는 분석과 이해가 필요하며, 미디어 성격에 부합하는 활용이 이루어져야 한다. 가령 최근 많은 조사에 따르면 플랫폼 별로 최적의 포스팅 시간이 있다.[9] 또한 많은 기업과 브랜드들이 소비자 및 이해관계자들과의 커뮤니케이션 및 관계 관리를 위해 소셜 미디어를 사용하고 있는데, 소셜 미디어는 진정한 '사회적' 연결과 공유의 채널로 사용될 필요가 있다. 또한 특히 각 플랫폼의 라이브 피드(live feed) 기능 사용이 증가하고 있는데, 이는 노출이나 일방적 전달이 아닌 참여와 인게이지먼트에 부합하는 기능이라는 점을 고려해야 한다.

원격 근무와 사내 커뮤니케이션: New world of working

코로나19로 인해 가장 눈에 띄는 트렌드는 원격 근무와 사내 커뮤니케이션 강화이다. 팬데믹 기간 동안 많은 기업들이 유연근무, 재택근무, 거점 오피스

---

7) https://www.njimedia.com/emerging-social-media-trends-during-the-covid-19-pandemic/

8) https://www.edelman.com/trust/2023/trust-barometer

9) https://www.mobiinside.co.kr/2021/02/05/sns-good-time/

근무, 워케이션 등 다양한 원격근무 형태를 채택하면서 어떤 직장에서 일하느냐 만큼이나 '어디에서' 일하느냐가 중요해졌다. 반면 조직에 대한 충성도, 몰입도, 소속감 등은 감소해, 조직 문화와 경영 효율성 관리가 이슈가 되었다. 이에 경영 전략의 일부로서 사내 커뮤니케이션에 대한 관심이 증가했고, 많은 조직들이 직원 중심적 조직 운영과 소통 활성화를 추구하고 있다. 한편 원격근무 확대와 함께 직원들은 기존의 일방적 전달이 아닌 보다 많은 소통과 정보 공유를 기대하게 되었다. 업무 절차나 방식에 대한 지시적 정보, 강요된 몰입과 전체주의적 조직 문화에서 벗어나 조직 비즈니스뿐만 아니라 경영 전반과 관련된 중요한 최신 정보를 즉각적으로 자주 실시간 공유할 것을 요구하는 것이다.

많은 조직들이 원격 근무에 맞는 시스템과 솔루션을 모색하는 차원에서 디지털 전환을 시도하고, 면대면 커뮤니케이션의 부재 및 업무 효율성 감소 보완을 위해 다양한 커뮤니케이션 시스템과 인프라를 도입하였다. 특히 인트라넷이나 줌 등의 비디오 회의 툴을 통해 조직구성원들 간의 소통을 강화하고 참여와 협업을 독려함으로써 생산성 향상, 나아가 조직과의 연결성 확대를 추구했으나, 그 실효성에 대한 깊이 있는 검증이 필요하다. 다만 경영진과 구성원들 간의 커뮤니케이션 활성화 차원에서 이루어진 가상의 타운홀 미팅 등은 코로나 종식 이후에도 구성원들의 목소리를 듣기 위한 프로그램으로 이어지고 있다. 또한 근무 시간과 장소의 유연성이 확대되었다. 이는 구성원 간 소통 부족과 기존 조직 문화 해체라는 문제점과 더불어 한국 조직에 만연한 집단주의에서 벗어나 개인의 일과 삶의 균형(워라벨)을 찾고 여성 근무자들이 훨씬 유연하게 근무할 수 있게 되었다는 장점도 있다. 더불어 조직 구성원들의 건강과 웰빙, 안전에 대한 관심이 높아지면서 많은 조직에서 이와 관련된 사내 복지가 강화되었는데, 워라벨과 사내 복지가 직원들의 몰입도, 생산력, 충성도, 이직률에도 영향을 미칠 정도로 중요한 사안으로 부각되면서 최근 인사관리 및 대내외 평판 관리 차원에서도 핵심 어젠다가 되었다.

한편 코로나 종식 이후 기업들이 재택근무를 종료함에 따라 일부 직원들이 사업장으로의 복귀를 거부하거나(대사직) 최소한의 일만 하는(조용한 사직) 현상이 발생하였고, 이는 직장에 대한 인식 자체가 바뀌었음을 보여준다. 사실 원격 근무의 효과, 특히 생산성과 관련하여 많은 논란이 있으며 일부 연구에 따르면 효과적이지 않은 것으로 나타나기도 한다(≪경향신문≫, 2020.10.11). 많은 기업이 조직 내 소통 강화와 효율성 확보를 위해 기존 '출근' 방식으로 회귀하고 있지만, 원격 근무가 직원들의 행복감, 몰입, 만족도 등을 높인다는 점에서 그 가치와 효용성을 평가절하 하기는 어렵다(≪동아일보≫, 2023.1.14). 일부 기업들은 초기 원격 근무 방식에서 나아가 기존 업무 방식과 병행할 수 있는 방안을 모색하고 있기도 하다. 또한 근무 장소 및 시간의 유연성에 대한 기대 및 요구가 높아지면서 근로 계약이나 인사 시스템의 전적인 변화가 수반되는바, 물리적인 근무 형태를 초월하는 직원 관계성 관리 및 커뮤니케이션의 중요성이 더욱 커지고 있다.

〈시사점〉 코로나19로 인해 사내 커뮤니케이션은 질적, 양적 모든 차원에서 변화하였으며, 조직구성원들을 일방적 정보 전달의 대상이 아닌 양방향적 정보 공유 및 적극적인 참여의 주체로 인정해야 한다. 과거의 충성도나 몰입을 기대하기보다는 의사 결정의 일원으로서 사전에 공유하고 그들의 목소리를 들어야 한다. 사회적 불신이 커지는 상황에서 오히려 외부 이해관계자들은 조직 구성원들을 가장 믿을 만한 조직 대변인으로 인식한다.[10] 내부 커뮤니케이션 역시 형식과 질보다는 속도와 메시지가 중요하며, 구성원들의 접근성이 우선되어야 한다.

---

10) https://www.edelman.com/trust/2023/trust-barometer

기업의 사회적 문제 해결 능력에 대한 기대와 사회적 책임성 확대

기업의 사회적 책임성(CSR)이나 지속가능성(sustainability), 3P(people, profit, planet) 등 사회적 존재로서 기업의 의무나 책임성에 대한 논의는 코로나19 이전부터 지속되어 왔으며, 최근 몇 년 간 ESG가 키워드로 대두되면서 많은 기업들이 ESG 경영 선언을 하고 관련 커뮤니케이션을 강화하고 있다. ESG가 확산된 다양한 배경과 이유는 뒤에 이어지는 여러 챕터에서 다루는 바 본 챕터에서는 관련 논의를 생략하겠으나, 팬데믹을 계기로 기업과 브랜드의 사회적 문제 해결 능력에 대한 소비자들의 기대가 커지고 그 필요성과 당위성이 부여된 것은 확실하다. 한 조사에 따르면 소비자의 절반 이상은 자신에게 필요한 서비스를 제공하는 브랜드를 긍정적으로 평가하고, 소비자를 위한 변화를 추구하는 브랜드를 높이 평가한다.[11)]

소비자들은 제품이나 서비스의 제공자가 누구인지 관심을 가지며, 과거에 비해 더 많은 가치를 기대하는데, 이는 팬데믹 기간에 새로 발생했다기보다는 전에 없던 공포와 무기력을 경험하며 더욱 커졌다고 볼 수 있다. 나아가 기업들은 각종 정치적, 사회적 이슈에 명확한 입장을 밝힐 것을 요구 받고 있기도 하다.[12)] 코로나19가 지속되면서 커진 고립감으로 인해 대중은 인간적 연결성과 접촉을 추구하게 되고, 기업이나 조직에도 그런 인간적 면모를 기대하는 것이다. 또한 코로나 대응에 있어 각 국가나 국제기구 등의 기대에 미치지 않는 무능과 무기력을 경험하면서 오히려 기업이 더 유능하고 윤리적인, 이 사회에서 그나마 문제 해결 능력이 있는 믿을 만한 존재라고 인식하게 되었다.

---

11) 5 marketing insights from COVID-19 consumer trends | Ad Age https://adage.com/article/cmo-strategy/5-consumer-trends-will-endure-after-covid-19-and-what-they-mean-marketers/2247986

12) https://www.mckinsey.com/industries/retail/our-insights/emerging-from-covid-19-australians-embrace-their-values

이에 많은 기업과 브랜드는 지속가능성이나 사회적 기여를 바탕으로 커뮤니케이션 메시지를 구성하고 있다. 팬데믹 기간 동안 대중의 지지를 받았던 기업들 역시 자신들이 추구하는 가치와 존재 목적을 명확하게 하고 그것을 진정성 있게 이행한 조직들이다.

〈시사점〉 사회적 책임성의 이행은 단순히 대중의 관심에 부합하는 옳은 일을 하고 가치를 추구하는 것이 아니라 해당 조직이나 브랜드의 행동과 가치에 부합하는 것이어야 한다. 특히 다양한 이해관계자들이 직접 참여와 소통을 기대함에 따라 보여주기식 단기적 행사가 아닌, 조직의 일상적 활동의 일부로서 이행될 때 진정성과 투명성이 확보되었다고 평가받을 수 있다.

공간과 경험

팬데믹은 공간과 경험에 대한 인식과 실제 활용에도 많은 변화를 초래했다. 디지털 전환이 이루어졌다고 해서 생활이 디지털 환경 내에만 국한되지 않을뿐더러, 자신의 직접 경험에 대한 욕구가 남아 있기 때문이다. 이와 더불어 소셜 미디어는 팬데믹 기간 동안 개인이 세상과 연결된 거의 유일한 창구였으며, 이를 통해 타인에게 자신을 보여주기 위한 장치나 소재로서 공간과 경험이 필요했다. 이에 타인에게 보여줄 만하고 시선을 끌 만한 공간과 경험에 대한 욕망이 커졌고, 엔데믹 전환 이후에는 폭발적으로 커뮤니케이션 전략의 일환으로 사용되고 있다.

가장 먼저 변화한 공간은 '집'으로, 팬데믹 동안 집과 관련된 소비가 급증했다. 집에 머무는 시간이 늘어나고 활동 반경이 집으로 제한되면서 새로운 가전제품이나 가구를 구입하고 인테리어를 바꾸거나 요리를 하는 등 집과 가족에 대한 관심이 커지기 시작했다. 특히 원격 수업이나 강의, 재택근무 등으로 모든 가족 구성원이 집에서 생활하게 되어, 사무 공간이자 교실, 회의실로 집을 꾸미거나 수리하는 수요가 크게 증가해, 전 세계적으로 홈퍼니싱, 홈오피스, 홈쿠킹, 홈트레이닝 등이 새로운 트렌드로 자리 잡았다(MTN뉴스, 2021.9.20; ≪TECHM≫, 2021.9.5). 이렇게 변화된 공간은 다양한 채널을 통해 의도적, 비의도적으로 노출되었는데, 코로나 기간 동안에는 '랜선 집들이' 방식은 아파트 분양 시장에서 활용되기도 했다(≪디지틀조선≫, 2021.9.1). 이와 더불어 집에서 혼자 할 수 있는 것들에 대한 관심이 커지거나 밖에서 타인과 하던 행동을 집에서 혼자 하게 되었는데, 그 대표적인 것이 '혼술' 또는 '홈술'이다(≪중앙일보≫, 2022.12.10). 2020년 3월 전국적인 사회적 거리두기 정책 시행 이후 집에서 음주하는 소비자가 증가해, 하이트진로의 2020년 총 매출액은 사회적 거리두기 시행 이전에 비해서 약 124% 증가하기도 했다(≪매일경제≫, 2021.2.10). 이와 더불어 회식, 모임 등 집단성에 기반한 사회적 활동은 물리적으로 줄어들었을 뿐만 아니라 안 해도 되는 또는 중요하지 않은 것으로 인식되었으며, 그 트렌드는 팬데믹 이후에도 이어지고 있다.

공간과 관련한 또 다른 변화는 팝업 공간의 확산이다. 팬데믹 기간 동안 수많은 오프라인 매장이 문을 닫았고, 몇 년 전부터 회자된 리테일의 종말(retail apocalypse)이 코로나19를 계기로 현실화된 듯 했지만, 사회적 거리두기가 해제되고 일상이 회복되면서 그 동안 억눌렸던 소비자의 활동 욕구 분출과 재미와 색다름에 대한 니즈, 소셜 미디어에 공유할 만한 이미지 수요 등을 바탕으로 팝업스토어가 핫플레이스로 부상하였다(≪이코노믹리뷰≫, 2023.3.9). 오프라인 판매 채널의 비중과 효용성은 감소하고 있지만, 물리적인 공간에서의 이미지와 경험을 통해 기업, 브랜드, 제품, 서비스를 인식시키는 것이다. 이들 팝업스토어는 브랜드 노출의 공간일 뿐만 아니라 일정 시간 이상 특정 공간에 머무르면서 체험함으로써 친숙도와 호감도가 창출되며, 소비자들의 소셜 미디어 공간을 통해 전파됨으로써 효율적인 메시지 확산이, 그리고 타인의 직접 경험이 인증되었다는 제3자 효과도 얻을 수 있다. 다양한 산업군의 기업과 브랜드가 팝업 공간을 등을 활용해 소비자들과 콘텐츠를 공유하고 있으며, 이는 스토어뿐만 아니라 레스토랑, 쇼케이스 등 다양한 형태로 진화 및 확대될 것으로 보인다.

〈시사점〉

PR 커뮤니케이션 관점에서 공간은 노출 및 경험뿐만 아니라 '관계 형성(relationship building)'과 관련된 다양한 측면의 효과를 고려할 수 있는 장치이다. 사회적 동물이라는 인간의 본성을 고려해 관계의 부재와 부족에 따른 연결성에 대한 갈망을 채워주는 접근이 팬데믹 기간 동안 유효했다면, 엔데믹 이후 공간을 통한 관계 형성과 유지가 커뮤니케이션 전략 수립 및 실행 과정에서 중요한 요소로 다루어져야 할 것이다.

참고문헌

신혜진·편미란·피연진·윤소희·방로·김용찬. 2022. 「코로나19 팬데믹과 노인의 도시 디지털화 경험」. ≪한국언론학보≫, 66(4), 219~265쪽.

≪디지틀조선≫. 2020.9.1. "[코로나가 바꾼 분양시장 ②] 유튜브 활용한 '랜선 집들이' 인기".

≪매일경제≫. 2021.2.10. "하이트진로, 홈술덕에 작년 영업익 124% 급증".

≪아이뉴스24≫. 2022.4.13. "영유아·노년층 인터넷 활용률 급증… 무시못할 인터넷 경제."

≪이코노믹리뷰≫. 2023.3.9. "'SNS 인증샷 성지'… 백화점, 인기 팝업스토어로 '핫플' 노린다".

≪중앙일보≫. 2022.12.10. "[술에 관대한 음주공화국] 코로나로 혼술·홈술 급증, 일상 되찾자 회식까지 부활… 살인·폭력 4건 중 1건 취중 범행".

≪헤럴드경제≫. 2023.6.28. ""모두가 콘텐츠 생산자로… 숏폼이 선도하는 새 시대" [이노베이트 코리아 2023]".

MTN뉴스. 2021.9.20. "이케아도 '랜선 집들이'… "스웨덴 스타 셰프도 냉파 삼매경"".

≪TechM≫. 2020.9.5. ""랜선여행부터 AI홈트까지" 코로나 시대 '언택트' 취미 생활 앱 알아보자".

Forbes. 2023.8.6. "The Productivity Problem With Remote Work."

2. 정부의 코로나19 방역 커뮤니케이션

조 삼 섭 (숙명여대 홍보광고학과 교수)

아마도 누군가가 30여 년 후 2020년 한국의 기록 영상을 본다면 실내든 실외든 모든 사람들이 마스크를 착용하고 있는 모습을 가장 이상하게 느낄 것이다. 코로나19 팬데믹 이전에도 2003년 SARS, 2009년 신종플루, 2015년 메르스 사태라는 감염병 위기가 있었지만 2020년 코로나19와는 비교가 안 되는 작은 규모라고 할 수 있다. 국가 차원에서 초유의 코로나19 방역 커뮤니케이션은 대한민국 건국 이래 감염병 사례 중 가장 규모가 큰 감염병 위기라 할 수 있다. 전 세계 코로나 팬데믹 데이터를 보여주는 월드오메터[1]에 의하면 2023년 8월 11일 현재 기준 우리나라는 확진자 3350만, 사망자 3만 5000명으로 확진자 수 기준 전 세계 7위를 기록하고 있다. 그러나 전체 인구 대비 사망자는 0.06%로 미국의 0.3%에 비하면 잘 대처한 편이라 평가할 수 있다.

정부 차원의 코로나 방역 커뮤니케이션의 목적은 국민들이 방역수칙을 잘 따라주어, 감염을 줄이고 환자를 빨리 회복하게 하고, 궁극적으로는 코로나 사망자를 줄이는 데 있다. 커뮤니케이션 차원에서 본다면 정부의 방역 커뮤

1) www.worldometers.com 코로나19 감염 정보를 취합해 일일 단위로 통계를 제공하고 있다. 확진자 수 기준 미국, 인도, 프랑스, 독일, 브라질, 일본, 한국 순이다.

니케이션의 핵심은 정부의 방역대책에 대한 대중의 신뢰이다. 방역 커뮤니케이션의 성패를 좌우하는 정부 신뢰의 중요성은 대중이 정부의 발표를 신뢰하며, 대중매체 및 디지털 미디어를 통해 전달되는 방역수칙을 이해하고 따라주는 것이 필요하기 때문이다.

이 글에서는 코로나 발병 2020년 2월부터 마스크 착용 의무가 해제된 2023년 5월까지 정부의 대국민 코로나 방역 커뮤니케이션을 되돌아보고, 향후 정부의 감염병 보건 커뮤니케이션 차원에서 시사점을 탐색하고, 마지막으로 코로나 팬데믹의 커뮤니케이션을 거울삼아 한계점과 과제를 점검하고자 한다. 실제로 코로나 팬데믹 방역 커뮤니케이션은 감염병 건강 커뮤니케이션, 위기관리 커뮤니케이션, 방역수칙에 대한 설득과 커뮤니케이션, 위기 극복의 통합 캠페인 등 PR 전략과 프로그램은 PR 영역이라고 할 수 있다.

2023년 8월 기준 다시 확진자 수가 일 6만 명을 상회하는 수준으로 다소 우려스러운 점이 없지 않으나 코로나 초기의 마스크 쓰기와 사회적 거리두기로 되돌아가기보다는 위드 코로나 정책을 유지할 것으로 예상된다. 결론부터 말한다면 대체로 정부의 코로나 방역 캠페인은 위기대응 차원에서 적절히 수행한 것으로 볼 수 있고, 향후 유사한 감염병 커뮤니케이션 대응 시에도 큰 경험을 한 것이라 할 수 있다.

투명한 정보 제공

정부는 코로나 팬데믹에 대처하기 위해 질병관리본부(질병청으로 승격)와 중앙재난안전대책본부가 함께 일일 확진자 수, 심각·위중증 환자 수, 가용 음압병상 수 등의 통계를 일일 단위로 공개하였다. 이 같은 투명한 정보 공개는 코로나 방역에 대한 신뢰 확보의 토대가 되었다. 정부 입장에서는 코로나 감염병이라는 초유의 위기를 맞아 이 같은 정확한 수치의 투명한 공개는 신뢰의 기본이라는 차원에서 적절한 대응이라고 할 수 있다. 이와 같은 부정적인 위기이슈가 발생하였을 경우 정부 입장에서는 언론을 통한 정보 공개를 제한하고 부정적 자료는 축소하고 긍정적 자료는 과장하고 싶은 유혹이 있을 수 있으나 이번 코로나 방역에서 일일 단위로 확진자, 위중환자, 사망자 수를 공개한 점은 매우 적절한 투명한 정보제공 활동으로 평가할 수 있다. 코로나 팬데믹과 같은 상황에서 언론과 국민에게 정확한 정보, 업데이트된 정보 제공은 정부 방역 신뢰에 가장 기본이 된다고 할 수 있다.

디지털 접목을 통한 대국민 커뮤니케이션

국민들은 스마트폰을 이용해 예방백신 접종 예약 및 확인, 마스크 구매 가능 약국 위치정보 안내 등을 받으며 편의성을 경험했다. 국민 개인들은 쿠브(COOV) 앱을 통해 예방접종 예약과 접종 이력을 확인하는 증명이 가능했다. 카카오톡이나 네이버 계정을 통해 개인이 직접 접종 예약을 가능하게 한 점은 디지털을 활용한 방법 중에서도 돋보였다. 다른 한편 질병관리본부에서는 확진자의 자가격리 유무를 스마트폰 위치정보를 이용하여 확인할 수 있었다.

위기관리 커뮤니케이션 차원에서 디지털 매체를 통한 정보 제공은 시민들에게 편의성과 신속성을 더 경험하게 하고, 정부 입장에서는 정확한 데이터를 수집할 수 있는 장점이 있다. TV가 일반적인 방역 수칙을 전달하는 채널이라면 스마트폰을 통한 정보 제공이나 데이터 관리는 코로나 팬데믹과 같은 감염병 커뮤니케이션에서 필수라 할 것이다. 매체에 대해 연령별로 구분하여 본다면 20~40세대에게는 익숙한 디지털 매체가 더 효과적일 것이고, 50대 이상은 TV가 더 효과적인 매체라 할 수 있다.

문화적 차이에 따른 서구와의 코로나 방역 소통 차이

서구의 개인주의 문화가 강한 문화에서는 개인의 프라이버시가 우선이어서 마스크 착용이나, 백신 접종에 다소 소극적인 반면에 우리나라와 같이 집단주의 문화가 강한 나라에서는 비교적 정부의 권고, 예방수칙 소통이 수월했다고 할 수 있다. 마스크 착용, 사회적 거리두기, 예방접종, 확진자 격리수칙 준수 등 비교적 다른 개인주의 문화권 나라보다는 비교적 순응도가 높았다고 할 수 있다. 이 같은 방역 수칙의 순응 문화는 외신에서도 비교적 긍정적으로 보도하고, 물건 사재기, 공황, 전면 봉쇄 없는 한국의 방역문화를 긍정적으로 평가하기도 하였다. 코로나 팬데믹 중에서도 2022년 3월 대선까지 치른 사례는 모범적이라 평가할 수 있다. 동시에 우리나라의 '빨리 빨리'의 사회문화적 특성도 코로나 극복에 큰 효과를 거두었다고 할 수 있는데, 대기 줄이 길어도 비교적 빠른 코로나 검사와 결과 통보 접근성이 좋은 동네병원 등의 문화적 특성은 코로나 방역에 큰 도움을 준 문화적 요인이라 할 수 있다. 집단주의 문화의 영향으로 확진자 격리시설 부족한 상황에 사기업이 연수원 시설을 제공한 경우나, 몇몇 지자체의 격리자 급식 무료 제공 등의 공동체 정신 발현이라는 긍정적 효과도 나타나기도 하였다.

그러나 체면이나 타인을 의식하는 문화가 강한 한국에서는 마스크를 쓰는 이유가 코로나 감염 예방의 본래 목적보다 오히려 타인이 나를 바라보는 시선을 의식하기 때문이라고도 해석할 수 있다. 그러나 이 같은 집단주의가 강한 문화가 부정적으로 작용한다면 코로나 초기에 확진자에 대한 낙인효과로 개인 인권이 침해당하는 경우가 있었음을 기억할 필요가 있다. 감염병 초기의 민감한 사회적 분위기와 맞물린 이 같은 낙인효과는 향후 방역 커뮤니케이션에서 고려해야 할 사항이라고 할 수 있다.

민간 단체와의 협력 시스템

정부 주도의 방역 커뮤니케이션만으로 코로나 방역 캠페인을 효과적으로 성공시켰다고 평가하는 것은 무리다. 민간 병원 의료진의 헌신적인 협조, 비영리단체, 종교단체, 자원봉사자들의 협력으로 방역 소통이 이루어진다고 할 수 있다.

의료진이 의자에서 고개를 숙이고 쉬는 장면으로 의료진의 수고를 상징적으로 나타낸 영상이나 코로나 대응 의료진에 감사하는 '덕분에 챌린지' 캠페인, 숨은 히어로(hero) 발굴 캠페인은 민간의 협력과 그에 대한 감사를 불러일으킨 예로 들 수 있다. 가수협회에서는 코로나 응원 송까지 작곡하고 유명 가수들이 노래를 불러 코로나 극복과 응원에 힘을 보태기도 하였다.

방역수칙과 예방 메시지의 구체성

전 세계적인 코로나 팬데믹 상황에서 정부의 가장 급한 일은 확진자 수의 감소와 일상으로의 빠른 복귀일 것이다. 초기 마스크 수급 부족 사태부터, 음압 병상 확보, 의료진 피로 누적, 예방 백신 공급과 접종, 대구 신천지 종교 집회로 인한 이슈, 오미크론 변종 발생 등 지속적인 이슈 발생으로 인해 기나긴 시간 동안 국민과 소통해야 하는 어려운 캠페인 과제였다. 따라서 위기대응 캠페인을 코로나 발병 시 대응 수칙, 예방수칙, 위기 후 국민 통합 캠페인과 같이 단계를 구분하여 소통전략을 수립하고 실행함이 필요하다.

코로나와 같은 감염병 위기 극복을 PR 캠페인 차원에서 본다면 전달되는 메시지의 투명성과 더불어 정확한 수치와 같은 구체적 정보가 중요하다. 예를 들어 사회적 거리두기라면 몇 미터 간격이 적합한지, 몇 사람의 모임을 자제해야 하는지, 바이러스의 잠복기간과 격리기간, 백신의 접종주기, 백신의 효능주기 등 모든 정보에서 구체적인 수치로 전달해야 공중의 태도와 행동 변화에 효과적이다.

코로나 용어 커뮤니케이션

커뮤니케이션에서 대상이 알아듣고, 이해하는 용어의 사용은 가장 중요한 필요조건이다. 코로나19와 같은 초유의 팬데믹 상황에서 생소한 전문용어의 사용은 공중들에게 이해를 어렵게 하기도 하였다. 예를 들어 음압병상, PCR 검사, 비말, 사회적 거리두기, 비대면, 선별 진료소, 감염 재생산지수와 같은 용어는 일반 대중들이 듣기에 생소하다. 전문영역이기에 어려운 의학용어 사용이 불가피하고, 한자어를 쓸 수밖에 없는 경우도 있겠으나, 가급적 이해가 쉬운 우리말로 순화하여 바꾸어 사용함이 바람직하다. 이럴 경우 컨트롤 타워에서는 국립국어원이나 언어학자의 자문을 받아 이해에 목적을 둔 용어로 변경함이 필요하다.

컨트롤 타워의 일원화 필요성: 질병관리청

효과적인 PR 전략과 실행 차원에서 코로나19 방역 커뮤니케이션에서 컨트롤 타워라 할 수 있는 질병관리본부와 중앙재난안전대책본부는 위기관리 PR 차원에서 상호 역할 분담을 수행하여 이원화 구조를 보여주었다. 그러나 보건복지부 소속의 질병관리본부와 행정안전부 산하의 중앙재난안전대책본부(중대본)의 이원화된 구조는 향후 코로나19와 같은 방역커뮤니케이션에서 개선되어야 할 점으로 보인다. 위기상황에서는 하나의 컨트롤 타워를 통해 정보 제공과 실시간 업데이트, 방역수칙 제공 등이 이루어지는 게 더 효과적이다. 국민들 입장에서는 중대본을 통해 받는 메시지, 혹은 방역수칙, 정보와 질병관리청을 통해 받는 정보의 혼선이 생길 가능성이 있기 때문이다.

일반 태풍이나 지진과 같은 재해를 중앙재난안전대책본부가 맡는다면, 감염병의 경우 그 특성상 보건정책과 소통, 관리, 예방을 총괄하는 질병관리청에서 주도하는 것이 더 효율성을 높일 것이다. 실제로 미국에서는 우리나라

보건복지부에 해당하는 Health and Human Service 산하의 CDC(Centers for Disease Control and Prevention, 질병통제예방센터)가 주도적 역할을 수행하였다. 일본의 경우도 우리나라의 보건복지부에 해당하는 후생노동성(厚生勞動省)에서 컨트롤 타워 역할을 수행하여 단일화 구조를 통해 코로나 방역 커뮤니케이션을 진행하였다.

3년간의 기나긴 코로나 팬데믹 국면은 대중들에게 경제적 손실과 심리적 피로감을 가져다주었지만, 정부 입장에서는 감염병 방역 소통에 소중한 경험을 축적한 것이라 할 수 있다. 디지털 매체를 활용한 소통, 알기 쉬운 용어 사용을 통한 소통의 이해도, 중앙정부 소통창구의 일원화, 메시지 전달에서 추상적인 것을 지양하고 구체적인 수치를 통한 전달은 향후 PR 전략에 고려해야 할 부분이다.

3. 코로나19 위기 상황에서 공익 PR의 역할과 가치

연대와 협력의 힘을 모으다

이 재 승 (대한적십자사 기획조정실장)

팬데믹의 그림자: 단절과 고립

때때로 공포가 이성을 지배한다. 전 인류를 감염병 팬데믹[1]으로 몰고 갔던 14세기 흑사병, 1918년 스페인독감 그리고 코로나19가 대표적이다. 코로나19 팬데믹은 사회 모든 분야에 영향을 미치며 지금까지 경험해 보지 못한 충격을 가져다주었다. 특히 개인과 국가 간 교류가 활발히 진행되며 세계화를 향해 나아가던 세계 흐름에 제동을 걸어 반세계화(deglobaization), 비동조화(decoupling)[2] 현상까지 나타나 각자도생의 시대가 되었다는 분석도 나왔다.

바이러스가 우리 몸에서 면역력이 가장 약한 곳을 공격하듯, 갑작스러운

---

1) 팬데믹은 전염병이 전 세계적으로 크게 유행하는 현상. 또는 그런 병. 보통 제한된 지역 안에서만 발병하는 유행병과는 달리 두 개 대륙 이상의 매우 넓은 지역에 걸쳐 발병한다. 세계보건기구(WHO)의 전염병 경보 단계 중 최고 등급인 6단계를 일컫는 말로 '감염병 세계 유행'이라고도 한다.

2) 비동조화는 함께 움직인다는 뜻의 동조화(coupling)에 반대되는 개념으로 '탈(脫)동조화'를 의미한다. 한 나라 또는 일정 국가의 경제가 인접한 다른 국가나 보편적인 세계 경제의 흐름과는 달리 독자적인 경제 흐름을 보이는 현상을 말한다.

재난은 취약국과 취약계층에게 더 큰 위협과 고통을 안겼다. 2020년 4월 30일 자, ≪뉴욕타임스≫에서는 코로나19가 각국에 몰고 온 봉쇄 및 이동제한 조치로 극빈국에서 일자리가 대규모로 사라지면서 세계 빈곤율이 1998년 이후 22년 만에 다시 상승할 것으로 예상하는 분석자료를 내놓았다.

양극화가 심화되고 취약계층이 늘어나면서 정부의 지원이 미치지 못하는 곳도 늘어났다. 이러한 곳에서 비영리기관들이 큰 역할을 해왔지만, 코로나19 팬데믹으로 인해 대면 활동이 중단되고 프로그램도 축소되었다. 설상가상으로 자원봉사자 모집과 모금 활동에도 어려움을 겪으며, 비영리기관의 활동은 급격히 위축되었다. 코로나19가 확산될수록 위기에 취약한 사람들은 사회로부터 단절되고 고립되어 갔다.

위기를 극복하는 힘: 연대와 협력

코로나19 발생 초기에 우리는 모두 한동안 혼돈에 빠졌다. 바이러스의 습격은 전 세계에 공포를 안겼다. 하지만 바이러스와의 전쟁에서 이기기 위한 국제사회와 각국 정부와 지자체, 기업과 시민 그리고 비영리기관 간의 유기적인 협력과 연대의 힘 또한 확인할 수 있었다.

전국 각지에서 성금과 방역물품 등의 기부가 이어졌다. 2020년 1월, 중국 우한의 코로나19 확산세가 심상치 않자 중국 지방정부와 결연을 맺은 우리나라 지방자치단체들과 기업은 중국 홍십자회[3]를 통해 20여억 원의 방역물품을 지원했다.[4] 이어서 2020년 2월, 국내에서 코로나19가 확산되면서 방역 마스크 부족 사태가 발생하자 이번에는 중국의 지방정부와 기업이 대한적십자사를 통해 방역 마스크 수백만 장을 기부하였다. 2020년도 한 해에만 해외에

---

3) 중국은 적십자(赤十自, Red Cross) 표기를 붉을 적(赤) 대신 붉을 홍(紅) 자를 사용해 '홍십자회(紅十字會)'라 한다.

4) 지원 내역: 고글, 마스크, 체온계, 멸균장갑, 의료용 커버 등 62만 점, 현금 11억여 원.

서 대한적십자사로 기부된 코로나19 성금과 물품은 150여억 원에 달하였다. 또한 대한적십자사는 1180여억 원의 코로나19 기부금품을 모집하여 코로나 전담병원 의료진, 쪽방촌 취약계층, 확진자와 격리시설, 소상공인 등을 지원하였다.

수많은 위기 극복 과정에는 극복에 앞장선 사람들이 있다. 코로나19 바이러스가 온 세상을 뒤덮어 끝이 보이지 않은 어두운 터널에 갇혀 있음을 느낄 때, 그 터널의 끝을 밝혀준 것은 두려움에 굴하지 않고 앞장서서 현장에 뛰어든 사람들이다. 그리고 지난 3년 동안 우리 모두는 서로를 응원하고 지지하며 어려움을 함께 극복해 왔다. 이러한 위기의 시기에 공익 PR은 사회의 단절과 고립을 넘어 서로 연결하고 소통하게 만들고 사회 전반을 더 건강한 방향으로 이끌어 주었다.

코로나19 위기 극복을 위해 시민들의 힘을 집중시킨 공익 캠페인들이 있었다. 단순 공익광고를 넘어 의료진, 자원봉사자 그리고 국민 모두가 온·오프라인에서 서로를 치유하며 연대감을 느낄 수 있게 만든 주요 공익 캠페인 사례를 소개한다.

#덕분에 챌린지

2020년 4월 16일, 중앙재난안전대책본부는 코로나19로 고생하는 의료진을 응원하기 위해 '#덕분에 챌린지'를 시작했다. 이 챌린지는 평평하게 핀 한 손 위에 '엄지 척' 한 다른 손을 올려 '존경한다'는 의미를 가진 수어 동작을 사진 또는 동영상으로 찍어 개인 SNS에 올리고 릴레이에 참여할 3명을 태그하는 방식으로 진행됐다. 4월 27일에 문재인 대통령도 '#덕분에 챌린지'에 참여하며 아기상어와 배구선수 김연경, 질병관리본부 권동호 수어 통역사를 릴레이 참여자로 지목했다. 많은 인기 연예인과 인플루언서가 동참하며 폭발적으로 확산되었다. 특히 SNS를 중심으로 진행되어 SNS 이용이 활발한 젊은 세대의 참여도 높았다. 서울시는 '#덕분에 챌린지'와 함께 공공시설의 조명을 활용해 의료진을 상징하는 푸른빛과 감사 메시지를 전하는 블루라이트 캠페인을 병행하기도 했다. 일부에서는 가벼운 '인싸' 놀이로 여겨지며 캠페인 취지가 퇴색되었다는 비판도 있었다. 하지만 '#덕분에 챌린지'에 참여하며 코로나19에 맞서 고군분투하는 의료진에게 감사와 응원을 보내며 모두가 코로나19 예방 수칙을 지키며 이 위기를 함께 극복하겠다는 강한 의지와 연대의 힘을 느끼기에 충분했다.

응원 반창고

방식은 다르지만 취지가 유사한 또 하나의 캠페인이 있다. 코로나19 최전선에서 장시간 고글과 마스크를 착용해 생긴 상처 때문에 얼굴 곳곳에 반창고를 붙이고 있는 의료진과 자원봉사자에게 국민 응원 메시지가 새겨진 반창고를 선물한 '응원 반창고' 캠페인이다. 이노션과 페이스북 코리아 그리고 의료용 밴드 제조업체 영케미칼이 공동으로 추진했다. 이노션과 페이스북 코리아는 인스타그램을 통해 시민들이 직접 작성한 '당신이 우리의 봄입니다', '여러분이 우리의 백신입니다', '힘들 때 뒤돌아보면 우리가 있어요' 등 의료진에게 고마움과 응원을 보내는 메시지 1500여 건을 모았다. 이 중 선별된 응원 메시지는 시민들이 직접 작성한 삐뚤빼뚤한 손 글씨 그대로 영케미칼을 통해 응원 반창고로 제작되어 40만 매가 전국 34개 코로나19 전담병원과 선별진료소에 전달되었다. 응원 반창고를 받은 의료진은 SNS에 "힘든 상황에서 국민의 응원 메시지를 보니 가슴이 뭉클하다", "응원 메시지가 적힌 반창고를 붙일 때마다 힘이 난다" 등 소감을 밝혔다. 응원 문구를 보며 울먹이는 의료진들도 많았다고 한다. 인스타그램 이용자들이 의료진과 자원봉사자들의 고충을 간접적으로 체험할 수 있도록 증강현실(AI) 전용 필터를 활용하여 응원 반창고 제작부터 의료진에게 전달하여 사용하는 전 과정을 담은 캠페인 영상을 제작·배포하여 생동감을 더했다. 이 캠페인으로 이노션은 '애드페스트 2021'에서 디지털 부문 금상과 은상을 수상했다. '응원 반창고' 캠페인 역시 코로나19 최일

선에서 뛰는 의료진과 자원봉사자와 시민들이 서로 응원하며 위기를 극복할 수 있다는 희망을 보여주었다.

마음아 안녕

코로나19가 장기화되고 비대면이 일상화되면서 '코로나 블루'라는 신조어가 생길 정도로 사람들의 심리적 불안이 심화되었다. 2016년 11월, 의학 학술지 ≪에피디미올로지 앤드 헬스(Epidemiology and Health)≫에 게재된 국내 연구팀의 논문에 따르면, 치료법이 없어 사회적 불안이 컸던 메르스 확진자들은 확진과 동시에 사회적 낙인과 육체적 격리를 경험했다. 그리고 메르스 완치 이후에도 20%는 여전히 불안감을 가졌으며, 30%는 분노의 감정까지 느꼈다고 한다. 이는 코로나19도 마찬가지다. 코로나19 감염자도 초기에 사회적 낙인을 경험했고 이후 불안과 우울증 같은 정신적 문제가 대두되었다. 2022년 5월, 대한적십자사는 CJ ENM과 공동으로 코로나19로 심리적 어려움을 겪고 있는 사람들에게 희망과 지지를 전달하기 위해 "마음아 안녕" 캠페인을 추진했다. 심리상담 및 교육 제공, 마음 돌봄 키트 제공, 마음 건강 웹사이트 운영 등 사업과 브랜드 홍보 캠페인이 균형감 있게 진행된 사례였다. 코로나19 취약계층에게 방역용품, 비상식량과 생활용품 등 구호물품 지원을 넘어 마음을 돌보는 심리사회적 지지(PSS: Psychosocial Support)[5] 프로그램을 병행했다. 특히 코로나19로 돌봄 사각지대에 놓인 취약한 아이들에게 더 많은 관심을 갖도록 아이들의 그림을 소구 메시지로 잡았다. "마음아 안녕" 캠페인은 대한적십자사 홍보대사인 나승연과 소유진이 목소리 재능기부로 참여하고, CJ ENM의 미디어 기부를 통해 확산되었다. 이와 함께 "토닥토닥 캠페인[6]"의

---

5) 심리사회적 지지의 정의는 재난 및 위기 상황에 부닥친 사람들의 정서적 고통을 경감시켜서 이재민들이 자신이 가진 자원을 활용하여 스스로 회복할 수 있도록 돕고, 위기 상황으로 인한 스트레스에 적절히 대처할 수 있도록 사람의 능력을 호전시켜 주는 심리적 응급처치의 일종이다.

나비 포옹법을 통해 자신을 격려하고 응원하는 것을 권장하여 상호 시너지를 높였다. 특히 CJ미디어와 같은 협력사들의 도움으로 광고와 콘텐츠 크리에이티브의 질을 높일 수 있었던 사례다. 마음아 안녕 캠페인은 연대와 협력을 통해 비영리 기관의 긍정적인 브랜드 이미지 형성과 사회적 심리 치료라는 두 마리 토끼를 잡았다는 평가를 받았다.

새로운 위기와 도전: 공익 PR의 역할 기대

2023년 6월 1일, 보건복지부는 코로나 위기 경보 단계를 심각에서 경계로 하향하며 실질적으로 엔데믹[7]을 선언했다. 혹자는 포스트코로나(Post-COVID), 위드 코로나(with-COVID) 시대라고 한다. 우리는 또 다른 형태의 팬데믹이 기다리고 있다는 것을 이미 잘 알고 있다. 지난 7월 구테흐스 UN 사무총장은 "기후변화가 도래했다. 끔찍하다. 그리고 이건 시작에 불과하다. 지구 온난화(global warming)의 시대는 끝났으며 지구가 끓는(global boiling) 시대가 도래했다"며 새로운 위기의 출현을 강조했다.

오스트리아 최대 언론사인 ≪크로넨차이퉁≫은 한국 방역 대응이 모범적인 이유에 대해 "고립과 분리가 아닌 국민과 협력의 사회적 연대라는 해법을 제시했기 때문"이라고 보도했다. 이는 감염병 팬데믹을 극복할 수 있는 원동력을 정부와 기업, 시민들의 연대와 협력에서 찾았다는 의미이다. 우리는 코로나19를 겪으면서 감염병 위기 앞에서 개인과 사회, 국가의 안녕이 서로 밀접하게 연결되어 있으며 공동체가 지속되기 위해서는 인류가 함께해야 한다는 중요한 교훈을 깨달았다.

---

6) 토닥토닥 캠페인은 코로나 블루를 겪는 국민을 위한 챌린지로, SNS에 스스로 안아주고 다독여 주는 '나비 포옹법' 제스처 사진을 올리는 캠페인이다.

7) 엔데믹(Endemic)은 '풍토병'이라는 의미로 일정한 지역에 정착해서 유행을 반복하는 병을 뜻한다. 즉 독감처럼 반복되는 병을 의미한다.

코로나19 위기 극복 과정에 공익 PR의 힘도 작용했음을 확인할 수 있었다. PR의 정의[8)]처럼 PR은 사회적 변화와 제도의 변화에 큰 영향을 미치며 조직과 대중 사이의 관계를 구축하고 유지하는 중요한 역할을 한다. 위기는 계속된다. 결국 비영리기관의 PR은 사회적 가치 창출, 공동체 이해와 연대에 초점을 맞춰야 한다. 단순히 정보 전달을 넘어 디지털 미디어와 기술을 활용하여 사회와 시민들의 상호작용을 강화하고, 사람들의 의견과 시대적 요구를 수용하고 반영할 때 PR의 진정한 가치와 역할이 더욱 발휘될 것이다.

참고문헌

기빙코리아. 2020.11.『코로나19와 기부에 대한 국민 인식조사』.

≪데일리임팩트≫. 2022.7.11. "이노션, 코로나19 의료진 응원 반창고 캠페인".

대한민국 정책브리핑. 2020.4.8.「#덕분에 챌린지, 동참해 보니」.

대한적십자사. 2020.7.『코로나 백서: 2020년 코로나19 활동 백서. 연결과 연대 그리고 적십자』.

≪메디컬옵저버≫. 2020.1.31. ""코로나 확진자 벌금?"… SARS 환자 50%'PTSD' 겪어".

문화체육관광부. 2020.5.4.「코로나19 한국방역 성공 요인 "투명성·열린 소통·민관 협력」.

손희정 외. 2022.11.「코로나19 팬데믹 이후 국내 자원봉사활동 변화와 실제」.

아름다운재단. 2021.11.15.『코로나19가 비영리단체에 미친 영향에 관한 인식조사』.

연합뉴스. 2020.5.1. "코로나로 22년 만에 다시 오르는 세계 빈곤율… 5억 명 더 극빈".

---

8) PR은 조직과 공중이 쌍방향 소통으로 상호 호혜적인 관계를 형성하고, 유지하며, 지속 가능한 발전을 추구하는 전략적 관리 기능이다(한국PR협회).

4. 팬데믹과 공공외교: 한국 PR 발전의 두 번째 절호의 기회

신 호 창 (서강대학교 메타버스전문대학원 교수)

공공외교란 국제PR이다

팬데믹과 더불어 형성된 '공공외교 붐'은 한국 PR인들에게 절호의 기회를 제공한다. 구포역 열차 전복, 아시아나 목포 사고, 위도 페리호 전복, 대한항공 괌 사고, 성수대교 붕괴, 삼풍백화점 붕괴, IMF 금융위기. 이 사건 사고는 모두 1990년대에 발생하였으며 이를 계기로 위기 커뮤니케이션의 중요성이 부각되었으며 PR인들의 위상이 올라갔다.

코로나19 팬데믹, 기후위기, ESG, 저출산, 고령화, 전쟁, 신냉전, 난민 이동, 불평등, 북핵, 일본 원전 오염수 방류 등, 이들은 PR로 해결해야 할 2020년대 들어 심각하게 부각한 글로벌 쟁점이다. 차이가 있다면, 1990년대는 PR인이 그 위상을 국내를 중심으로 높이는 시기였다면, 지금은 PR인이 국제PR, 즉 공공외교를 펼쳐서 선진국 한국에 걸맞게 국제적으로 높일 수 있는 시기이다. 예를 들면, 2023년 8월에 파행으로 끝난 세계잼버리대회는 우리나라 PR의 현실, 즉 조직위 내부 커뮤니케이션 부재, 쟁점 관리 몰이해, SNS로 시작한 위기 등을 적나라하게 드러냈다. 준비 부족을 문제점으로 얘기하지만 근원은 커뮤니케이션 부재이다. 어떠한 상황이든 근원을 치료해야 회복이 가능하다. 따라서 훼손된 국격을 어떻게 회복하는가는 우리 정부에서 기업에서 활동하는 PR인들에게 주어진 공공외교 과제이다.

공공외교(public diplomacy)란 공중관계(public relations)의 공중(public)과 대외외교(foreign diplomacy)의 외교(diplomacy)로 이루어진 복합어로 한마디로 국제PR이다. 공공외교란 글로벌 쟁점 해결 및 기회 창출 등을 목적으로 국제 공중들을 대상으로 수행하는 전략 커뮤니케이션이다. 주체에 따라 정부 공공외교, 기업 공공외교, 도시 공공외교, 국민 공공외교 등으로 분류된다. 정부의 경우, 목적에 따라 지식 공공외교, 정책 공공외교, 문화 공공외교, 국방 안보 공공외교, 글로벌 쟁점(기후변화, 안보 등) 공공외교, 디지털 공공외교 등을 수행한다.

인포데믹, 팬데믹, 신데믹: 국제 어젠다가 공공외교로 바뀌고 있다

코로나19 발생 초기에 아시아 국가에서는 인포데믹(Infodemic, 지나친 정보로 공포 전염병 유발)으로 마스크 소동이 일어나고 났다. 하지만 WHO, 미국, 유럽 국가 등에서는 건강한 일반인은 마스크 사용을 꼭 하지 않아도 된다고 공식적으로 발표했다. 2020년 3월, WHO의 팬데믹(Pandemic) 선언은 매우 늦었다는 비난을 받았다. 그 직후 미국 대통령은 백악관에서 팬데믹이 미칠 혼란을 잠재우기 위한 주장을 펼쳤다. 그러나 이는 상황에 부적절한 메시지를 담고 있어 오히려 위기감을 증폭시키고 세계 주가를 폭락시켰다.

이런 와중에 전 세계 국가들 간에는 입국금지 열풍이 일어났다. 글로벌 비즈니스 네트워크가 무너지고 있음에도, 각국들은 경쟁적으로 배타적 행위를 멈추지 않았다. 유럽에선 아시안 혐오 및 차별 현상, 일본 교육 당국의 조선학교 마스크 미지급, 한국에서의 중국인 혐오, 베트남 당국의 아시아나항공 입국 공항 급변경 등 국가 이미지를 훼손하는 다양한 행태들을 보였다.

한국에는 기회가 되었다. 4년 전 메르스 사태를 겪었던 질병관리당국은 신속 테스트기를 세계에서 제일 먼저 개발하였으며, 차량에 탑승한 채로 시행하는 비접촉 테스트 방법도 제일 먼저 채택하였다. 국내에서는 외국인에게도 차별없이 마스크를 제공하고 무료 검사를 하도록 하였으며, 보훈처 홍보팀은 각국 6·25 참전용사에게 감사 마스크를 항공으로 전달하였다. 기획재정부 젊은 사무관들은 이런 과정을 리포트로 만들었고, 여러 루트를 통해 배포되었다. 한국 정부의 효과적인 대응은 각국 지도자, 학자, 언론 등으로부터 확인할 수 있었다.

한편, WHO 역할에 대한 논란은 공공외교 차원에서 전 세계가 함께 참여해야 전 지구적 문제를 제대로 해결할 수 있음을 시사했다. WHO 수장은 매우 우수하다는 평가를 받는 인재였지만, 처음에 친중국 또는 친일본이라는 비판을 들을 정도로 부적절한 메시지를 계속 내었다. 그 배경에는 세계기구 지원의 큰 축이었던 미국이 트럼프가 대통령이 되자 마자 지원을 축소한 점이 작용했다. 미국이 그 역할을 다하지 않고 있을 때 반대로 중국과 일본은 WHO 지원을 확대하였다. 만약 세계 주요 국가들이 하나로 뭉쳐 대응했다면 팬데믹이 지구에 미친 영향은 많이 축소되었을 것이다.

신데믹 시대라고 한다. 이번 코로나19 팬데믹은 지금 펼쳐지는 국제적 이슈들에 기시감(데자뷰)으로 떠오르는 사례가 되었다. 러시아-우크라이나 전쟁, 미중 신냉전과 한미일 국방연대, 2차전지·반도체·바이오 등 무역전쟁, 기후위기, 후쿠시마 오염수 방출 등도 자칫 방향타를 놓치고 표류한다면 전 세계가 치명적인 타격을 받는 상황으로 갈 수도 있다.

바이든이 미 대통령이 된 이후에 일련의 과정을 보면, 트럼프 때와 확실히 다르다. 트럼프 정부는 직접 중국 정부와 중국 기업(예: 중국 기업인 억류)을 견제하였다면, 바이든 정부는 공공외교 전략을 수행하고 있다.

▸ 반도체 규제에 대한 기업 반발로 법 제정 실패(2022년 12월)

▸ 대만 해협 긴장 고조(2022년~2023년 현재)

▸ 중국 정찰 풍선 논란(2023년 1월28일)

▸ 바이든 우크라이나 깜짝 방문 및 폴란드 연설(2023년 2월 20일)

▸ 반도체 지원과 중국 생산 규제(2023년 3월 1일)

한편, 세계 곳곳에서 일어나고 있는 신데믹 현상들을 정리하면 다음과 같다.

▸ 실리콘밸리뱅크 등 파산, 빅테크 기업의 감량 경영, 중국발 부동산 거품 위기, 영국 '브렉시트 후회', 프랑스 국민연금 개혁 반발, 국제 난민, 고물가, 고금리

▸ 안보의 디커플링(단절)과 경제의 디리스킹(경쟁, 협력)

▸ 대의민주주의 후퇴와 스트롱맨 등장, 정부와 기업 신뢰 추락, 리더십 추락

▸ 인터넷, AI 등 영향으로 인간의 인지 주체성 상실(총기살인, 자살, 무차별 폭력)

▸ 신자유주의 결과 자산 불평등 심화, 쾌락주의, 각자도생, 공동체의식 상실

▸ UN, 세계은행, WTO, OECD의 주도력 약화

이를 분석하다 보면, 국제 어젠다(Agenda)가 의료, 국방, 경제에서 공공외교 커뮤니케이션으로 바뀌고 있음을 발견한다. 문제는 이러한 현상이 한국에서도 똑같이 일어나고 있지만, 다른 나라에 비해서 우리가 더 심각한 상태라는 점이다. 저출산, 노년층 증가가 가파르다. 수출이 예상치를 훨씬 넘게 떨어지고 있으며, 부동산 거품도 꺼지고 있다. 한일관계 변화와 더불어 한반도에 한미일-북중러 냉전이 형성되고 긴장이 고조되고 있다. 경제적으로 힘들어서 그러한지, ESG, 기후위기, 지구 황폐화에 대해 한국 국민은 무덤덤한 편이다. 이러한 가운데 우리 PR인들은 어떠한 공공외교 전략을 수행해야 하는가. 우리 정부와 기업의 공공외교 전략 커뮤니케이션 수준이 우리 국가의 발전의 바로미터가 될 것이다.

시대정신이 된 공공외교

지금은 공공외교가 시대정신이 되었다. 대한민국 임시정부 수립 100주년(2019년), UN 가입 30주년(2021년), 선진국으로의 지위 격상(2021년, UNCTAD) 그리고 정전 70주년(2023년) 등으로 이어지면서 대한민국은 새로운 도약을 꿈꾸고 있다. 지난 30년간 한국은 유엔과 함께 다자주의 틀에서 세계 반파시즘 전쟁이 승리한 성과를 함께 수호하고, 일방주의와 패권주의, 강권정치를 배제하는 등 인류 운명 공동체의 번영을 위해 각고의 노력을 경주하였다. 하지만 동시에 전쟁, 분쟁, 빈곤, 인권 등 너무 많은 중요한 문제들로 인해 우리 지구와 자연을 후순위로 다뤄왔는데, 이번 후쿠시마 오염수 방출로 우리 국민들도 지구촌의 지속가능한 자연에 관심을 갖기 시작했다.

작금의 팬데믹 이후 한반도에서 신르네상스 시대를 열기 위해서는 세계인과의 유효적절한 소통을 할 줄 알아야 한다. 이제는 국가 대 국가의 전통적 외교만이 아닌, 우리나라 기업, 대학, 문화, 보건의료 등 모든 분야와 모든 국민이 외교관이 되어 세계인을 대상으로 전략적 커뮤니케이션을 펼쳐야 한다. PR인은 이러한 한국의 가치와 비전을 세계로 승화시키는 역할을 해야 할 때이다. 마침 2020년에 PR과 국제정치 학자들을 중심으로 한국공공외교학회를 설립하였으며, 2022년에는 16개국 학자들이 참여한 국제컨프런스도 개최하였다. 국내외 대학의 국제PR, 국제정치외교, 글로벌 한국학, 문화공공외교 등 다양한 분야에서 활동하는 150여 명의 교수와 연구자들이 참여하고 있다.

공공외교는 조직, 지역,국가 발전을 위해 무형가치에 기반을 둔 소프트 파워 전략이며, 한국 및 국제 사회에 미시적 관점을 넘어서서 거시적이고 장기적인 영향력을 미칠 것이다. 중견국 대열에 들어선 우리나라에는 이제 하드웨어 및 유형가치 성장을 넘어 소프트웨어 및 무형가치의 창출이라는 새로운 성장 동력이 요구되는 상황이다. '지구촌 시대'에 힘에 의해 강제하기보다는 인간적 매력을 바탕으로 마음을 얻고 관계를 맺는 것이 중요하며 이 중심에 대한민국이 있다. 요컨대 전쟁, 팬데믹, 기후변화, 분열 등 대내외 쟁점을 해결하고 혁신을 주도하며 새로운 기회를 창출하는 것이 공공외교가 지향하는 시대정신이다.

우린 팬데믹으로 각국의 정책을 비교하고 지구촌 이슈의 글로벌화를 목도했다. 각국 대처가 비교되었고 국제기구의 역할도 보였고 공동 대처의 중요성도 보았다. 대통령과 총리가 어떻게 국내외 정책의 의사결정에 영향을 미치는지 알게 되었다. 미중 간 디커플링 갈등이 경제로는 커플링이 되고 이는 국방도 디리스킹이 필요함을 알았다. ESG가 부각되었고 이는 공공외교의 장을 키우고 있다. ESG 자체를 만들고 ESG를 성공시키는 커뮤니케이션을 알아야 국가나 기업이 성장할 수 있다. 젤렌스키를 통해 전략 커뮤니케이션이 전쟁에서 가장 중요한 기능을 담당함을 확인했다.

한편 경쟁과 성장에서 공동체 인간성 화합도 중요한 가치로 떠올랐다. 기후위기, 후쿠시마 오염수, 난민 등 골치 아픈 국제 쟁점을 풀어야 하기 때문이다. 이를 위해 국가 벽을 허물고 공중도 하나로 모아야 한다. PR인의 몫이다. 공기청정기 피해, 엘리엇, 론스타 소송 등에서 보았듯이 국제 이슈가 법률회사 중심에서 여론 관리로 바뀌고 있다. 뉴욕타임스는 뉴욕, 런던, 서울에 디지털 에디터팀을 운영하는 등 세계여론의 이목도 한국으로 향하고 있다. 한국에서 시작한 PR컨설팅사도 이제 국제PR을 주요 업무로 맡을 수밖에 없게 되었다.

우리가 키워야 하는 국제PR, 공공외교

유럽에서 페스트가 창궐한 후에 르네상스 시대가 열렸다. 2020년부터 시작한 팬데믹과 방역 과정은 전 세계의 시선을 우리에게 집중시킴으로써 한반도 르네상스 시대의 서막을 알렸다. 한국 역사는 홍익인간에서부터 인내천 그리고 최근의 민주화운동에 이르기까지 지구촌 빌리지 즉 '대동세상'을 담고 있다.

이 인간 존중 대동사상으로 선진국과 다르게 우리나라 온 국민이 협력하여 어려운 방역에 성공했다. 원래 공공외교는 인류 탄생에서부터 시작했다. 아프리카에서 동방으로 아메리카로 이동하는 과정도 공공외교 발전 과정이었으며 우리의 홍익인간 신화도 공공외교 비전과 같다. 한반도 대표 상품인 코리아진생도 삼국시대 공공외교 산물이다.

우리 PR인이 전략 커뮤니케이션 노하우를 개발하고 차근차근 쌓아간다면, 언젠가 공공외교가 국가 그랜드 전략으로 발전할 것이다. 세계가 분열되는 것 같지만 모아지고 있다. 기후위기, 팬데믹, 후쿠시마 오염수, 정보 격차와 불평등 등과 같은 글로벌 쟁점이 역설적으로 지구촌을 하나로 만들고 있다. 다른 분야의 관심이 성장, 승리, 분열, 갈등을 향할 때, 우리는 쟁점 해결, 화합, 지구촌을 얘기하고 있다. 공공외교가 지구촌의 균형 발전을 촉진하며 지구촌을 하나로 만드는 데 기여할 것이다.

전문 분야나 산업이 발전하려면 항상 변화를 추구하며 영토 확장을 꾀해야 한다. PR은 마케팅, 언론 등 기존 영역들과의 경쟁에서 절대 우위를 차지하지 못했다. 그런데 기회가 왔다. 1990년대 사건사고의 다발로 인해 위기 커뮤니케이션이 주목을 받아 PR이 성장하였듯이, 2020년대 팬데믹과 신데믹 위기는 우리에게 더 큰 기회를 제공하고 있다. 이제 PR은 공공외교를 새로운 비즈니스 영역 확대 기회로 여길 필요가 있다.

5. 코로나19와 미디어 지형의 변화

김 재 인 (다트미디어 고문)

들어가며: 코로나19는 미디어에 축복일까 재앙일까

지난 5월, 세계보건기구(WHO)가 코로나19 비상사태 해제를 선언하고 우리 정부도 확진자 격리 의무를 없애는 등 코로나19 방역 조치를 대폭 완화하며 코로나바이러스가 일반적 유행병으로 관리되는 엔데믹(Endemic) 시대로 접어들었다. 2020년 1월 국내에서 코로나 확진자가 처음 나온 후 3년을 넘게 세상을 흔들었던 코로나 팬데믹(Pandemic)이 역사의 한편으로 물러나고 있는 것이다.

코로나 팬데믹은 전 세계인의 삶과 행동에 막대한 영향을 미쳤다. 전쟁 빼곤 중단된 적이 없었던 올림픽이 연기되는가 하면 일과 생활 전반에 걸쳐 비대면은 일상이 되었다.

사회적 거리 두기와 재택근무, 온라인 교육 등으로 인해 집에 머무는 시간이 증가하면서 비대면 매개체인 미디어의 역할이 더욱 중요해지고 정보 습득과 오락, 소통은 물론 경제 활동에 이르기까지 다양한 형태의 미디어가 우리의 일상에 녹아들었다.

하지만 코로나가 모든 미디어에 자애로운 건 아니었다. 어떤 미디어엔 가속자(Accelerator) 역할을, 어떤 미디어엔 재앙이었다.

인터넷이 촉발한 디지털 대전환의 흐름과 함께 희대(稀代)의 역병인 코로나19가 가세해 만든 미디어 소비 변화가 미디어 지형에는 어떤 영향을 미치고 있는지 살펴보고자 한다.

인터넷과 미디어의 진화 : 플랫폼 시대

인류 역사에서 매스미디어는 기술 혁신을 바탕으로 세상에 나와 사회 변혁의 선두에서 엄청난 영향력을 행사하며 진화해 왔다. 특히 시간과 공간의 벽을 허물어 빠르고 편리하게 세상을 연결하는 인터넷의 등장은 사회 곳곳에 디지털 전환의 물결을 만들며 현대인의 생활에 깊이 자리 잡았다.

1969년 군사적 목적으로 처음 선보인 인터넷은 개인용 컴퓨터(PC)와 웹(Web)의 보급을 발판 삼아 인류 역사상 가장 빠르게 팽창한 미디어로 기록된다. 미디어가 사회적 영향력을 가지는 데 필요한 임계치(Critical Mass)인 사용자 수 5000만 명에 이르기까지 전화는 25년, 라디오는 38년, TV는 13년인데 인터넷은 불과 5년밖에 걸리지 않았다(조창환, 2018).

그리고 2000년대 중반 즈음, 웹 사용 환경이 개방되고 사용자들의 자발적 참여와 공유가 이뤄지는 'Web 2.0 시대'가 열리며 인터넷은 미디어의 역사를 또 한 번 바꾸었다.

페이스북(2004년), 유튜브(2005년), 트위터(2006년), 인스타그램(2010년) 같은 소셜 네트워크 서비스(SNS)가 속속 선을 보이고 앱(App) 생태계와 한 몸을 이룬 스마트폰이 함께하며 이용자는 폭발적으로 증가했다. 한 보고서에 따르면 현재 전 세계 인구의 3분의 2에 가까운 약 51억 9000만 명이 인터넷을 이용하고 있고 이 중 94%에 해당하는 48억 8000만 명이 SNS를 쓰고 있다고 한다(Kepios, 2023).

SNS는 사용자들이 직접 콘텐츠를 만들어 주고받는 사용자 중심의 콘텐츠 플랫폼을 형성하고 이를 통해 수익이 창출되는 비즈니스 모델로 발전했다. 생산자와 소비자가 상호작용을 하며 가치를 교환하는 공간인 플랫폼이 디지털 기술로 다시 태어나 규모와 속도, 편의성 면에서 엄청난 네트워크 효과를 만들며 뻗어가고 있다(Van Alstyne et al., 2018).

플랫폼 비즈니스는 정보와 콘텐츠를 핵심으로 다루는 미디어 분야뿐만 아니라 엔터테인먼트, 쇼핑, 금융 등 다양한 분야로 영역을 넓히며 기존 산업 질서의 파괴적 혁신자가 되고 있는데 2022년 시가 총액 세계 5대 기업 중 네 개(애플, 마이크로소프트, 알파벳, 아마존)이 모두 플랫폼 비즈니스 모델을 따르고 있을 정도로 파급력이 크다.

국내 빅3 플랫폼, 이용 시간은 유튜브가 독주

국내 앱(App)을 통틀어 이용자가 가장 많은 플랫폼은 카카오톡, 유튜브, 네이버 순이다. 인터넷 공간에서 정보·콘텐츠의 영향력이 그만큼 크다는 걸 증명하듯 셋 다 미디어 서비스이다.

이용자 수는 플랫폼이 규모의 경제를 실현할 수 있는 기본 조건인데 2023년 6월 월간 이용자(MAU) 기준으로 카카오톡 4147만 3790명, 유튜브 4089만 7198명, 네이버 3890만 548명을 기록하며 빅3 구도를 형성하고 있다. 구글 3132만 9363명, 쿠팡 2683만 3276명으로 뒤를 잇는데 탑3과는 격차가 크다(모바일인덱스 통계, 안드로이드 + iOS 기준, 웹브라우저 등 기본 장착 앱은 제외).

빅3 플랫폼은 고유 영역인 메신저·동영상·검색 서비스에서 압도적 1위를 하며 한계 보급률에 가까운 4000만 명 내외가 이용하고 핵심 서비스의 강점을 지렛대 삼아 광고·커머스 부문 사업 확장을 적극적으로 추진하고 있다는 공통점이 있다. '비즈보드'를 통한 광고 사업 진출(카카오톡), 숏폼 콘텐츠 서비스 '쇼츠' 론칭(유튜브), 오픈형 쇼핑몰 '스마트 스토어' 개편(네이버) 등 다양

〈표 1〉 주요 플랫폼별 MAU 추이

구 분	카카오톡	유튜브	네이버	구글	다음	쿠팡	배달의 민족
2023. 6월	41,473,790	40,897,198	38,900,548	31,329,363	7,854,547	26,833,276	19,164,037
2020. 6월	47,655,244	44,397,617	40,472,866	31,304,470	10,402,818	19,262,662	14,684,396
증감률(%)	-13.0	-7.9	-3.9	0.1	-24.5	39.3	30.5

자료: 모바일인덱스(안드로이드+iOS 기준, 단위 : 명)

〈표 2〉 뉴스 이용 매체 순위

	~2015	2016	2017	2018	2019	2020	2021	2022
1위	텔레비전	텔레비전	텔레비전	텔레비전	텔레비전	텔레비전	텔레비전	텔레비전
2위	종이 신문	종이 신문	인터넷포털	인터넷포털	인터넷포털	인터넷포털	인터넷포털	인터넷포털
3위	라디오	SNS	종이 신문	메신저 서비스	메신저 서비스	온라인동영상플랫폼	온라인동영상플랫폼	온라인동영상플랫폼
4위	잡지	메신저 서비스	SNS	종이 신문	종이 신문	메신저 서비스	메신저 서비스	메신저 서비스

자료: 한국언론진흥재단, 2022.

한 신규 사업과 서비스를 통해 플랫폼 경쟁력을 단단히 하고 있다.

이용자 수를 3년 전과 비교하면 카카오톡의 감소 폭(-13%)이 가장 크고, 유튜브(-7.9%), 네이버(-3.9%) 순으로 빅3 플랫폼 모두 줄어드는 경향을 보이는데 다양한 플랫폼이 부상하면서 선택지가 많아진 데서 원인을 찾을 수도 있지만, 우리나라 전체 인구수 대비해 이용자가 포화 수준에 이른 점도 생각해 볼 부분이다. 조사 기관에 따라 빅3 플랫폼 안에서 이용자 순위는 일부 달라지기도 하지만 3강 구도는 코로나 전, 후 변함없이 유지되고 있다.

또한, 뉴스 이용에서도 인터넷 플랫폼들이 레거시 미디어를 하나씩 밀어내며 4대 매체 반열에 오르기 시작해 2020년부터는 빅3 모두 4대 매체에 포함되는데 뉴스 탐색을 할 때도 각 플랫폼이 관문 역할을 폭넓게 하고 있음을 보여준다(한국언론진흥재단, 2022).

많은 이용자가 오래 머물며 이용할수록 플랫폼의 가치는 올라간다. 개별 이용자의 이용 시간을 모두 더한 총 사용 시간을 보면 단연 유튜브가 독주하고 있다.

2023년 6월 기준으로 유튜브가 11.2억, 카카오톡이 3.9억, 네이버는 2.6억 시간을 기록하고 인스타그램(1.5억)과 넷플릭스(0.7억)가 다음 순이다. 코로나 전인 2019년 1월과 비교하면 유튜브는 무려 63%나 증가하고 카카오톡과 네이버는 각각 2.6%, 13% 감소했다(모바일인덱스, 안드로이드 기준).

유튜브는 카카오톡의 2.9배, 네이버의 4.3배에 이르는 압도적 트래픽을 바탕으로 국내 동영상 광고 시장의 57.2%(리서치애드, 2022년 실적 기준)을 차지하고 8조 원 이상으로 추정하는 1인 미디어 시장을 주도하며 검색, 음악, 쇼핑, 게임으로까지 사업 영역을 넓히고 있다.

뚜렷하게 갈리는 SNS 선호도

SNS도 코로나 기간 전반적으로 이용률이 증가했다.

한국지능정보사회진흥원의 『2022 인터넷 이용실태 조사』에 따르면 SNS 이용률은 2019년부터 꾸준히 증가해 2022년은 69.7%로 2019년에 비해 5.9%p 올랐다. 연령대가 낮을수록 이용률이 높아 20대(96%)와 30대(92%)가 가장 중심에 있다. 2019년 1월, 2023년 6월의 총사용 시간을 비교해도 페이스북만 제외하고 모두 증가했다. 틱톡(222.2%)과 인스타그램(139.5%)이 큰 폭으로 오르고 트위터(33.4%)도 오름세로 반전했다(모바일인덱스, 안드로이드 기준).

SNS는 '친교·교제'(64.4%)와 '타인 게시물 열람'(48.0%), '관심사 공유'(38.1%) 등의 소통 목적이 주된 이용 이유로 꼽히는데 코로나 기간 사회적 고립감을 해소해 주는 소셜 미디어로서 역할을 톡톡히 했다.

하지만 전 연령대에서 고루 이용하는 빅3 플랫폼과는 달리 SNS는 대상별로 매체별 선호도가 명확하게 갈렸다.

틱톡은 10대를 중심으로 챌린지 이벤트를 담은 숏폼 콘텐츠 포맷이 대유행하며 돌풍을 일으켰고 인스타그램은 20~30대 여성층이 중심이 돼 확산했다.

국내에서 페이스북 이용률의 폭락(-58.8%)은 매우 이채롭다. 월간 이용자

〈표 3〉 SNS별 사용 시간 추이

채널	'19.1월	'20.12월		'21.12월		'22.12월		'23.6월	
		총사용 시간	전년 비	총사용 시간	전년 비	총사용 시간	전년 비	총사용 시간	전년 비
유튜브	689,800	1,074,330	55.7	1,099,192	2.3	1,133,886	3.2	1,124,180	-0.9
틱톡	14,462	31,203	115.8	45,731	46.6	46,378	1.4	46,590	0.5
페이스북	116,386	104,068	-10.6	80,694	-22.5	60,577	-24.9	47,950	-20.8
인스타그램	62,480	94,888	51.9	117,648	24.0	148,080	25.9	149,654	1.1
트위터	27,738	25,163	-9.3	31,764	26.2	35,390	11.4	36,991	4.5

자료: 모바일인덱스(안드로이드 기준, 단위 : 천 시간, %)

수 29.9억 명으로 유튜브(25.3억)보다 앞서며 전 세계 이용자 수 1위인 페이스북이 국내에서는 코로나 기간 큰 폭으로 하락해 2023년 6월 기준, 인스타그램의 3분의 1 수준 이하로 떨어졌다(Kepios, 2023). 이미지·동영상 중심의 SNS 활용 트렌드가 확산하면서 젊은 층이 다른 채널로 이탈하고 개인정보 보호와 관련된 많은 논란이 원인으로 작용한 듯 보인다.

2023년 하반기에 들어 메타가 텍스트 기반 SNS인 스레드(Thread)를 출시하며 불과 5일 만에 1억 이용자를 모으는 등 돌풍을 일으키고 있는데 선발 주자인 트위터(X로 브랜드 변경)와 단문 문자 서비스를 추가한 틱톡까지 새로운 경쟁 구도가 형성되며 SNS 시장의 호재로 작용할 전망이다.

OTT로 기운 영상 미디어 시장

코로나 발생 전 영상 미디어 시장은 TV 시청이 전반적 내림세를 보이고 영화는 관객이 꾸준히 유지되는 가운데 온라인 동영상 서비스(OTT)의 괄목할 성장이 뚜렷한 추세였다.

매년 실시하는 방송통신위원회의 『방송 매체 이용행태 조사』에 따르면 코로나 직전 3년간 OTT 이용률은 36.1%(2017년), 42.7%(2018년), 52%(2019년)로 급속히 느는 데 반해 TV 일평균 시청 시간은 2시간 48분, 2시간 47분, 2시

〈표 4〉 OTT 시청 시간 추이

구분	OTT 계			넷플릭스			티빙		
	시청 시간	전년 비	'19년 비	시청 시간	전년 비	'19년 비	시청 시간	전년 비	'19년 비
2019년	709	-	-	202	-	-	80	-	-
2020년	1,292	82.2	82.2	579	186.6	186.6	148	84.4	84.4
2021년	1,742	34.9	145.8	884	52.7	337.8	218	47.5	171.9
2022년	1,923	10.4	171.3	960	8.6	375.6	290	33.2	262.2
2023년 1~6월	999	3.6	232.1	491	1.9	485.1	191	41.5	472.2

자료: 모바일인덱스(OTT: 티빙,웨이브,넷플릭스,U+TV,왓챠,쿠팡플레이,디즈니+,안드로이드 기준, 단위 : 백만 시간, %)

간 42분으로 조금씩 줄어드는 경향을 보였다. 특히 나이가 어릴수록 스마트폰을 활용한 동영상 서비스 이용이 TV 시청을 대체해 가는 모습이 나타났다.

코로나 발생 첫해인 2020년은 전대미문(前代未聞)의 역병 앞에 '거리 두기', '집콕'이 최선의 방역 책이었던 관계로 OTT와 TV 둘 다 혜택을 입었다.

넷플릭스, 티빙 등 주요 OTT 채널의 총 시청 시간은 전년보다 82.2%나 증가했고 방통위의 같은 조사 결과, OTT 이용률도 전년 52%에서 66.3%(2021년 69.5%, 2022년 72.0%)로 치솟았다.

넷플릭스는 이 기간 무려 186.6%나 시청 시간이 늘었는데 국내 업체는 상상도 할 수 없을 엄청난 콘텐츠 투자가 바탕이 돼 OTT 시장을 주도했다. 콘텐츠 투자가 가입자 확대 및 이용 시간 증대로 연결돼 수익률이 높아지고 이를 바탕으로 다시 콘텐츠에 재투자하는 플랫폼 비즈니스의 선순환 효과가 빛을 내기 시작한 것이다.

같은 기간 TV 시청도 늘었다. 2020년 11개 주요 TV 채널 월별 평균 시청률이 전년보다 5.8% 올랐다(닐슨코리아, 전국 가구 기준). 방통위가 조사한 TV 시청 시간도 약 9분 늘어나 그간의 감소 추세를 벗어났는데 트로트 프로그램의 열풍과 시시각각 발표되는 코로나 관련 뉴스가 종편 및 보도 채널의 시청률을 올리며 전체 상승을 견인했다.

이 기간 월별 시청률 그래프를 보면 코로나 확진자 수와 증감률 곡선이 동

〈표 5〉 TV 채널 평균 시청률 추이

구 분	TV			지상파 TV		
	평균 시청률	전년 비 (%)	'19년 비 (%)	평균 시청률	전년 비 (%)	'19년 비 (%)
2019년	1.730	-	-	2.822	-	-
2020년	1.830	5.8	5.8	2.737	-3.0	-3.0
2021년	1.711	-6.5	-1.1	2.56	-6.5	-9.3
2022년	1.505	-12.0	-13.0	2.281	-10.9	-19.2
2023년 1~6월	1.331	-11.6	-23.1	1.945	-14.7	-31.1

자료: 닐슨코리아(대상: KBS1, 2, MBC, SBS, JTBC, MBN, TV조선, 채널A, tvN, YTN, 연합뉴스TV, 전국 가구 기준)

〈그림 1〉 TV 채널 평균 시청률 그래프

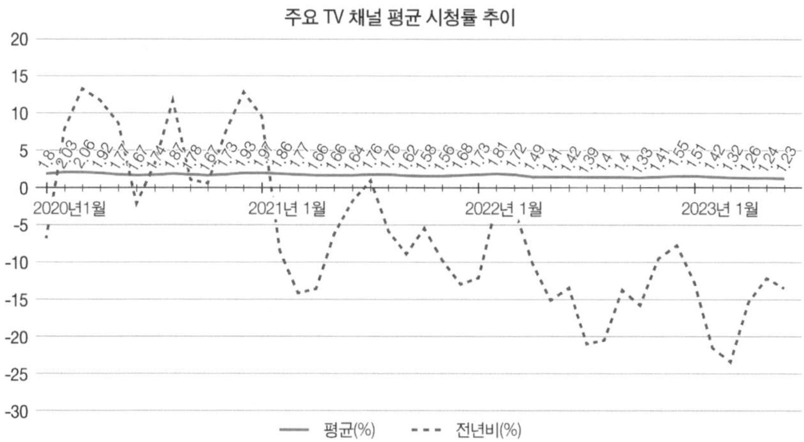

자료: 닐슨코리아(대상: KBS1, 2, MBC, SBS, JTBC, MBN, TV조선, 채널A, tvN, YTN, 연합뉴스TV, 전국 가구 기준)

조 현상을 보이는데 3월(13.2%), 8월(12%), 12월(12.9%) 대유행 시점에 TV 평균 시청률이 두 자릿수 증가했다.

연간누적관객 수가 2억 명 수준을 꾸준히 유지하던 영화는 철퇴를 맞았다. 2019년 역대 최다 관객(2억 2600만)을 돌파했던 영화는 2020년 1년 만에 거의 4분의 1토막(5950만)으로 떨어져 영화관 통합 전산망 집계 이래 최소 기록을 세웠고 2021년도 비슷한 수준을 보였다. 개봉작 수는 전과 비슷했으나 관객 수 500만을 넘긴 작품이 거의 없었다.

백신이 도입되고 코로나 학습 효과가 조금씩 나타난 2021년부턴 양상이 달라졌다. OTT는 상승 곡선이 이어지고 TV는 제자리로 돌아갔다.

OTT 총시청 시간은 전년과 비교해 34.9%(2021년), 10.4%(2022년) 각각 증가하며 두 자릿수 증가율을 이어갔다. (기저 효과로 증가 폭은 줄었지만) 코로나19 발생 후 너덧 배 가까이 이용 시간이 오른 넷플릭스(375.6%)와 티빙(262.2%)이 앞에서 끌고 쿠팡플레이(2020년), 디즈니플러스(2021년) 등 새로 생긴 OTT 채널도 힘을 보탰다.

특히 넷플릭스의 폭발적 성장은 〈오징어게임〉(2021년), 〈지금 우리 학교는〉(2022년), 〈이상한 변호사 우영우〉(2022년) 같은 K 콘텐츠가 메가 히트를 기록하며 크게 기여를 했다.

현재 이용자 규모에서도 넷플릭스(11.4백만)가 국내 OTT인 2위 티빙(5.2백만), 3위 쿠팡플레이(4.9백만)를 더한 숫자 보다 앞서 있는데 콘텐츠 뿐만 아니라 플랫폼 자체의 경쟁력 확보를 위한 국내 업체들의 대책이 절실해 보인다(모바일인덱스, 2023년 6월 MAU, 안드로이드 + iOS 기준).

TV 시청은 2021년 6.5% 감소하고 2022년 다시 12%가 줄면서 2019년보다는 13% 떨어졌다. 코로나가 장기화하며 디지털 전환의 관성이 더 크게 작용해 OTT에 시청자를 뺏겼다. TV 시청률의 하향 추세는 2023년에도 이어져 3월 이후 매달 최저치 기록을 경신하며 상반기 주요 채널 평균 시청률이 2019년 대비 23.1%나 감소했다.

시청률 하락은 지상파 채널이 좀 더 심각하다. 코로나 첫해에도 반사 이익을 누리지 못하고 매년 감소한 지상파 4개 채널의 평균 시청률은 지상파 TV로만 중계된 도쿄 올림픽(2021년 7~8월), 카타르 월드컵(2022년 11~12월) 등의 효과도 잠시뿐 2023년 들어 다시 곤두박질쳐 상반기 평균 시청률이 코로나 이전에 비하면 31.1%나 줄었다.

시청률 감소는 지상파 방송사의 광고 수입에도 이어져 콘텐츠 투자를 위한

〈표 6〉 영화 관객 추이

구분	2018년	2019년	2020년	2021년	2022년	2023년 1~6월
개봉작 수	1,871	1,943	1,897	1,856	1,774	790
관객 수	216,385,269	226,678,777	59,523,967	60,531,087	112,805,094	58,390,183

자료: 영화관 입장권 통합 전산망

재원 마련에 걸림돌이 되고 있는데 KBS는 설상가상으로 시청료 분리 징수까지 현실화해 힘든 시절을 맞고 있다.

영화관 관객은 2022년부터 조금씩 회복세를 보였으나 관람료 인상과 OTT 같은 강력한 대체재 영향으로 여전히 코로나 전의 절반 수준에 그치고 있다. 또한, 2022년 관객 수 상위 5위까지 오른 영화(〈범죄도시 2〉, 〈탑건: 매버릭〉, 〈아바타: 물의 길〉, 〈한산: 용의 출현〉, 〈공조 2〉)가 다 속편에 해당하는데 검증된 작품을 선호하는 안전 소비 경향이 코로나 기간 두드러진 특징이라 하겠다.

코로나 팬데믹 기간 OTT 이용은 사회적 거리 두기로 집에서의 여가가 늘어난 데다 시간과 장소에 구애받지 않고 저렴하게 다양한 콘텐츠를 즐길 수 있는 스트리밍 서비스의 장점이 더해져 영상 미디어 소비를 주도했다.

앞으로도 OTT로의 쏠림 현상은 지속할 전망이다. 국내외 사업자 간 합종연횡도 활발하고 몸집을 불려 콘텐츠 투자도 적극적인 OTT에 비해 TV 진영은 심의, 방송 기금 출연 등 비대칭 제도 개선에 더 몰두하는 듯해 앞이 잘 보이지 않는다. 기울어진 운동장을 바로잡으려는 노력도 필요하겠지만 그보단 깊고 넓어진 미디어 소비자의 눈높이에 맞는 다양한 콘텐츠 개발과 투자가 선행되어야 할 시점이다.

미디어 소비의 중심에 선 모바일

2007년 아이폰이 세상에 나온 후 스마트폰이 아주 짧은 기간에 미디어 생태계의 포식자가 되며 모바일 혁명을 이끌고 있다.

〈표 7〉 2022년 국내 미디어별 광고비 비중

미디어	신문	영화	라디오	TV	인터넷	
					PC	모바일
등장 연도	1609	1895	1920	1935	1981	2007
광고비 비중(%)	10.5	1.1	1.6	23.9	9.8	41.1

* 도입된 지 15년밖에 안 된 모바일 미디어가 국내 전체 광고비의 41.1%를 차지.
자료: KOBACO, 2022.

국민 중 70%가 생활 속에서 가장 필요한 매체로 스마트폰을 꼽고 개인 보유율은 93.4%까지 오르며 '1인 1 스마트폰' 시대를 맞았다. 또한, 광고·커머스 등 비즈니스 공간으로서의 매력도 급상승해 미디어 소비의 중심이 모바일로 급속히 이동하고 있다.

스마트폰은 2015년 '필수 매체 인식'에서 2.3%p 차이로 처음 TV를 앞선 후 불과 4년 만인 2019년에 2배 가까운 격차를 냈고 2022년엔 2위 TV와 3위 PC의 감소분을 흡수하며 2.5배가 넘는 압도적 우위를 보였다(방송통신위원회, 2022 방송 매체 이용행태 조사).

미디어의 경제적 활용 가치를 나타내는 광고와 쇼핑 거래액도 모바일이 단연 두각을 나타낸다.

인식이 변하고 3년 후인 2018년, 광고 매체 비중도 모바일로 선두가 바뀌었다. 2018년 26.6%를 기록 1.4%p 차이로 TV를 추월한 후 2019년(32.2%), 2020년(40.3%) 급격히 상승했으며 2022년은 41.1%를 차지, TV 미디어에 1.7배나 앞서고 있다. PC를 포함하는 디지털 광고 중에선 80.7%로 압도적인 비중을 보인다(KOBACO, 2022 방송통신광고비 조사 보고).

모바일 쇼핑 거래액도 2020년 20%를 넘긴 후 2021년 23.4%, 2022년 25.1%로 점차 확대돼 소매 판매액 중 3분의 1을 조금 넘긴 전체 온라인 거래액에서 74.8%의 비중을 기록하고 있다(통계청, 온라인 쇼핑 동향).

결제·물류 등 다른 제약 조건이 많은 상거래에서 향후 모바일의 비중을 예측하기는 어렵지만 적어도 온라인 내에서의 비중만큼은 1~2년 사이 광고와

〈그림 2〉 N-Screen 영향력 비교

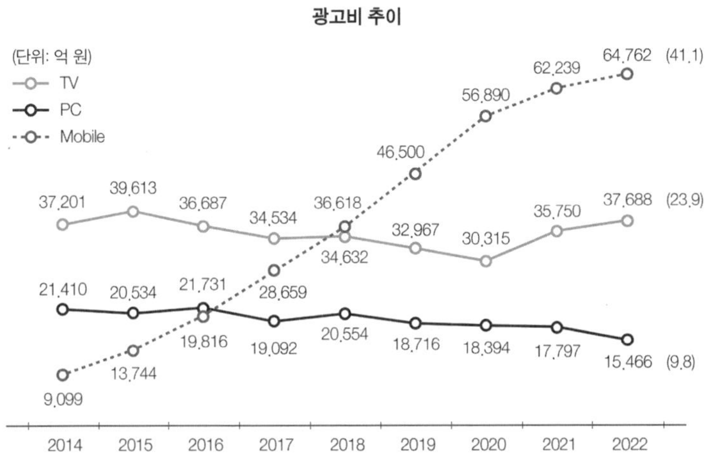

KOBACO, 2022 방송통신광고비 조사 보고
(TV 광고비: 보고서 항목 중 지상파TV, PP, 위성TV 합계)

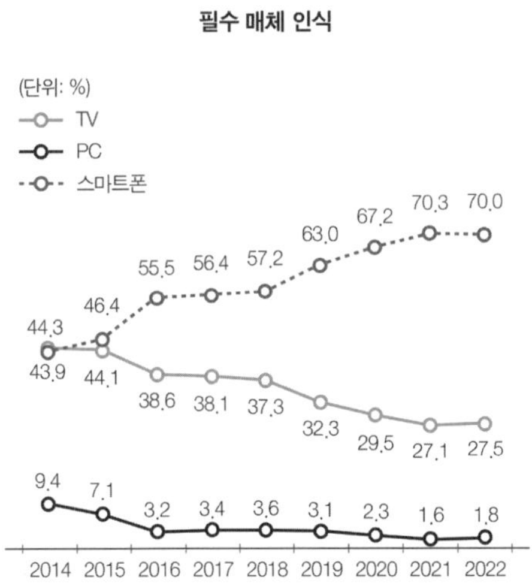

방송통신위원회, 2022 방송매체 이용행태조사

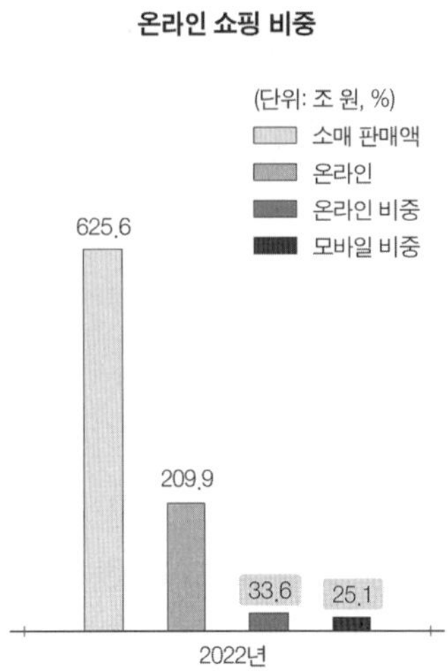

통계청, 2022 온라인 쇼핑 동향

차이가 없어질 것으로 예상한다.

"포노 사피엔스(Phono Sapiens)가 인류 문명을 바꾸고 있다"라며 "스마트폰의 확산은 정보 선택권을 가진 개인의 힘이 중요해지고 정보의 질과 정보 전달 체계가 달라짐으로써 개인과 사회가 바뀌고 있다"(최재봉, 포노 사피엔스, 2019)는데 언제 어디서나 빠르고 편리하게 이용할 수 있는 모바일 혁명이 미디어 산업 지형을 뒤흔드는 또 하나의 원동력으로 작동하고 있다.

맺으며: 코로나19가 던진 숙제

코로나19는 미디어 지형을 빠르게 바꿔 놓았다. OTT가 TV와 극장을 대체하고 레거시 미디어의 빈자리에 빅 플랫폼과 SNS가 자리 잡았다. 모바일로 미디어 소비가 몰리며 정보의 주도권이 개인에게 넘어왔다. 미디어의 디지털 전환은 코로나가 발생하기 전부터 꾸준히 진행된 것이었지만 코로나19가 촉매제가 돼 더욱 가속화했다.

미디어 산업은 새로운 기회와 도전에 직면해 있다. 국내외 플랫폼 간 무한 경쟁이 펼쳐지고 있는 미디어 환경에서 성장의 물결에 올라탄 분야든 위기를 맞은 분야든 가릴 것 없이 '승자 독식'의 냉엄한 비즈니스 룰 앞에 여유는 없다. 디지털·모바일로 확연히 기운 시장 변화에 신속하고 유연하게 대응해 차별화된 플랫폼과 콘텐츠를 개발하고, 맞춤형 정보와 서비스를 제공해야 미래가 있다는 평범하지만 가장 기본적인 사실을 잊어서는 안 된다.

코로나19는 미디어와 관련된 사회적 문제와 가치도 돌아보게 했다. 코로나 팬데믹 기간 1인 미디어가 팽창하면서 걸러지지 않는 가짜뉴스가 넘쳐나고 알고리즘(algorithm)의 힘을 빌린 확증 편향과 개인정보 침해가 도를 넘어 사회적 우려가 커졌다. 이런 상황에서 디지털 미디어가 가진 긍정적 가치가 훼손되지 않도록 자유롭게 분출되는 정보 중에서 사실과 거짓, 다양성과 편견을 구분해 양질의 정보가 흐르게 하고 기술에 앞서 프라이버시가 존중되는 환경을 만들어 가야 한다.

앞으로 미디어 이용 패턴은 어떻게 될까. 지금의 변화가 패러다임이 될지 아니면 거품처럼 날아갈지 불확실하고 아무도 예상 못 한 코로나19 같은 변수가 다시 등장해 지형을 바꿔 놓을 수도 있지만, 인공지능(AI)까지 가세한 디지털 전환의 흐름은 당분간 멈추지 않을 것 같다.

새로운 기술과 변화하는 환경에 발 빠르게 적응하고, 변화하는 이용자 니즈(needs)에 맞춰 혁신을 거듭해야 미디어 산업의 지속가능한 미래를 이어갈 수 있을 것이다.

참고문헌

닐슨코리아. 2019~2023.『TV 시청률 통계』.

리서치애드. 2022.『동영상 광고 현황 통계』.

모바일인덱스. 2019~2023.『앱 사용자·이용 시간 통계』.

방송통신위원회. 2022.『방송 매체 이용행태 조사』.

『영화관 입장권 통합 전산망 통계』. 2018~2023.

조창환. 2018.『디지털 마케팅 4.0』.

코바코. 2022.『방송통신광고비 조사』.

통계청. 2022.『온라인 쇼핑 동향』.

최재봉. 2019.『포노 사피엔스』.

한국언론진흥재단. 2022.『언론수용자 조사』.

한국지능정보사회진흥원. 2022.『인터넷 이용실태 조사』.

Kepios. 2023.『디지털 현황 보고서』.

Van Alstyne, M.W., S.P.Choudary and G.G.Parker. 2018. *Platform Revolution*. W. W. Norton & Company.

6. 코로나 팬데믹은 언론·미디어 업계에 위기였을까, 기회였을까

이옥진 (조선일보 기자)

> 중국에서 원인을 알 수 없는 폐렴에 걸린 환자가 며칠 새 크게 불어나고 있다. 중국 중부 후베이(湖北)성 우한(武漢)시 위생건강위원회는 원인불명의 바이러스성 폐렴으로 진단받은 환자가 59명으로 집계됐다고 5일 밝혔다(≪중앙일보≫, 2020.1.6).
>
> 중국 내륙 도시인 우한(武漢)시에서 원인을 알 수 없는 폐렴 환자가 집단적으로 발생한 가운데, 우한시를 최근 방문한 적이 있는 국내 체류 중국인 A(여·36)씨가 폐렴으로 8일 확인됐다(≪조선일보≫, 2020.1.9).

2020년 새해 벽두 신종 코로나바이러스 감염증(코로나19)이 전 세계를 강타했다. "코로나 발생 이전의 세상은 이제 다시 오지 않는다. 이제는 완전히 다른 세상이다"라는 권준욱 국립보건연구원장의 말처럼, 코로나는 우리 삶의 많은 부분을 송두리째 바꿨다. 사람들의 대면 접촉은 제한됐고, 직장의 회의와 학교 수업은 온라인으로 진행되는 '언택트(비대면)' 시대가 도래했다. 마스크는 일상이 됐고, 사회적 거리두기가 생활화됐다. 정치와 경제, 사회와 문화 등 전 분야에서 대격변이 일어났다.

올해 5월 5일 세계보건기구(WHO)는 코로나 비상사태의 종식을 선언했다.

같은 달 11일 한국 정부도 사실상의 엔데믹을 선언했다. 코로나 유행이 본격화한 지 3년 4개월 만의 일이다. 하지만 코로나로 인한 사회 변화는 비가역적이며, 코로나의 영향은 현재 진행형이다.

언론·미디어 또한 예외가 아니다. 일각에서는 미디어 산업이 코로나의 가장 큰 영향을 받은 분야라는 주장도 나온다. 필자는 코로나 팬데믹 시기 뉴스 콘텐츠를 주로 다루는 언론 미디어와 드라마·영화·예능 등의 콘텐츠를 다루는 비(非)언론 미디어의 변화와 특징적 양상을 살펴보고자 한다.

재난 상황에서 시민은 언론에 기댔다

2020년 이후 신문과 방송, 인터넷 등 매체를 막론하고 모든 미디어에서 가장 많이 다뤄진 콘텐츠는 코로나였다. 국내 주요 방송, 일간·지역지 등 54개 매체 기사를 집적하고 있는 뉴스 빅데이터 분석 시스템 빅카인즈(https://www.bigkinds.or.kr)에 따르면, 2020년 1월부터 2023년 7월까지 '코로나(코로나19)'란 단어가 등장한 기사는 총 277만 5175건에 달한다. 이는 사스, 신종플루, 메르스 등 과거 국내에서 확산했던 감염병의 보도량과는 차원이 다른 정도로 많은 것이다. 각 언론사들이 이렇게 많은 코로나 관련 기사를 생산해 낸 것은 팬데믹 상황이 심각했다는 점, 뉴스 수용자들의 수요가 높았다는 점 등을 방증한다.

한국언론진흥재단이 2020년 12월 발표한 『코로나19 이후 국민의 일상 변화 조사』 결과 보고서에 따르면, 우리 국민이 코로나 이후 가장 크게 늘린 활동은 '미디어 이용'(70.3%)이었고, 이 중 이용량이 증가했다고 응답한 비율이 가장 높은 장르는 '뉴스'(72.2%)였다. 보고서는 "재난 상황에서 뉴스 의존도가 크게 증가하는데, 코로나 팬데믹 상황에서 모두가 감염병에 노출돼 있던 만큼 관련 뉴스 이용이 증가한 것으로 보인다"고 분석했다(한국언론진흥재단, 2020). 같은 기관의 『2021년 언론 수용자 조사』에서도 유사한 결과를 살펴볼 수 있다. 이 조사에서는 이용자들이 매체를 불문하고 뉴스를 더 자주, 더 오래 이용한다는 결과가 나타났다. 텔레비전 이용자의 뉴스·시사 프로그램 시청 시간은 전체 응답자 기준 전년 46.2분에서 48.1분으로 증가했고, 매일 시청한다는 응답자도 43.4%에서 45.5%로 늘었다. 신문 이용자의 열독 시간은 27.8분에서 29.9분으로 증가했고, PC·인터넷을 이용해 뉴스를 매일 이용한다는 사람은 1.6%에서 2.7%로 늘었다(한국언론진흥재단, 2021).

코로나 팬데믹 기간 기성 언론들은 믿을 수 있는 주요 뉴스 공급자로 기능했던 것으로 나타났다. 상당 기간 동안 소셜 미디어 등에 밀려 영향력 감소를 경험했던 기성 언론들이 다시금 위상을 되찾은 것이다. 이는 세계 언론에서 공히 관찰된 현상으로, 국내 언론 역시 마찬가지였다. 로이터 저널리즘연구소에 따르면, 코로나 관련 뉴스를 얻기 위해 전통적 의미의 언론을 이용한다고 답한 국내 응답자는 2020년과 2021년 모두 77%에 달했다. 국내보건기구와 정부는 2020년 37%, 31%, 2021년 35%, 33%에 그쳤다. 코로나 관련 정보를 얻기 위해 전통적 의미의 언론을 정보원으로 삼는 국내 응답자 비율은 미국·영국 등 같은 조사를 진행한 타국과 비교해 봤을 때 월등히 높은 수치다.[1)]『2022년 언론 수용자 조사』에 나타난 뉴스 미디어 유형별 신뢰도를 보면, 텔레비전과 신문 등 전통적인 매체들이 강세를 보였다. 텔레비전에 대한 신뢰도는 5점 만점에 3.67점으로 가장 높았고, 신문과 인터넷 포털이 각각 3.36점으로 뒤를 이었다. 온라인 동영상 플랫폼이 2.81점으로 가장 낮은 신뢰도 점수를 기록했다(한국언론진흥재단, 2022).

코로나로 인해 언론 미디어의 고질적인 문제가 노출되기도 했다. 일부 언론들은 신속 보도 경쟁과 클릭 수 경쟁에 매몰돼 사실관계에 대한 정확한 파악 없이 오정보와 허위정보를 보도해 논란을 빚었다. 자극적 보도로 공포심을 자극한다는 비판도 나왔으며, 비슷한 정보가 필요 이상으로 반복돼 피로감

1) https://reutersinstitute.politics.ox.ac.uk

을 준다는 지적도 있었다. 매일 코로나 감염자와 사망자 숫자를 업데이트 하는 것에 그친 국내 언론사들의 디지털 콘텐츠는 해외 유수의 언론과 비교해 봤을 때 미흡한 지점이 많았다. 미 뉴욕타임스, CNN, 영국 BBC, 가디언 등은 자사 홈페이지에 코로나를 다루는 별도의 페이지를 마련, 코로나 관련 보도와 각종 통계, 예방·치료법 등의 정보를 한눈에 파악하기 쉽게 정리해 전달했다. 자신이 살고 있는 지역을 등록하면 사망자와 백신 접종자 증감세를 확인할 수 있는 맞춤형 서비스, 지역별 방역수칙, 백신 개발 및 치료제 개발 상황 등과 같은 정보도 시각화해 수시로 업데이트했다.

코로나 팬데믹으로 인해 뉴스에 대한 수요가 어느 때보다 높아지고 디지털 대전환으로의 추세가 가속화된 상황에서 언론은 위기를 기회로 바꾸는 데 주력했다. 대면 사회활동이 제한되면서 사람들은 정부의 방역 대책, 지원책, 백신 개발 및 접종 소식 등 감염병 관련 정보를 디지털 미디어를 통해 얻고자 했고, 그 결과 언론사의 디지털 구독 서비스가 급성장하게 된 것이다. 많은 언론사들은 팬데믹 기간 저널리즘의 공익적 성격을 살리면서 기업의 이윤 추구를 극대화하는 데 골몰했다.

이 과정에서 디지털 대전환을 미리 준비해 온 언론들은 가시적인 성과를 내기도 했다. 미국 뉴욕타임스는 2020년 1분기 순방문자 2억 4000만 명, 페이지뷰 25억 회를 기록했다. 이 기간에만 58만 7000명이 새로 유료 디지털 구독을 시작해, 2019년 4분기(34만 2000명 증가)와 비교해 거의 2배 가까이 성장한 것으로 집계됐다. 코로나 팬데믹 기간의 급성장으로 뉴욕타임스는 2023년 현재 1000만 명이 넘는 유료 구독자를 보유하고 있다(WAN-IFRA, 2022). 세계적 주목을 받는 여러 언론들에서는 기존 콘텐츠 유료화뿐만 아니라 다양한 뉴스 상품의 개발, 인공지능(AI) 등 최신 기술과 결합된 디지털 혁신 등의 노력이 진행됐다. 국내 언론들도 이 같은 노력에 동참하고 있다. 코로나 팬데믹 이후 대부분의 언론사들이 경쟁적으로 뉴스레터를 발행, 독자 확보와 수익 다각화에 공을 들이고 있다. 조선일보의 인공지능(AI) 콘텐츠 관리시스템 아크(Arc)

도입, 중앙일보의 디지털뉴스 유료구독 모델 '더 중앙 플러스' 출범 등도 노력의 일환이다.

각광받은 OTT, K콘텐츠, 언택트 예능

코로나로 인해 야외활동이 제한되면서, 팬데믹 시기 미디어 이용량이 폭증했다. 뉴스뿐만 아니라 영화, 드라마, 예능 등 다양한 콘텐츠가 각광받았다. 이 중에서도 두드러진 것은 온라인 동영상 서비스(OTT)의 약진이었다. OTT는 여러 비대면 서비스 중 사람들의 눈과 귀를 사로잡으며 성장을 거듭했다. 기존 유료 케이블 방송과 VOD 서비스도 OTT 시장으로 전환하기 시작했으며, 기존 방송사들도 유튜브와 넷플릭스, 왓챠, 웨이브 등 OTT로 콘텐츠를 공유했다. OTT 시장의 성장은 예견된 것이었지만, 코로나 팬데믹으로 인해 시기가 급속도로 앞당겨진 것이다. OTT는 코로나로 인해 극장에서 개봉하지 못하는 영화들을 선보이고, 양질의 오리지널 콘텐츠를 제작·공개하며 가입자들을 모았다.

2007년 스트리밍 서비스를 시작한 넷플릭스는 2017년 가입자 1억 명을 넘겼는데, 코로나 팬데믹 시기인 2020년 말 가입자 2억 명을 돌파했다. 국내 OTT 이용자들도 크게 늘었다. 방송통신위원회가 발표한 『2020년 방송매체 이용행태 조사』에 따르면 지난해 OTT 이용률은 72%를 기록, 2017년 36.1%에서 크게 오른 것으로 집계됐다. 이 조사에서 응답자들이 주요 이용하는 OTT는 유튜브 66.1%, 넷플릭스 31.5%, 티빙 7.8%, 웨이브 6.1%, 쿠팡플레이 5.2% 순이었다. 요금을 지불하고 이용한 비율은 전체 응답자 기준 40%였다(방송통신위원회, 2021).

이런 상황에서 'K콘텐츠'는 날개를 달았다. 넷플릭스 드라마 〈오징어게임〉을 필두로 〈이상한 변호사 우영우〉, 〈더 글로리〉, 〈피지컬: 100〉 등 다양한 한국 콘텐츠들이 글로벌 시장에서 존재감을 과시했다. 방탄소년단(BTS) 등 K

팝 스타들의 인기도 K콘텐츠가 세계적인 대세로 떠오르게 한 데 큰 몫을 했다. 전국경제인연합회 산하 한국경제연구원이 지난 7월 공개한 『한류 확산의 경제적 효과 추정』 보고서에서는 2017~2021년 한류 열풍이 불러온 국내 경제적 파급 효과가 약 37조 원에 달하는 것으로 나타났다. 한류 확산으로 발생한 생산액은 소비재 분야에서 30조 5000억 원, 문화콘텐츠 분야에서 6조 5000억 원 등 총 37조 원이었고, 같은 기간 창출된 부가가치액은 13조 2000억 원이었다. 미 US뉴스와 와튼스쿨이 공동 발표한 '글로벌 문화적 영향력 랭킹'에 따르면, 한국 문화가 국제적으로 미치는 파급력은 2017년 세계 31위(80국 중)에서 2022년 7위(85개국 중)로 24단계 급등했다(한국경제연구원, 2023).

예능 프로그램 또한 코로나 팬데믹 시기 큰 변화를 맞았다. 국내 예능 프로는 팬데믹 이전까지 비대면·일방적 소통 방식에서 대면·쌍방향 소통 방식으로 진화해 왔다. 하지만 코로나는 이러한 흐름을 멈춰 세웠고, 언택트 예능이라는 새로운 트렌드를 만들어냈다. 언택트 예능 중에서도 트로트 예능의 부상이 특징적이다. 일각에서는 트로트 예능이 가족친화적인 성격을 갖고 있기 때문에, 바깥 활동이 제한됐던 팬데믹 기간 인기를 끌었다는 분석이 나온다. 2020년 TV조선의 〈내일은 미스터트롯〉을 시작으로, SBS 〈트롯신이 떴다〉, MBC 〈트로트의 민족〉, KBS 〈트롯전국체전〉, MBN 〈보이스트롯〉 등 트로트 예능이 방송가에 쏟아졌다. 〈내일은 미스터트롯〉은 시청률이 35.7%(닐슨코리아·전국 기준)까지 치솟으며 역대 종편 예능 프로그램 가운데 가장 높은 시청률을 기록했다. 대중문화평론가 정덕현은 "TV조선 〈사랑의 콜센타〉는 〈미스터트롯〉(참가자) 톱7을 스튜디오에 출연시켜 '전화 연결'이라는 다소 복고적이지만 비대면 콘셉트를 더함으로써 좋은 반응을 얻었다"고 평가했다(정덕현, 2020). 코로나를 둘러싼 이야기를 반영하며 '상생'을 모토로 삼은 예능 프로들도 인기를 끌었다. tvN의 〈유 퀴즈 온 더 블록〉, MBC 〈놀면 뭐하니?〉 등이다. 〈유 퀴즈 온 더 블록〉은 길 위에서 만난 우리 이웃의 삶을 들여다보는 프로그램이었는데, 코로나로 인해 실내 토크, 영상 토크 등으로 대체하는 방식으로 변화를 꾀했다. 국내에서 코로나가 급속도로 확산했을 시기 지방에서 고생하고 있는 의료진을 화상으로 연결해 그들의 이야기를 전한 '전사들' 회차(2020년 3월 11일)는 호평 받았다. 〈놀면 뭐하니?〉의 '방구석 콘서트'는 코로나 여파로 공연을 취소한 아티스트들의 무대를 방송해 주는 프로젝트로, 시청자들에게 위로를 줬다는 평가가 나왔다(배진아, 2020).

위기를 기회로 바꾸려면

코로나 팬데믹은 인류에게 닥친 끔찍한 재앙이었지만, 언론 미디어 산업에는 한편으론 크나큰 기회였다. 급작스러운 재난으로 패닉에 빠진 이용자들은 믿을 만한 정보원으로 신문, 방송 등 레거시 미디어를 택했다. 전통적 저널리즘의 가치, 신뢰의 가치가 위기 국면에서 빛을 발한 것이다. 침체의 늪에 빠져 있던 기성 언론들은 부활의 기회를 포착했다. 하지만 모든 언론이 팬데믹 위기에서 재기에 성공한 것은 아니다. 신중하고 권위 있는 보도를 할 준비가 돼 있던 매체, 다가오는 디지털 대전환에 대한 만반의 준비를 한 매체만이 실제적인 성과를 냈다. 드라마, 영화, 예능 등 비(非)뉴스 미디어 콘텐츠 역시 코로나 팬데믹 시기 큰 변화를 겪었다. 꾸준한 상승세를 보였던 OTT가 전성시대를 맞이했고, 이 바람을 타고 K콘텐츠가 글로벌 콘텐츠 시장을 주도하기 시작했다. 콘텐츠 제작 환경의 변화로 많은 방송프로그램이 언택트 방식으로 제작·공급됐고, 인기를 끌었다는 점도 특기할 만하다.

아무도 코로나 팬데믹이 세계를 휩쓸 것이라고 예상하지 못했지만, 코로나는 인류의 삶을 바꿔놓았다. 하지만 하루아침에 새로운 변화가 생긴 것이 아니라, 이미 일어나고 있던 변화가 코로나로 인해 급속도로 진행된 것이라고 보는 게 타당하다. 결국 변화에 대응하고 혁신을 미리 준비한 미디어 시장 참여자만이 코로나를 위기가 아닌 기회로 활용할 수 있었던 것이다. 이 점은 미디어 시장의 한 축을 담당하고 있는 PR업계에도 시사하는 바가 크다. 원칙과 본질을 지키되, 현재 진행 중인 변화의 흐름에 기민하게 대응하며 미래를 예측하는 자세가 필요하다.

참고문헌

방송통신위원회. 2021.『2020년 방송매체 이용행태조사』.

배진아. 2020.「위기 앞에서 보여준 선한 영향력, 상생 예능」. ≪방송트렌드&인사이트≫.

정덕현. 2020.「코로나19가 깨워낸 언택트 콘텐츠, 그 가능성과 한계」. ≪방송문화≫.

정석우·양지호. 2020.1.8. "중국 원인불명 폐렴, 국내서도 환자 발생". ≪조선일보≫.

한국경제연구원. 2023.『한류 확산의 경제적 효과 추정』.

한국언론진흥재단. 2020.『코로나19 이후 국민의 일상 변화 조사』.

__________. 2021.『2021 언론 수용자 조사』.

__________. 2022.『2022 언론 수용자 조사』.

황수연. 2020.1.6. "中 폐렴 59명으로 늘고 홍콩·싱가포르 의심환자… 출장가도 될까". ≪중앙일보≫.

WAN-IFRA. 2022. *Innovation in News Media World Report 2022-23*.

7. 코로나 시대의 부침을 겪은 글로벌 스포츠 시장

김 주 호 (KPR 사장, 한국PR협회 회장)

코로나와 스포츠 시장의 변화

2020년 초부터 유행하기 시작한 코로나19(Covid-19)로 우리나라를 포함한 전 세계 사람들이 많은 일상의 변화를 겪어왔다. 코로나 바이러스 감염에 대한 우려로 비대면 생활이 일상화되고, 재택으로 인한 TV 시청이 늘어나고, 여행이나 외식 등이 줄면서 온라인 쇼핑이 활성화되었다. 특히 국내에서는 다중의 집회나 행사도 금지되거나 제한되고, 심지어는 식당이나 커피숍 등의 영업이 금지되거나 제한되기도 했다.

이러한 사회적 현상은 필연적으로 관중이 모이는 스포츠 행사의 취소 또는 단축, 스포츠 활동의 금지 또는 제한, 스포츠 마케팅이나 스포츠를 통한 PR커뮤니케이션이 위축되는 현상을 가져왔다. 특히 코로나 발생 첫해인 2020년은 사회적, 경제적으로 모두가 어려웠지만 스포츠 산업 측면에서는 거의 공항 상황에 가까웠다.

한국의 2020년 스포츠 산업 전체 매출은 53조 592억 원으로 전년 대비 33.8% 감소했다. 스포츠 시설의 폐업이 전년 동기 대비 1.8배 늘었다. 미국에서 2020년 3월부터 6월까지 스포츠경기가 취소 또는 연기되면서 스포츠 관련 일자리만 130만 개가 사라졌다(유상건, 2021).

코로나 첫해인 2020년에는 대부분의 국제대회가 취소되거나 연기되었다. 대표적으로 가장 큰 국제 스포츠 대회인 도쿄올림픽이 2021년으로 미뤄지는 사상 초유의 일이 발생했다. 그나마 2021년 개최된 도쿄올림픽도 무관중으로 치러졌다. 2020년 부산세계탁구선수권대회도 2024년으로 연기되었다. 2022년 베이징올림픽은 당초 예정된 시기에 열렸지만 무관중으로 대회가 운영되었다. 그러나 2022 카타르월드컵은 예정대로 개최되었다.

유럽의 국가대항 축구대회인 유로(Euro) 2020이 1년 연기되어 2021년 개최된 것을 비롯, 프리미어리그를 포함한 각국 프로리그, 미국의 MLB, NBA, PGA 등 모든 스포츠 리그, 그리고 국내의 K리그나 KBO리그 등 모든 스포츠 대회가 2020년 일시 중단했다가 관중 없이 단축해 운영했다. 2021년에도 대부분 무관중 경기가 지속되는 가운데 팬들은 TV 중계로 경기를 지켜볼 수밖에 없었다. 초기에 코로나가 심했던 미국이나 유럽이 백신 등의 효과로 비교적 일찍 관중 입장을 허용하기 시작했지만, 국내는 2022년 하반기에 가서 본격적으로 관중을 받기 시작했다.

코로나로 인한 경기 중단은 국내외 스포츠 주관 단체, 프로구단, 방송사, 기업, 선수, 관중 등 모두에게 피해를 주었다. 코로나는 스포츠 이해관계자(stakeholder)의 경제적인 손해는 물론 다양한 커뮤니케이션의 소통 통로를 차단하는 역할을 했다. 그나마 다행인 것은 무관중 경기의 TV 중계가 가능해지며 올림픽은 물론 각종 프로리그 등의 TV 시청이 가능해져 부분적인 PR 및 마케팅 활동이 가능해졌다는 점이다. 따라서 감소하기만 하던 TV 방송광고비가 코로나 기간에 일시적으로 늘어난 것도 재택, 비대면 등으로 인한 특별한 현상이라고 할 수 있다. 또 코로나 기간 중 대면보다는 온라인을 통한 비대면 활동이 늘어나면서 디지털 마케팅 활동이 활발해졌다. 유명 선수의 스크린 골프대회 출연이나 선수들의 유튜브나 SNS 활동을 통한 팬들과의 소통이 늘어났다. e스포츠도 코로나 시기의 핵심 수혜 종목이다. 2023년 8월 현재 리그오브레전드 챔피언스 코리아(LCK)의 유튜브 채널 구독자 수는 87만 6000명 수준이다. 우리나라 4대 스포츠 리그 채널의 구독자 수를 합친 것보다 많다. 물론 2023년 코로나가 주춤해지면서 LCK의 스프링 시즌 시청자 수는 지난해 24만 7011명에서 5.5% 감소한 23만 4174명에 그쳤다(Esports Chart).

올림픽 사상 최초 1년이 연기된 도쿄올림픽

도쿄올림픽대회는 2021년 7월 23일부터 8월 8일까지 17일간 '감동으로 하나 되다(United by Emotion)'를 주제로 도쿄를 중심으로 일본에서 개최되었다. 205개국 1만 1000여 명의 선수가 참가해 33개 종목에서 324개 메달을 놓고 각축을 벌였다.

도쿄올림픽은 당초 2020년 여름에 개최될 예정이었지만, 올림픽 역사상 처음으로[1] 1년이 연기되었다. 명칭은 2021 도쿄올림픽이 아닌 2020 도쿄올림픽을 그대로 사용했다. 올림픽 개막 전 70% 내외의 일본 국민이 개최 자체에 반대하는 여론조사 결과가 나왔다. 경기가 TV 등을 통해 중계되면서 일본 국민의 여론이 호의적인 방향으로 변화하긴 했지만 올림픽 개최 성과를 거두지는 못했다.

일본은 코로나 확산을 막기 위해 올림픽 경기장과 숙박지 등을 큰 비눗방울처럼 감싸 외부와 격리하는 '버블(bubble) 방역'으로 선수와 관계자만 참여하는 올림픽이 되었다. 6만 8000명을 수용하는 도쿄올림픽 경기장의 95%가 관중 없이 비워진 채 개막식이 펼쳐졌다. 선수단은 엄격한 격리 속에서 경기를 치렀는데, 경기장과 숙소 이외에는 외부 활동을 일절 할 수가 없었다. 무관

1) 제1차 세계대전으로 1916년 제6회 올림픽이 취소되었고, 제2차 세계대전으로 1940년(제12회), 1944년(제13회) 대회도 취소되었다. 동계올림픽은 1924년 처음 개최되었는데, 제2차 세계대전 당시는 동하계올림픽이 같은 해 열리던 시기여서 1940년, 1944년 동계올림픽도 취소되었다.

중 올림픽으로 문화행사나 스폰서 홍보활동도 취소되거나 최소화되었고, 일본의 관광객 유치 등도 불가능했다. 도쿄, 삿포로, 나가노에 이어 일본에서는 네 번째로 다시 도쿄에서 올림픽을 개최해 일본의 부흥과 동일본 대지진과 후쿠시마(福島) 원전 폭발 등으로 인한 일본의 이미지를 개선하려던 일본의 계획은 수포가 되었다. 성화도 1년 전에 도착했으나 봉송을 시작하지 못하다가 1년 후 후쿠시마에서 출발해 제대로 축제의 분위기를 이끌지 못하고 단축 운영되었다.

도쿄올림픽 개회식은 일본의 '부흥 올림픽'을 보여주려는 의도와는 달리 지구촌에 큰 감동을 주지 못했다. 개막식은 코로나 피해를 반영한 과거와 암울한 현실 상황을 묘사하고 극복을 다짐하다 보니 미래에 대한 희망 메시지나 축제로서의 감동이 적은 행사였다. 코로나로 올림픽을 1년 연기하면서 개막식 프로그램을 대폭 바꾸었는데 코로나 상황을 의식해 코로나로 인한 지구촌 사람들에 대한 위로, 선수들의 어려움과 아픔에 대한 격려 등을 많이 표현했다. 전체적으로 지구촌 축제라는 접근보다는 어둡고 우울한 측면의 연출 요소가 많았다(김주호, 2021).

스폰서 활동도 상당히 제한적이었다. 올림픽 스폰서는 보통 특정 올림픽 대회의 단일 계약보다는 동·하계 올림픽 등을 포함한 장기적인 계약이 많아, 코로나 시기임에도 불구하고 소극적이나마 올림픽을 활용할 수밖에 없었다. 글로벌 권리를 갖는 올림픽 파트너(TOP)들은 본격적인 고객 초청이나 소비자 체험보다는 올림픽 운영을 위한 기본적인 제품 공급, 경기장 운영 장비, 인력 제공 등의 활동을 펼쳤다. 버블 방역에 묶인 올림픽 경기장 주변이 아닌 도쿄 시내 홍보관 설치, TV 광고와 온라인 캠페인 등의 활동을 펼쳤다. 올림픽 파트너는 코카콜라, 에어비앤비, 알리바바, 아토스, 브리지스톤, 다우, GE, 인텔, 오메가, 파나소닉, P&G, 삼성, 토요타, 비자 등 14개 기업이다. 올림픽 파트너 중 파나소닉, 브리지스톤, 토요타 3개만 일본 기업이고 나머지는 모두 글로벌 기업들이다. 코카콜라가 각종 음료를, 삼성전자가 선수들에게 갤럭시

폰을, 인텔이 개막식 드론 기술을, 오메가가 각종 계측기와 시계를, 비자가 카드 결제 시스템을 제공하는 등 주로 올림픽 운영에 참여하는 형태로 활동을 펼쳤다. 토요타 등 일부 일본 기업들은 코로나 상황에서 올림픽 홍보활동에 부담을 느껴 광고 등 소비자 마케팅을 중단하고 개막식에 불참하기도 했다.

한편 일본 내 최고의 권리를 갖는 골드 스폰서는 아사히맥주, NEC, NTT 등 15개, 일본 내 공식 스폰서(official sponsor)는 JAL, JTB, 니신 등 32개, 공식 공급회사(official supplier)는 20개 등 전체 도쿄올림픽 스폰서는 올림픽 파트너를 포함해 총 81개다. 월드와이드 올림픽 파트너를 제외한 하위 스폰서는 대부분 일본 기업들이다.

이처럼 어려운 상황에도 불구하고 국제올림픽위원회(IOC)가 도쿄올림픽을 강행한 이유는 선수들에 대한 고려와 재정적인 측면이 가장 크다. 우선 4년간 올림픽을 위해 준비해 온 세계 최고의 선수들이 경쟁하는 글로벌 축제를 포기할 수 없기 때문이다. 토마스 바흐 IOC위원장은 도쿄올림픽을 개최하면서 "IOC는 결코 선수들을 포기하지 않을 것이다"라고 말했다(IOC, 2021).

IOC로 보면 올림픽을 취소하면 수익의 상당 부분을 차지하는 방송 중계권이나 스폰서십 수익 자체가 없어진다. 또 일본 정부는 각종 경기장 및 올림픽 준비로 인해 이미 상당한 예산이 들어간 사업 자체를 포기하면 아예 투자 비용 효과를 거두지 못하는 결과를 가져온다. 따라서 일본 정부나 IOC로서는 1년이 늦추어진 올림픽 개최는 여러 우려 속에서도 최선이 아닌 차선의 선택이었다.

무관중으로 치러진 베이징올림픽

중국은 코로나 확산 시기임에도 불구하고 2022년 베이징 동계올림픽을 예정대로 개최했다. 그러나 2022년 항저우 아시아경기대회는 1년 뒤인 2023년 9월로 연기해 개최했다. 2022년 청두에서 개최 예정이던 하계유니버시아드도

1년 연기해 2023년 7월 열렸다. 중국은 2023년 6월과 7월에 10개 도시에서 24개국이 참가하는 아시아축구 최고의 무대인 아시안컵을 개최할 예정이었으나 이를 포기했고 월드컵 개최 시설이 있는 카타르가 2024년 개최한다. 중국의 코로나 상황으로 인한 경기 침체, 건설 지연 등 어려운 상황 때문에 각종 국제대회의 연기 및 취소 등의 결정을 하게 되었다.

제24회 베이징 동계올림픽은 2022년 2월 4일부터 20일까지 빙상종목 경기는 베이징에서, 설상 종목 경기는 옌칭, 장자커우 등에서 열렸다. 91개국에서 2861명의 선수가 참가해, 15개 종목, 109개 메달 종목에서 경기가 펼쳐졌다. 그러나 베이징 동계올림픽은 미국을 비롯한 서방 10개국의 '외교적 보이콧(diplomatic boycott)'[2)]으로 타격을 받았다. 정치, 외교 등 다양한 분야에서 중국과 갈등과 대립 관계에 있는 국가들이 선수단은 파견하되 정부대표단을 파견하지 않았다. 베이징올림픽은 판정 시비, 시진핑의 연임, 문화공정, 인권 문제 등으로 비판을 많이 받았고, 특히 도쿄올림픽에 이어 코로나로 무관중 올림픽으로 개최되었다. 글로벌 리더로서 중국을 포지셔닝해 '올림픽 굴기(崛起)'[3)]와 '스포츠 굴기'를 세계에 보여주기에는 역부족이었다. 중국은 과거 2008 베이징올림픽과 2010 광저우아시안게임, 2010 상하이엑스포 등을 통해 스포츠 등 국제행사가 중국의 국가 위상을 세계에 보여주는 중요한 계기라는 평가 하에 각종 국제 스포츠 대회를 유치해 왔다. 그러나 코로나는 2022 베이징 동계올림픽을 전후 해 중국의 스포츠 굴기 의지를 꺾는 결정적 계기가 되

---

2) 외교적 보이콧은 과거 서방권 국가의 모스크바올림픽 불참, 공산권의 LA올림픽 불참과 같이 정치적 이해관계로 전면적인 올림픽 보이콧 사태를 겪으며, 선수들의 출전 기회 박탈 등으로 올림픽 정신을 훼손한 점을 반성하여 생겨난 용어다. 정치적 이해관계로 정부대표단은 불참하더라도 스포츠 대표단과 선수단은 파견하는 것을 말한다.

3) 굴기는 후진타오 주석 시절 평화로 우뚝 선다는 외교 전략인 화평굴기(和平崛起)에서 유래된 말이다. 중국이 세계화에 적극 참여해 강대국이 되겠다는 외교적 정치적 의미로 시작되었다. 이후 경제 굴기, 반도체 굴기, 우주 굴기, 축구 굴기 등 중국이 세계 최강의 패권을 갖겠다는 의미로 쓰였다.

었고 미국 등과의 경제, 외교적 갈등이 심화되고 경제위기를 맞으면서 정치적 위상도 약화되었다.

베이징도 기존 도쿄올림픽과 유사하게 코로나로 인해 스폰서의 PR 활동이 제한될 수밖에 없었다. 특히 미국 기업들은 미국 정부의 외교적 보이콧에 맞추어 TV 광고 등 스폰서 활동을 소극적으로 실시했다. 미국 및 국내의 시청률도 과거 베이징 하계올림픽이나 역대 올림픽에 비해 아주 낮았다. 개막식을 보면 국내 방송사들의 베이징 동계올림픽 합산시청률이 18%로, 베이징 하계올림픽의 시청률 40.3%는 물론 같은 동계올림픽인 평창 개막식의 방송 3사 합산시청률 44.6%보다 낮았다. 미국 시청률 조사회사인 미디어 워치 조사에서도 NBC의 방송 및 스트리밍을 통해 본 베이징올림픽 시청자 수는 725만 명으로, 도쿄의 850만 명은 물론 평창의 1600만 명에 크게 못 미쳤다(김주호, 2022). 그만큼 코로나 여파와 미국과 정치적 갈등, 스폰서의 소극적 활동이 시청자들의 베이징에 대한 무관심으로 나타났다고 할 수 있다.

한편 코로나 영향과 상대적으로 작은 규모의 동계올림픽이란 점 때문에 베이징올림픽 개막식도 저예산으로 진행되었다. 과거 베이징 하계올림픽 개막식을 맡았던 장이머우(張藝謀) 감독이 다시 연출을 맡은 동계올림픽은 출연진도 규모도 적고 중국의 전통과 색깔보다는 인류 보편성을 내세우려 노력한 흔적이 보였다. 중국 정부가 추진해 온 정치적 목적인 스포츠 굴기와는 다른 접근이라고 할 수 있다. 2008년 하계올림픽이 대규모 출연진과 무대, 공연 등으로 중국의 4대 발명품인 종이, 화약, 인쇄술, 나침판 등을 강조하며 화려하게 치렀던 것에 비하면 코로나 시대의 현실을 반영한 것으로 보였다. 다만 도쿄의 개막식이 코로나 상황과 이의 극복에 대해 표현하다 보니 부정적이고 어두운 측면이 많이 보였다면, 베이징의 경우 코로나를 직접적으로 표현하기보다는 중립적이고 글로벌 공감대를 이루는 메시지가 많았다. 24절기를 사용한 카운트다운(count down)은 아시아권 국가들에게 호응을 얻었고, 눈과 얼음 등 겨울을 상징하는 오브제를 사용한 것이나 스타가 아닌 일반인들의 출연과 외국인의 등장, 클래식의 사용 등으로 인류 보편성을 많이 표현했다. 특히 존 레논(John Lennon)의 곡 「이매진(Imagine)」을 개막식에 사용했는데 도쿄, 평창에도 같은 음악이 쓰였고, 런던올림픽에도 사용되었는데, 중국이 세계 많은 팬이 좋아하는 음악을 채택했다는 것도 개막식의 의도를 잘 보여준다.

코로나 엔데믹의 상징 카타르월드컵

카타르월드컵은 코로나 엔데믹(endemic)을 상징하는 글로벌 스포츠 이벤트가 되었다. 물론 2021년 하반기 이후 각종 국제대회가 열렸지만 글로벌 차원에서 여러 나라가 참여하고 팬들이 호응하는 대회로서 카타르월드컵은 코로나로 지친 많은 사람들에게 코로나 시대가 물러가고 있다는 것을 보여준 상징적인 이벤트였다.

카타르월드컵은 2022년 11월 20일부터 12월 8일까지 예선을 치른 32개국이 참여한 가운데 중동 국가로는 최초로 카타르에서 개최되었다. 메시가 이끄는 아르헨티나가 우승하고 최우수 선수상도 받았다. 코로나 이후 만원 관중으로 가득 찬 경기장, 현장 스폰서 홍보관 등 PR 및 마케팅 활동의 정상화, 35억 명의 시청자를 통한 각국의 중계권 전쟁 및 기업의 마케팅 및 PR 활동 등이 코로나 이전의 상황을 완전히 극복해 전개되었다. 또 우리 대표팀은 극적으로 16강에 올라 방송 3사 합산 최고 시청률이 39.1%에 이를 정도로 국내 팬들의 열띤 응원을 받으며 강력한 월드컵 마케팅 및 PR의 장을 마련했다. 특히 방탄소년단의 멤버 정국이 주제가인 「드리머스(Dreamers)」를 불러 케이팝(K-Pop)으로 대표되는 한류를 세계에 적극적으로 알릴 수 있는 기회가 되기도 했다.

카타르월드컵은 두바이엑스포에 이어 중동의 오일 머니(oil money)의 파워를 보여주며 중동국가들의 스포츠를 통한 국가 브랜드 증진 등에 큰 효과를 보았다. 이미 사우디아라비아, 카타르 등 중동 자본은 영국의 맨시티, 뉴캐슬,

프랑스 파리생재르맹(PSG) 등 유럽의 축구 시장에 뛰어들었고, 천문학적 이적료나 연봉으로 호날두 등 유럽의 축구 스타를 자국 리그에 끌어들이고, PGA에 대응하는 골프대회인 LIV를 만들어 독자적으로 운영해 왔다. 이미 부국인 중동 국가들은 스포츠를 앞세워 세계화에 많은 투자를 해왔다.

월드컵의 글로벌 후원 권리를 가진 기업은 FIFA 글로벌 파트너로 아디다스, 코카콜라, 비자, 현대자동차/기아, 완다, 카타르항공, 카타르 에너지 등 7개 기업이다(FIFA 홈페이지). 이들은 경기장 광고, 경기용품의 제공, 고객 초청(hospitality program), 소비자 프로모션, 매체 광고, 디지털 및 PR 캠페인 등 다양한 방법으로 적극적인 축구 마케팅을 펼쳤다.

그 밖에도 스폰서로 참여한 버드와이저 등 월드컵 후원 기업의 활동도 활발했고, 나이키나 푸마 등 스포츠 용품 기업들은 물론 일반 기업들도 국가대표 후원이나 선수 스폰서를 통해 적극적으로 PR 활동에 나섰다. 글로벌 스타로서 메시나 음바페, 호날두 등은 물론 국내의 글로벌 스타인 손흥민은 기업의 집중적인 홍보 미디어가 되었다. 손흥민은 FIFA의 홍보대사는 물론 나이키 등 국가대표 후원사 11개 사, CU 등 개별 광고 계약을 한 12개사, 그리고 직접 출시한 브랜드인 NOS7까지 다양한 브랜드의 홍보대사로 활동했다. 그만큼 손흥민을 이용할 때 상품 판매나 브랜드 이미지 증진 효과가 크다는 것을 보여주었다. 문화체육관광부는 손흥민의 경제적 파급효과를 1조 9885억 원으로 추정했다(≪한국경제≫, 2022.12.14).

카타르 월드컵은 스포츠가 코로나 시대를 종식시키고 팬들에게 희망과 용기를 주고, 기업들에게 소비자와 소통할 수 있는 공간을 제공한 글로벌 이벤트가 되었다.

포스트 코로나와 스포츠 PR

스포츠는 스스로 즐기기도 하고 경기를 보면서 스포츠 스타와 팬 간의 팬덤이 형성되기도 한다. 스포츠 현장에는 다양한 행사들이 열리기도 하고, TV 중계를 통해 많은 사람들이 같이 경기를 보고 응원하기도 한다. 또 최고의 경쟁, 투명성, 건강함 등 스포츠가 갖는 장점과 함께 스포츠 종목의 다양성 등 마케팅이나 PR의 수단으로 활용 가치가 높다. 상호 커뮤니케이션 하는 쌍방향성, 즉시 공감하고 공유하는 현장성, 사회 현상과 문화를 만들어내는 사회·문화성(김도균, 2011)을 가진 스포츠는 PR 전략 집행 과정에 활용하기 좋은 수단이기도 하다. 국가와 국민, 기업과 소비자, 구단과 팬, 선수와 팬 등 다양한 관계 속에 관계를 가깝게 하는 기능, 즉 호의적 관계를 만들어내는 데 스포츠만 한 것이 없다. 'PR은 조직과 공중이 쌍방향 소통으로 상호 호혜적인 관계를 형성하고, 유지하며, 지속 가능한 발전을 추구하는 전략적 관리 과정'이다(한국PR협회, 2021). 스포츠는 이러한 PR의 개념을 잘 실현할 수 있는 좋은 장점을 많이 가지고 있다.

그러나 아쉽게도 코로나 팬데믹을 겪은 3년간은 스포츠의 이런 가치를 실현할 수가 없었다. 관중이 모이는 경기를 치르지 못함으로써 선수와 팬 간의 유대관계가 엷어지고, 기업의 마케팅과 PR 분야 활용 가치도 줄었다.

그러나 코로나 기간 비대면 상황에서 영국의 축구리그인 EPL 등 유럽 축구나 미국의 MLB, NBA, LPGA 등 방송 중계가 지속되면서 케이블의 스포츠 채널이 늘어나고 앱이나 OTT 유료 서비스를 통한 스포츠 시장이 활성화되는 측면도 나타났다.

2022년 후반부터 정상화되기 시작한 스포츠 활동은 카타르 월드컵을 계기로 코로나 이전으로 돌아가 완전한 관중의 입장을 보장한 스포츠 대회가 개최되었다. 스포츠 중계의 활성화 등 그동안 비대면으로 이어져온 관중 없는 경기중계에 몰두하던 코로나 시대 패러다임이 제자리를 찾는 추세를 보였다.

다만 코로나 기간 젊은 세대를 중심으로 소규모의 사람들이 모여 즐길 수 있는 스포츠 종목이 활성화되는 경향을 보였는데 대표적인 것이 등산, 트래킹, 러닝, 골프나 테니스의 활성화를 들 수 있다. 이는 자연스럽게 골프장과 스포츠 장비, 스포츠 웨어 시장의 성장을 이끄는 기폭제가 되었다.

코로나19로 인해 완전한 침체기에 들어설 것만 같았던 스포츠 시장이 2023년 코로나 규제가 대부분 해제되면서 포스트코로나 시대를 맞아 정상궤도로 돌아왔다. 미디어의 중계권 경쟁, 스포츠 스폰서십을 통한 노출 확대, 스포츠 홍보대사를 통한 PR, 스포츠 이벤트 개최, 디지털 캠페인, SNS 운영 등 스포츠를 활용한 PR 활동도 적극적으로 전개되었다.

참고문헌

김도균. 2011. 『스포츠마케팅』. 도서출판 오래.

김정구·박종민·이수범·한정호. 2001. 『스포츠마케팅을 통한 국가 및 기업의 경쟁력 강화에 관한 연구』. 한국광고학회.

김주호. 2222.2.17. 「베이징 올림픽으로 본 정치의 패러독스」. ≪더피알≫(www.the-pr.co.kr)

______. 2022.2.22. 「베이징올림픽과 평창이 다른 8가지 풍경」. ≪더피알≫.

______. 2022.7.23. 「코로나19로 아픈 도쿄올림픽의 특이점」. ≪더피알≫.

______. 2022.7.26. 「도쿄올림픽 개막식, 미래보다는 과거와 현재에 머물다」. ≪더피알≫.

______. 2021.8.5. 「도쿄올림픽의 스폰서들, 아쉬운 손익계산서」. ≪더피알≫.

______. 2022.2.7. 「베이징 올림픽 개막식을 보고」. ≪매드타임스≫(www.madtimes.org).

______. 2022.11.21. 「카타르 월드컵의 특별한 일곱 가지」. ≪매드타임스≫.

______. 2022.12.14. "지구촌 메가 스포츠 이벤트 월드컵". ≪한국경제≫.

______. 2020.9.20. "코로나 시대에 KPR이 살아가는 법". 네이버 블로그 〈김주호의 PR의힘〉(https://blog.naver.com/jhkim1909).

______. 2020.5.30. "스포츠 마케팅 시장의 충격을 몰고 온 코로나19". 네이버 블로그 〈김주호의 PR의힘〉.

______. 2020. 5.25. "코로나 위기 속에 변화하는 10가지." 네이버 블로그 〈김주호의 PR의힘〉.

배미경·우창완. 2017. 『스포츠 PR』. 커뮤니케이션북스.
유상건. 2021.1.11. "코로나로 전 세계 스포츠 산업 '반토막'… 완전히 회복될 때까지 걸리는 시간은". ≪프레시안≫(www.pressian.com).
이학준. 2021. 『포스트 코로나 스포츠』. 퍼플.

국제축구연맹(FIFA) 홈페이지(www.fifa.com)
국제올림픽위원회(IOC) 홈페이지(www.olympics.com)
이스포츠 차트(ESports Chart)(www.escharts.com)
한국PR협회 홈페이지(www.koreapr.org)

8. 코로나19를 거치면서 소비와 지출은 얼마나 변했을까

김 지 영 (Visa Korea 전무)

코로나19는 전 세계적으로 사회, 경제, 문화에 큰 영향을 미쳤다. 그중에서도 물건을 사고, 돈을 지불하는 방식은 가장 큰 변화를 겪었다. 사람들이 집에 머무는 시간이 많아지면서 온라인 쇼핑, 배달, OTT 서비스 등 비대면 소비가 증가했다. 대면 거래에서는 그야말로 언택트, 키오스크 주문·결재에서 나아가 사람이 없는 무인매장까지 등장하면서 새로운 바람을 불러일으켰다. 해외여행이 제한되면서 이른바 명품 오픈런과 같은 보복 소비가 등장한 반면 경제적 어려움으로 인해 저렴한 대용량 상품이나 할인 행사에 대한 관심도 높아졌다. 또, 디지털 전환에 속도가 붙으며 이커머스 거래, 간편결제, 카드를 삽입하지 않고 갖다 대기만 하면 결제가 되는 비접촉식 결제를 포함한 모든 일상의 디지털화가 새로운 정점에 도달했다. 인터넷전문은행, 빅테크, 핀테크의 등장은 금융산업의 판을 흔들기 충분했다. 소비자들은 전에 없던 방식으로 돈을 지불하고 받는 금융생활을 경험했고 이에 따른 대고객 소통, 소비자 커뮤니케이션 방향과 방법에도 많은 변화가 생겼다.

사람을 만나지 않고 소비하다. 비대면에서 무인화까지

코로나19로 인해 2020년부터 2022년까지 비대면 소비 현상이 두드러졌다. 사회적 거리두기 정책에 따라 직접 상점에서 장을 보는 대신 온라인으로 주문하는 경우가 늘었고 취미 생활 또한 집 안에서 즐기는 모습으로 바뀌었다. 외출이 줄어들면서 직접 매장에 방문하기보다는 집에서 온라인으로 구매하여 배달을 받는 언택트 소비가 증가했다(≪서울경제≫, 2021.8.23). 마트나 카페 매장 내에 비치되어 있는 '키오스크', 직접 기다리지 않고도 앱으로 미리 주문할 수 있는 '사이렌 오더', 온라인 쇼핑 '이커머스 시장의 확대'가 그 예이다.

2021년 정부가 시행한 단계적 일상회복(위드 코로나) 이후 대면 소비의 빠른 회복세를 예상했으나, 코로나19를 겪으면서 쌓인 비대면 소비에 대한 경험은 이런 비대면 소비가 일시적 성장을 넘어 주된 소비 양식으로 자리 잡게 하는 데 큰 영향을 끼쳤다. 이에 따라, 대면 방식의 소비는 축소되고 비대면 소비는 다변화된 거래 유형과 소비자의 이용 확대 등을 바탕으로 앞으로도 꾸준히 성장할 것으로 예상된다. 한국은행에서 발표하는 개인 신용카드 통계에 따르면 백화점, 대형마트 등 오프라인에서의 대면 소비 비중은 지속적으로 축소된 반면, 이커머스 거래와 같은 비대면 소비는 2011년 8.9% 수준에서 2022년 23.8% 수준까지 성장했다.[1] 특히 2022년 온라인 쇼핑 거래액은 사상 첫 200조 원을 돌파했고 이 중 모바일 쇼핑이 약 154조 원으로 나타났다.

한편, KB국민카드가 2019~2022년간 신용카드 및 체크카드의 오프라인 업종을 분석한 소비트렌드 분석 자료[2]에 따르면 2023년 오프라인 업종의 주요 키워드는 접촉, 무인화, 전문화로 요약된다. 음식점과 엔터, 스포츠 업종을 중심으로 오프라인 업종의 매출은 코로나19 확산 이전 수준으로 회복하고 있는

---

1) 경제| 연구보고서| 현대경제연구원(hri.co.kr).
2) KB국민카드. "올해무인화·전문화매장 뜬다". ≪조선비즈≫.(chosun.com)

가운데 무인화와 전문화는 대면 거래에서 새로운 트렌드로 떠올랐다. 무인사진관과 코인노래방과 같은 점포의 무인화, 사람 대신 로봇이 서빙을 하거나 커피를 내리는 전문화가 새로운 바람을 불러일으켰다. 2022년 무인사진관과 코인노래방의 KB카드 매출액 증가율은 전년 대비 각각 271%, 115% 증가했다. 또, 직원을 고용하지 않고 무인 편의점으로 운영하는 하이브리드 편의점도 늘어났다. CU하이브리드 편의점은 2019년 90곳에서 2022년 400여 곳까지 늘었다. 모두 코로나19가 가져온 변화이다(≪서울파이낸스≫, 2023.5.12). 그야말로 이용자 입장에서는 사람과 마주칠 일 없이 내 것만 결제하고 나가면 되니 비대면 분위기를 중시하는 소비자들은 오히려 편한 셈이다. 하지만 무인점포의 유행과 더불어 부작용도 나타났다. 가장 큰 문제는 절도범죄였고(≪아시아경제≫, 2023.7.19), 노동력을 고객에서 부담시킨다는 지적(≪이로운넷≫, 2023.7.14)도 나왔다.

평균 실종의 시대: 플렉스이거나 짠물소비이거나

코로나19 시기를 거치면서 나타난 또 다른 소비 현상은 이른바 보복소비라고 일컫는 럭셔리 소비다. 팬데믹 기간 동안 국경이 닫히고 여행이 제한되면서 억눌렸던 소비가 호텔, 백화점, 명품으로 몰렸다. 그중, 호텔은 코로나19를 거치면서 스몰 럭셔리의 대명사 격으로 떠올랐다. 팬데믹 영향으로 집에 머무는 시간이 늘자 제한 속에서 가능한 '사치'를 누리겠다는 MZ세대(밀레니얼+Z세대)를 포함한 여러 소비자의 타깃이 된 것이다. 대표적 사례가 호텔 망고빙수다.

망고 빙수는 코로나 이전만 해도 5만 원 정도로 가격이 형성되어 있었다. 하지만 이제 한 그릇에 10만 원짜리 특급호텔 빙수를 먹기 위해 오픈런을 하기도 한다. 2023년 7월 기준으로, 신라호텔의 애플망고빙수는 9만 8000원, 시그니엘과 포시즌스 빙수 판매가는 각각 무려 12만 7000원, 12만 6000원에 달한다(≪한경매거진≫, 2023.7.25). 빙수를 먹기 위해 1시간 넘게 줄을 설 정도로 인기가 많다.

또, 롯데호텔 월드는 2023년 8월 뷔페 레스토랑 '라세느'를 7개월간의 재단장 끝에 다시 문을 열면서 성인 기준 평일 점심 가격을 14만 원, 평일 저녁과 주말은 18만 원으로 책정했다(≪아시아경제≫, 2023.8.5). 기존보다 각각 2만 원, 2만 5000원씩 올린 것이다. 성인 4인 가족이 한 끼를 먹으려면 80만 원에 육박하는 비용이 들지만 이 같은 '스몰 럭셔리' 수요는 꾸준하다.

명품 브랜드가 제품 가격을 인상하는 것도 같은 맥락이다. 이른바 '에루샤'(에르메스·루이비통·샤넬)로 불리는 3대 글로벌 명품 브랜드들은 매년 제품 가격을 올려왔는데, 코로나를 기점으로 그 횟수가 잦아졌다. 루이비통의 경우는 코로나 팬데믹이 정점에 이르던 2021년 국내에서 무려 5번이나 가격을 올렸다. 올해도 이들 브랜드는 모두 국내에서 적게는 5%, 많게는 10%가량 가격 인상을 단행했다. 이 가운데 샤넬은 2023년 2월과 5월에 두 차례나 가격 인상을 단행한 바 있다(≪아시아경제≫, 2023.8.5).

이렇듯 빙수 한 그릇에 10만 원이 훌쩍 넘지만 예약 전쟁이 벌어질 정도로 사람들이 몰리는 이른바 보복 소비가 있는 한편, 편의점이나 창고형 할인마트에서는 대용량 상품이나 도시락이 불티나게 팔리고 있다. 소액이라도 아껴보자는 심리는 다달이 이용료를 내고, 상품을 살 때 정해진 횟수만큼 20~30% 정도 할인받는 '편의점 구독 서비스'의 탄생을 견인했다. 주로 도시락, 김밥, 컵라면, 햄버거 등 간편식과 물, 커피가 주요 할인 품목인데 청년층 이용자가 대다수로, GS25와 CU 모두 20~30대가 전체 가입자의 70%를 차지했고, 상위 구매품목은 모두 도시락이다(≪전자신문≫, 2023.5.30).

또 GS25에 따르면 2023년 6월 출시한 '넷플릭스점보팝콘'은 새우깡, 포카칩 등을 제치며 400여 종의 스낵 중 매출 1위에 올랐다. 넷플릭스점보팝콘은 일반 팝콘보다 6배나 많은 400g의 특대형 상품이다. 이는 할인 금액이 크진 않지만 한 푼이라도 아끼자는 소비자들의 생각이 반영된 것으로 풀이된다(≪데

일리한국≫, 2023.8.2).

그야말로 소비에 있어서는 '가만히 있으면 중간은 간다'는 옛 말이 되었다. '양극단으로 몰리는 소비 트렌드'는 과거에도 존재했지만, 코로나19라는 대변화를 겪으면서 더욱 증폭되었다고 볼 수 있다.

기술과 금융 사이에서: 은행이 되고 싶은 IT

소비자들은 대면 혹은 비대면에서 럭셔리 소비와 가성비를 따지는 쇼핑을 혼용하면서 비용을 지불하는 방법에도 변화를 가져왔다. 과거와 달리 요즘에는 현금을 사용할 일이 거의 없다고 해도 과언이 아니다. 신용카드와 스마트폰만 있으면 비용을 지불하고 돈을 보내는 금융 생활을 하는 데 전혀 불편함이 없다. 특히 카카오뱅크, 네이버페이, 토스가 나오고 코로나19를 거치면서 이런 디지털 금융이 가속화되었다. 카카오뱅크는 카카오가 운영하는 인터넷 전문 은행으로 2017년 4월 은행업 인허가를 획득하였고 2023년 2분기 고객수가 2174만 명을 넘어선 국내 대표 모바일 뱅킹이다(≪CNB저널≫, 2023.8.2). 월간활성사용자 수(Monthly Active Users)는 1735만 명으로 고객의 80%이 단순 앱만 설치한 것이 아니라 이를 활발히 사용함을 알 수 있다. 한국은행이 발표한 '모바일 금융 서비스 이용 현황'에 따르면 인터넷전문은행과 일반은행의 모바일 뱅킹을 모두 사용하는 사람들의 56%가 인터넷전문은행의 서비스를 더 선호한다고 답할 만큼 소비자들의 금융서비스를 채택하는 것에도 변화가 상당했다.

이들 인터넷전문은행은 공인인증서, 보안카드의 불편함을 없애고, 본인인증 과정도 지문이나 얼굴 확인으로 대체하는 등 많은 변화를 이끌어냈고, 결국 은행점포의 감소로까지 이어졌는데 은행연합회 은행통계정보시스템에 따르면 5년 사이 약 1000여 곳에 달하는 은행 점포가 사라졌다(≪글로벌경제신문≫, 2023.8.5).

카카오뱅크와 같은 인터넷전문은행의 등장은 고객 커뮤니케이션 부분에도 많은 영향을 끼쳤다. 단순한 UX, 빠른 거래속도, 다양한 서비스로 앱 내에서 고객의 편의성을 최우선적으로 고려한다. 특히 디지털 금융은 소비자의 행동과 선호도에 따라 정보를 수집하고 분석함으로써 무엇보다 개인화된 고객 경험을 제공하는데 이는 고객 즉, 소비자와 금융기관 간의 소통에 보다 효율적이고 개인화되어 있다고 볼 수 있다. 특히 메신저나 챗봇과 같은 기술을 통해 고객은 필요한 정보를 얻으며 금융기관은 이를 통해 고객과의 커뮤니케이션을 촉진시킬 수 있게 되었다.

일례로 카카오뱅크는 초반 카카오프렌즈 캐릭터를 활용해 체크카드 돌풍을 일으키고 모임통장을 활성화하는 식으로 고객 유입을 꾀했다. 기존 전통은행에서는 시도할 수 없는 부분이었다.

한국 핀테크의 유니콘이라 불리는 토스는 2015년 계좌조회와 이체라는 기능을 사용자 입장에서 간단하고 편리하게 제공하는 간편 송금 서비스 앱을 시작했다. 토스는 무려 2200만 명의 고객을 확보했고 국내에서 새로운 시도를 가장 많이 하는 IT 기업 중 한 곳으로도 알려졌다(https://toss.im/team). 토스는 금융서비스 외에도 자사의 공식 미디어 플랫폼인 '토스피드'(https://blog.toss.im/)를 통해 자사 상품이나 뉴스뿐만 아니라 경제뉴스, 재테크 정보, 금융 라이프스타일 콘텐츠를 주기적으로 발행하는데, 토스피드는 소비자와의 소통 측면에서 금융권을 대표하는 브랜드 미디어로 평가받는다. 2022년 기준 토스피드의 월간 방문자 수는 80만 명, 누적 방문자 수 2500만 명에 달하는 금융, 경제 도메인에서 가장 강력한 미디어가 된 셈이다. 일례로 코로나 피해 지원을 위한 '2차 재난지원금'이 나왔을 때 토스피드가 2차 재난지원금을 언제 어떻게 받을 수 있는지를 정리해서 콘텐츠를 내고 토스 앱에서 푸시 알람을 내보냈다(https://brunch.co.kr/@noglenim/196). 고객들은 도움이 되는 정보를 조회하고 긍정적인 반응을 보였다. 이 피드는 32만 회 조회수를 기록하며 한때 서버가 다운되는 해프닝까지 일으켰다. 금융서비스를 제공하는 기업에서 콘텐츠로 고객을 모으고 또 이 공간에서 소통을 함으로서 역으로 세일즈에 영향을 주는 현상을 보게 되었다.

모든 비즈니스는 4C로 통한다(≪매일경제용어사전≫). 콘텐츠(Contents), 커뮤니케이션(Communication), 커뮤니티(Community), 커머스(Commerce). 결국 궁극적인 비즈니스 목적인 커머스(거래)를 발생시키기 위해선 고객과 지속적인 커뮤니케이션을 해야 하고 이를 가능하게 하는 핵심 요소가 콘텐츠와 커뮤니티다. 이런 맥락에서 봤을 때 신뢰가 핵심인 금융시장에서 토스가 생산하는 콘텐츠를 자사 커뮤니티에서 고객과 커뮤니케이션하고 결국 토스의 제품에 대한 신뢰도를 높이면서 거래(Commerce)를 탄생시키는 선순환 구조를 생산케 했다.

좋은 커뮤니케이션은 제품과 서비스, 브랜드 이미지를 알리고 소비자의 신뢰와 호감을 얻게 됨과 동시에 소비자의 의견을 수렴하여 이를 기업의 정책과 서비스에 반영한다. 즉, 기업과 소비자 간 관계를 구축하고 유지시키는 데 중요한 역할을 한다.

이런 맥락에서 비대면 시대 속 소비, 비접촉 결제, 은행마저도 스마트폰 속으로 들어온 그야말로 '사람'과의 접점이 점점 사라지는 사회를 살아가고 있는 현재, 커뮤니케이션의 역할에 대해 고민해 볼 필요가 있다.

우리가 스스로에게 해야 하는 질문은 '우리가 놓치고 있는 부분은 무엇일까?' 물건을 사고, 돈을 지불 받고, 은행업무를 하는 데 있어서 사람과 사람이 만나는 대면 소통은 얼마나 중요할까? 이런 현상은 거스를 수 없는 추세인지 고민해 볼 필요가 있겠다.

비대면, 무인, 금융의 디지털화가 화두인 이 시대에 공중과의 호의적인 관계를 이끌어나가기 위해 수행하는 커뮤니케이션 활동이 디지털 격차를 줄이고 포용할 수 있는지 진지하게 고민해야 하고 그래서 더욱 진화될 비전통적인 방식의 커뮤니케이션 속에서 본질을 놓치지 않도록 유념해야 할 것이다.

참고문헌

김강언. 2020. "카카오와 네이버는 어떻게 은행이 되었나"(핀테크 트렌드로 보는 밀레니얼이 원하는 미래 금융).

김난도. 2022. ≪트렌드 코리아 2023: 더 높은 도약을 준비하는 검은 토끼의 해≫. 미래의창.

현대경제연구원. 2023.4. ≪경제주평 '국내5대소비문화현상과시사점≫, 통권 944호.

9. 코로나 시대 항공사 커뮤니케이션

조 영 석 (아시아나항공 전무)

프롤로그: 끝이 보이지 않는 터널 한가운데서

기업에서 코로나19를 체감하기 시작한 시점은 아마도 2020년 2월부터일 것이다. '역병이 왔구나', '전에 있던 사스(SARS)나 메르스(MERS)보다 센 놈이 왔구나' 했고, 발병 초기에는 '한 2~3개월이면 끝나겠지' 하는 희망 섞인 전망이 있었다.

무참하게도 코로나19는 만만치 않았다. 기업과 소상공인 모두 서서히 암울한 상황으로 빠져들었다. 기업군 중에서는 어느 업종보다 항공·관광 업계의 타격이 컸다. 왜 아니겠는가? 시간이 지날수록 정부도 외국도 '움직이지 않는 게 최선'이라며 차단 중심 정책을 폈다. 국경이 봉쇄되었고 비행기는 공항 계류장에 주저앉았다. '설마'에서 '패닉'으로 돌아서는 데 그리 오랜 시일이 필요치 않았다.

공항에서 안내 방송을 들을 때의 들뜬 긴장감을 우리는 좋아했다. 북적이는 출국심사대와 보안 엑스레이를 통과하고 면세 구역을 거닐 때면, 어김없이 들려오던 소리. '○○○○항공에서 손님을 찾습니다'. 어느덧 환청이 되어버린 그 소리. 알랭 드 보통은 공항에 대해 이런 말을 한 적 있다. "나는 공항에서 내 비행기가 늦어지길 갈망한 적이 한 두 번이 아니다". 항공기의 지연이나 결항이 어쩔 수 없는 '온전한 자유 시간'을 가져다주기 때문이라는 것이다. 그의 로맨틱한 소망과는 결이 다르게 길고도 긴 '강제된' 결항의 시간이 2년 넘게 흘렀다. 속수무책. 망연자실. 국경이 봉쇄된 접촉 불가의 시대, 100대 중 85대 꼴로 비행기가 계류장에 서 있어야 했다.

이런 상황에서 과연 항공사들은 어떤 커뮤니케이션을 할 수 있을까? 어떤 커뮤니케이션을 해야 할까? 이 고민을 풀어줄 단초는 의외의 상황에서 주어졌다. 엉뚱하게도 백상예술대상 시상식 TV 방송이었다.

우리에게 필요한 건 광고가 아니라 위로

시상식인데 관객이 없다. 관객석에 배우들만 한적하게 앉아 있고 아역 배우들이 무대에 올라 특별 공연으로 노래를 부른다. 처음 듣는 노래다. 「당연한 것들」. 일상의 소중함을 가사로 풀어낸 가수 이적의 노래인데, 기억이 맞는다면 이날 첫 선을 보인다고 했던 것 같다. 그런데 아이들의 노래를 듣는 객석으로 카메라 앵글이 돌아가자 여기저기서 배우들이 눈물을 흘리는 것 아닌가! 아, 저거다.

기실 전 세계 국경이 봉쇄된 마당이라 항공사나 여행사들은 어떤 광고 캠페인도 진행할 수 없었다. 숨죽이고 내핍하며 견뎌내는 것이 최고의 덕목이고 위기를 넘는 유일한 방책이기도 했다. 그런데 그날 백상예술대상을 시청하면서 코로나 기간을 지내는 동시대인들의 동병상련, 그 일단(一端)을 간파하게 됐다. 모두가 힘들구나, 모두가 지쳐가고 있구나, 지금 이 순간 우리에게 필요한 건 취항지로 유혹하는 광고 캠페인이 아니겠구나, 우리에게 필요한 건 다독이는 위로겠구나, 위로 같은 광고, 위로가 되는 광고 캠페인.

그 이튿날부터 아시아나 항공은 역병 이전의 일상을 그리워하는 데 집중하는 영상 콘텐츠를 기획한다. 언제 끝날지 모르는 코로나19 사태를 맞아 PR의 기본 방향을 '여행 심리 회복'에 타기팅 했다. 먼저 소셜 미디어에 노출시킬 바이럴 영상을 제작하고 이를 유통시켜 대중들로 하여금 일상의 중요한 부분이었던 '여행'을 환기시키는 전략을 설계한다. 일종의 감성 소구 방식이다.

동시에 매스미디어 쪽에서는 코로나19와 방역 정책에 대한 논쟁적 이슈를 발굴하고 이를 기사화하는 데 집중하기로 한다. 가령, 봉쇄 일변도 정책의 문제점 점검을 기사화한다든지, 단절로 인한 경제적 타격과 그에 따른 부정적 장기 전망 등을 차분하게 공론화하기로 한다. 무엇보다 비이성적으로 조성되는 공포감으로 인해 발생될 수 있는 불필요한 피해들을 드러내고 이를 예방해야 할 필요성에 집중하여 커뮤니케이션해 나갔다. 이성 소구 방식이다.

- 일상 회복의 메타포로서 여행의 기억 상기 – 소셜 미디어 – 감성 소구
- 봉쇄 일변 방역 정책의 부작용과 전환 필요성 – 매스미디어 – 이성 소구

여행이 떠났다: 1차 바이럴

우리가 여행을 떠나는 게 아니다. 여행이 우리를 떠났다. 이 역설적인 카피 한 줄이 모든 걸 대변했다. 처음으로, 여행이 우리를 떠났다. 전혀 생각하지 못했기에 대중들의 상실감은 더 컸다.

〈여행이 떠났다〉. 이 1분짜리 바이럴 영상은 코로나로 인해 완전히 달라진 현재의 일상을 담담하면서도 따뜻하게 담아냈다. 휴대폰 속에 저장된 여행 사진을 보며 추억하는 장면, 냉장고에 붙여둔 여행지 마그넷을 바라보는 장면, 떨어져 있는 가족에게 영상으로 안부를 전하는 장면, 날아가는 비행기를 묵묵히 응시하는 장면 등이다. 늘 그 자리에 있을 것 같았던 일상이 강제로 가로 막히고 재편되는, 한 순간에 '변해버린 일상'에서 여행을 그리워하는 우리들의 모습이 담겨 있다. 그런 장면 한장 한장이 품고 있는 것은 다름 아닌 '희망'이다. 비록 여행이 우리의 곁을 떠났지만 잃어버린 여행과 일상은 반드시

우리 곁으로 돌아올 것이라는 메시지를 전달하고 있다. 가수 이적의 노래 「당연한 것들」이 백그라운드 뮤직으로 깔렸다.

처음으로, 여행이 우리를 떠났습니다
여행이 떠나고 나서야 알게 되었습니다
여행이 있던 일상의 소중함을.
모든 여행의 마지막은 제자리로 돌아왔듯이
우리를 떠난 여행도 그리고 일상도
다시 돌아올 것입니다
그때, 함께 날 수 있기를

유튜브 등에 공개된 직후 이 영상은 많은 공감을 불러일으켰다. 아무 것도 할 수 없을 것 같은 항공사가, 누구보다 위로 받아야 할 항공 업종에서, 나 괜찮으니 함께 참아내고 함께 다시 날아오를 그날을 기다리자고 손을 내민 것이다. 그 손에 담긴 위로와 응원의 마음은 유튜브 조회수 1297만 회라는 유례없는 숫자에 가서 닿았다.

출발지와 도착지가 같은 항공편이 생기다

많은 국민들은 이렇게 생각했다. 오랜 기간 막힌 하늘길이 열릴 때 드디어 코로나가 끝나는 거라고. 일상 회복과 해외여행 재개가 동의어처럼 느껴지던 시점에, 아시아나항공은 여행을 그리워하는 소비자들을 위해 '국제선 무착륙 관광 비행'을 항공 업계에서 가장 먼저 선보인다.

'무착륙 관광 비행'은 한국에서 비행기를 타고 출발해 해외 상공을 2~3시간 비행하다 다시 인천 공항에 내리는 말하자면 '항공기 탑승 체험 프로그램'이다. 해외 공역을 돌아오는 만큼 기내 면세점 쇼핑도 가능하고 기내식과 기내 영화를 즐길 수 있었다. 비행기가 떴던 곳으로 다시 돌아오는 목적지 없는 비행이지만 해외여행의 기분을 만끽할 수 있도록 하자는 취지에서 만든 프로그램이었다.

특히, 일부 항공편은 스페인·호주·대만 등 해외 관광지의 콘셉트로 기내 환경을 연출하여 대리 만족을 할 수 있게 했다. 세계에게 가장 큰 A380 항공기인데도 상품 판매 한나절 만에 예약이 마감되는 인기를 누렸다. 여행이 제한되었던 그 시절, 잠시나마 여행의 그리움을 해소할 수 있도록 기획된 이 프로모션은 말하자면 '여행의 설렘'을 상품화한 것이었다. 언론 매체들은 이 희한한 관광 상품을 앞다투어 보도했다.

여행 심리를 상기시키는 중에도 위생과 방역 부분에 대한 커뮤니케이션을 손 놓고 있을 수는 없었다. 국가적으로 대응하고 있는 방역체계를 존중하고 준수해야 하는 것은 항공사라고 예외일 수 없었다.

아시아나항공은 무엇보다 고객의 안전을 최우선으로 코로나 확산 방지를 위한 통합 방역에 힘썼다. 거기서 '아시아나 케어(ASIANA Care)+'가 나온다. 고객의 안전한 여행을 책임지는 아시아나항공의 통합 방역 프로그램으로, 공항·게이트·기내까지 전 여정을 아우른다. 먼저 '케어 플러스 키트'를 제작해 KF94 마스크와 손 소독제 그리고 안내문 등을 담아 승객들께 제공했다. 아시아나항공 홈페이지에는 '아시아나 케어+' 전용 화면을 만들어, 국가별 방역 관련 입국 규정 등의 정보를 담아 고객들이 실시간으로 확인할 수 있도록 했다.

여행에 거리낌을 주는 불안 요소들을 걷어내는 것도 중요한 과제였다. 항공 기내라는 좁은 공간에서 코로나가 쉽게 감염되지 않겠냐는 막연한 불안감이 대표적이었다. 기내 감염 논란을 종식시키기 위해 '항공기 기내 공기순환 시스템'에 대한 기획 기사를 내보냈다. 에어커튼 방식이어서 수직적으로 차단되는 구조라는 점, 미세 입자까지 걸러내는 '헤파필터'가 장착되어 있어 2~3분 간격으로 강제 환기된다는 점 등을 언론 매체를 통해 알림으로써 근거 없는 불안감을 차단한 것이다.

한편으로는 국적항공사로서 코로나19 백신 수송에 앞장서는 모습을 알리고자 했다. 국내 항공사 중 처음으로 코로나19 백신 완제품을 수송한 것이다. 당시 백신을 안전하게 수송하는 것도 언론의 큰 관심 사항이었다. 한국에서 위탁 생산한 러시아 '스푸트니크 V' 백신을 모스크바로 안전하게 수송했다. 특히 백신은 -20°C로 저온 보관 운송이 필수적인데 이 콜드 체인(초저온 유통) 유지가 관건이었다. 화물 운송 전문인력으로 구성된 '백신 운송 태스크포스'를 조직해 운송 초기 단계부터 화주, 대리점과 함께 파트너십을 맺고 포장부터 전 프로세스에 걸쳐 컨설팅을 진행했다. 그렇게 운송했고 성공했다. 국내외를 오가는 백신 수송의 하늘길이 활짝 열린 것이다.

유관 기관에도 도움 요청의 손길을 내밀다: 대정부 커뮤니케이션

국제항공운송협회(IATA)에 따르면 세계 항공업계가 팬데믹으로 입은 순손실 규모는 2020년에 179조 원, 2021년 54조 원, 2022년 9조 원 등이다. 2019년의 경우 34조 원의 순이익을 기록했던 것과 비교해 보면 코로나의 여파가 얼마나 컸는지 쉽게 가늠이 된다.

항공사를 둘러싼 여러 기관들의 협조를 구하는 대관·대정부 커뮤니케이션 활동도 코로나 기간 항공사 PR활동으로 빼놓을 수 없다. 국가 간 봉쇄로 항공기가 발이 묶이게 된 상황은, 엄밀히 말하면 국가적·세계적 방역 필요에 의한 것이었다. 사람들의 이동이 인위적으로 통제되는 상황이 초래한 결과로서 항공사들이 감내해야 했던 희생은 참으로 엄청난 것이었다.

생각해 보라. 직원들이 무급 휴직으로 매월 15일만 일하는 상황이 어떨까. 2년 넘게 임원들은 급여를 40%만 받았다. 누구의 잘못도 아닌데 경제적인 타격을 바로 입게 되었다. 외국의 항공사들처럼 일시적 해고 같은 조치를 취하는 대신 동료들을 지키겠다는 뜻을 모아 고용 유지에 집중하고 보니 고통 분담이 불가피해진 것이다.

이런 항공사들의 자구 노력 과정이 언론에 노출되고 소개되면서 정부 차원의 항공사 지원책이 화답으로 돌아왔다. 정부는 고통 분담을 하고 있는 항공사에 고용유지 지원금을 지원했다. 2020년 3월 이후 22년도 말까지 인천공항공사와 한국공항공사는 착륙료를 10~20%, 항공기 정류료는 전액, 감면 조치했다. 국제선 업무시설에 대한 임대료 50% 감면 조치도 뒤따랐다.

항공사가 처한 어려움에 대해 주무 부처인 국토부와 산하 기관들에 상황을 설명하고 도움을 구하는 과정, 원활한 대관 커뮤니케이션을 통해 시의적절한 정부의 지원을 받을 수 있었으니, 코로나 시국의 중요한 커뮤니케이션 활동으로 빼놓을 수 없는 부분이다.

'여행이 돌아왔다': 2차 바이럴

'여행이 떠났다' 캠페인으로 많은 사람들의 마음을 위로했던 아시아나항공은, 2022년 4월 '탑승객을 찾습니다(부제: 여행이 돌아왔다)' 캠페인을 시작한다. 2020년 8월과는 180도 달라진 메시지다. 코로나가 엔데믹을 예고하고는 있었지만 방심할 수는 없는 상태였다. 아시아나는 조심스럽게 마중물을 붓기로 결심한다. 기다림을 기대로, 기적으로 바꿔야 하는 절박함이 항공여행 업계에 있었다.

아시아나는 국제선 재운항 계획을 내놓으며 더 많은 여행객을 맞이할 순간을 기대하고 있었다. 묵묵히 코로나19를 견디며 각자의 자리에서 여행을 기다려온 사람들에게 함께 날아오르자고 손을 내민 것이다. "2년간 더 막강해진 여러분과 함께, 우리 비행기 곧 이륙하겠습니다"라는 기장의 힘찬 기내 방송 오디오는 실제 비행기에 탑승한 느낌으로 연출되어 소비자들의 마음을 흔들었다. 이 영상은 812만 조회수를 기록했다.

아시아나항공에서 탑승객을 찾습니다

집 근처 세계 요리 섭렵하다 절대 미각을 보유하게 되신 손님

밤새 길러진 체력으로 시차 적응도 문제없는 손님

간 적은 없어도 안 가 본 적도 없는

랜선 따라 지구 한 바퀴 완주하신 손님

소통에 진심인 편이라 외국어 패치부터 완료하신 손님

모두 서둘러 탑승을 완료해 주시기 바랍니다.

Welcome Aboard Asiana Airlines!

2년간 더 막강해진 여러분과 함께

아시아나항공이 곧 이륙합니다.

바이럴 영상과 함께 실제로 아시아나는 국제선 운항 정상화에 발빠르게 나섰다. 그간 운항을 중단했던 노선(싱가포르, 하와이, 시드니, 나고야, 파리, 로마, 바르셀로나, 이스탄불, 울란바토르, 베이징, 하네다 등)에서 차근차근 운항을 재개한다.

그뿐만 아니라 코로나 기간 화물기로 개조한 A350 항공기를 여객기로 되돌리는 복원 작업을 병행한다. 이때 아시아나는 개조 화물기가 여객기로 복원되는 작업 과정을 영상과 사진으로 공개함으로써, 해외여행의 문이 열리고 있다는 희망을 전파한다.

안전과 기내 서비스 관련 승무원들의 훈련도 전면 시행하게 된다. 항공기 운항이 중단되며 휴직했던 승무원들이 기종별 교육에 들어갔고 이 훈련 과정을 언론에 공개하여 항공 여행 정상화에 대한 기대감을 끌어올리게 된다.

희망은 캔맥주와 함께 돌아오고: 아시아나 호피 라거 출시

바이럴 영상으로 '탑승객을 찾아' 나섰지만 코로나19의 위세는 좀처럼 가라앉지 않았다. 확진자 그래프는 출렁이는 주가처럼 내려가는가 하면 다시 고개

를 들었다. 지루한 갈증, 해소되지 않는 목마름. 2022년 여름에 아시아나는 항공사 최초로 수제 맥주를 출시한다. 여행 콘셉트의 수제 맥주는 '아시아나 호피 라거'라는 이름을 달고 나왔다. Hoppy는 맥주의 Hop과 Hope, Happy 같은 단어를 한 데 묶어 중의적으로 만든 조어(造語)다.

편의점 CU의 1만 7000개 전국 매장에 선보인 이 맥주는 캔 표면에 창립 초기의 아시아나 색동저고리 CI심볼을 박았다. MZ세대의 성지라 불리는 편의점에 '뉴트로' 감성을 입힌 것이다. 제품 뒷면에는 기내 창문과 창문에서 바라본 풍경을 담아 '여행의 설렘'을 트리거 한다.

수제 맥주 출시와 동시에 애니메이션 영상도 론칭했다. 아시아나 호피 라거와 함께 다시 일상으로 돌아온다는 내용이다. 역시 편의점 주 수요층인 MZ 세대의 감성을 소구하여 지브리 스타일의 영상과 시티팝 느낌의 배경 음악을 깔았다. 1분짜리 이 영상은 공개 1주일 만에 유튜브 조회수 100만 회를 돌파했다.

일상에서 느끼는 여행 갈증을 일상에서 풀어낼 방법은 없을까? 여기서 착안한 것이 '이모티콘(이모지)' 활용 아이디어였다. 모바일 메신저에서 다양하게 쓰이고 있는 이모티콘을 코로나19 방역 상황과 연결시켜 만들고, 이를 직원과 고객들에게 무료로 배포하기로 했다.

아시아나항공의 캐릭터인 '색동크루'가 동원되었다. 항공 여행과 밀접한 비행기·가방·구름 캐릭터 등이 활용되었다. 모바일 이용자들이 자주 쓰는 이모티콘의 동작과 표정들을 1, 2차에 걸쳐 제작 배포했다. 소비자들의 손 안에서 아시아나의 브랜드 이미지를 회상시키고 여행에 대한 동경을 지속적으로 자극하는 아이템이었다. 1차는 '색동크루와 함께 건강한 일상'이라는 테마 아래 코로나 방역 수칙에 포커스를 두었고, 2차는 '색동크루와 여행을 떠나볼까?'로 여행 재개에 대한 소비자의 기대감을 담았다.

노골적인 항공여행으로의 초대: <깨우세요 여행세포> 캠페인

방역 조치는 서서히 완화되기 시작했지만 여행 시장은 아직 뜨뜻미지근했다. 발사된 총알처럼 항공 수요가 살아날 것으로 기대했던 예상과 달리, 코로나19의 뜨거운 맛을 경험한 소비자들은 여전히 신중 모드에서 쉽게 벗어나지 못했다.

동트기 전이 가장 어둡다고 했던가. 2022년 11월은 바로 그런 시점이었다. 그 어둠을 찢어놓을 한 줄기 빛이 필요했다. '탑승객을 찾겠다'고 나선 2차 바이럴보다 더 강한 한 방이 필요했다. 공격적으로 캠페인의 방향을 잡기로 한다. 이름하여 〈깨우세요 여행세포〉 캠페인.

항공 여행을 해본 사람이라면 공감할 만한 일곱 가지 에피소드를 각각의 단편 광고영상으로 제작하고 이를 묶어 종합 편을 꾸몄다. 항공기 내에서만 경험할 수 있는 게 무얼까, 그 포인트를 자극하면 소비자들의 잠들어 있는 여행 세포를 깨울 수 있겠다는 데 착안한 광고 영상물이다. 매 에피소드 말미에는 '아! 이런 기분이었지'란 내레이션을 반복 노출함으로써 소비자들이 무언가를 잊고 있었다는 각성을 유인했다. 8개 영상 누적 유튜브 조회수는 1083만 회에 달했고, 각종 CF 평가 사이트에서 선호도 1위 광고에 올랐다. 무엇보다 이 광고를 기점으로 실제 항공 여행 심리가 폭발적으로 분출되어, 코로나19 기간 광고PR 캠페인의 화룡점정이 되었다.

이 캠페인은 팝업스토어와 연계되어 업계에 큰 화제를 불러일으켰다. 2022년 11월 24일부터 12월 4일까지 여의도 '더현대 서울'에 설치된 아시아나항공의 팝업스토어 '여행세포 연구소'는 총방문객 수 2만 9000명을 기록했다. 팝업스토어에 설치된 항공 기내와 외국의 자연과 도시 풍광 등을 거닐면서 방문자들은 '여권을 준비하자'는 마음이 일렁였을 것이다. '여행세포 연구소'가 인기 몰이를 한 이유는 다음 네 가지로 요약된다. 첫째, 엔데믹 전환 이후 여행을 갈망하는 소비자 욕구에 불을 댕겼다. 둘째, 동영상 바이럴 〈깨우세요 여행세포〉와 연계되어 시너지를 냈다. 셋째, 팝업스토어 자체의 공간 연출과 디자인이 높은 완성도를 보였다. 넷째, 아시아나가 보유한 긍정적인 브랜드 이미지와 팝업스토어의 콘셉트가 잘 어울렸다. 이런 내용은 모두 방문자 피드백 분석을 통해 나온 것이다.

에필로그: "문 밖에서 누군가는 계속 두드리고 있었다"

코로나19가 해와 해를 넘기면서 사람들은 '코로나 블루'를 겪게 됐다. 사회적 거리두기는 우리의 일상을 심각하게 제약했고 사회적 우울감이 안개처럼 차올랐다.

당시 몇몇 기관이 코로나19 이후 소비자 심리를 분석한 보고서를 내놓았다. 서울시와 서울관광재단의 조사에 따르면 응답자의 60% 이상이 '코로나 블루'를 경험했다고 답했다. 이 중 절반 이상이 해외여행 제한이 우울함에 영향을 준다고 응답했으며, 해외여행 경험이 많을수록 '코로나 블루'의 영향을 더 많이 받는 것으로 나타났다. 인천공항공사의 또 다른 조사에 따르면 그 당시 응답자의 70% 이상이 백신 개발 후 해외여행 계획이 있는 것으로 응답했고, 이 중 약 90%가 백신을 접종하는 이유로 관광 목적의 해외여행을 가기 위해서라고 답했다.

일찍이 토머스 프리드먼은 2020년 4월 ≪뉴욕타임스≫ 기고를 통해 우려를 표명한 바 있다. "전 세계를 수평적으로 차단할 게 아니라 수직적 차단 전략을 써야 한다." 봉쇄와 격리 일변으로 가면 코로나로 죽는 사람보다 경제적·심리적 타격의 희생자가 더 많아질 것을 경고한 것이다. 이런 말도 덧붙였다. "이건 마치 코끼리가 집 고양이에 놀라 피하려다 절벽에서 떨어져 죽는 꼴이다".

실제 엄청난 사회적 비용과 부수적 피해를 낳았고 사회의 약한 고리는 맥없이 벼랑 끝으로 내몰렸다. 반면 스웨덴처럼 일찌감치 사회적 면역 방침을 들고 나온 국가를 정신 나간 정책으로 비판하는 시각이 압도적이었다.

공항, 비행기, 여행 같은 단어로 묶인 업종을 항공업이나 여행업이라고 쓰고 '행복 산업'이라고 읽는다. 삶의 리셋이 필요할 때, 사람과 사람, 사람과 도시의 촘촘한 연결은 때론 영감으로 때론 추억으로 우리를 이끌어준다. 영화 〈러브 액츄얼리〉의 처음과 마지막은 히드로 공항에서 재회하는 수많은 보통 사람들의 포옹 장면이다. 그들의 표정에서 우리는 사랑과 행복을 읽었고 감동 받았다. 만나고 연결되는 것 자체가 행복이던 시절에, 우리가 그랬다.

코로나가 길어지고 고립과 단절이 깊어졌을 때, 아시아나항공은 용기 있게 캠페인을 시작했다. 우리가 여행을 떠난 게 아니라 '여행이 우리를 떠났다'고. 공항에서 수없이 보아온 이별과 만남. 그 소중한 일상이 어서 돌아오기를, '행복 산업'에 종사하는 사람들이 먼저 입을 열었던 것이다.

다행스럽게도 이제 전 세계가 코로나 공포에서 완연히 벗어났다. 전 세계 항공업계도 코로나19 이전 대비 80%에 육박하는 복원이 진행되고 있다. '행복 산업'이 100% 복원될 때 우리 일상도 온전히 되돌아온다고 믿는다. 마음의 문에는 손잡이가 안쪽에만 달려 있다고 한다. 그러니 누군가는 문밖에서 계속 노크를 해주어야 한다. 코로나 3년의 암흑 같은 기간 내내, 그 문 밖에서 열심히 문 두드렸던 이 중에는 그렇게 아시아나항공이 있었다.

10. 팬데믹으로 변화하는 업무방식, 핵심은 사내 커뮤니케이션

김 희 진 (커뮤니케이션즈 코리아 부사장)

팬데믹, 새로운 업무환경을 정의하다

21세기에 이르러 자유로운 국가 간 왕래, IT 기술의 발전 등을 통해 세계는 공간적 한계에서 벗어나 모든 인류가 하나의 공동체인 '지구촌(global village)'으로 탈바꿈했다. 하지만 2019년 말 신종코로나바이러스(코로나19)가 퍼지면서 이 모든 것이 변하기 시작했고, 인류는 이전에 겪어본 적이 없는 팬데믹(Pandemic)을 경험하게 되었다.

매서운 속도로 퍼지는 바이러스로 인해 활짝 열려 있던 국경이 닫히게 되었고, 계속되던 세계화는 한 순간에 멈췄다. 인류는 그간 신종플루, 에볼라, 사스(SARS), 메르스(MERS) 등의 감염증을 경험하며 위기를 극복했지만, 신종코로나바이러스는 치료제와 백신의 부재로 인해 2년 이상 "접촉 없는 사회"로 지내야만 했다. 서로 간의 접촉이 없어야 감염병의 창궐을 막을 수 있었고 그래야만 인류가 생존할 수 있었기에, 사적인 모임이 사라지고, 사무실에 모여 근무하는 일반적인 환경조차 변화하게 되었다.

그럼에도 불구하고 경제활동을 위한 기업의 노력은 멈출 수가 없었다. 바이러스의 감염을 막기 위한 정부지침을 따르며 업무를 지속하기 위하여, 기업들은 집에서 근무를 하는 재택근무제를 도입했다. 소통을 중시하는 초연결사회에 익숙했던 우리는 갑작스러운 환경변화에 수많은 시행착오를 겪을 수밖에 없었다. 비대면으로 하는 소통은 원활하지 못했고 이를 지속성 있게 유지하는 동시에 집단의 결집력을 향상시키는 것은, 기업의 입장에서는 새로운 그리고 무모한 도전이었다.

하지만 예상과 달리 기업의 임직원들은 새로운 환경에 적응하는 데 오랜 시간이 걸리지 않았다. 도입 단계에서는 과거보다 생산성이 떨어지기도 하고 효율성이 낮은 것으로 평가되었으나, 임직원들은 출퇴근 시간이 줄어들 뿐만 아니라 공간적 제약이 없이 업무를 볼 수 있다는 것에 대해 매우 만족하고 과거의 근무형태보다 업무 생산성이 향상된다는 의견을 내기도 했다. 기업들은 이런 흐름을 읽고 더 효과적인 업무환경을 만드는 동시에 직원들 간의 원활한 소통을 위한 사내 커뮤니케이션에 대한 고민을 시작했다.

멀어진 우리, 사내 커뮤니케이션을 통해 가까워지자

일반적으로 PR(Pubic Relation)은 공중과 긍정적이고 원활한 관계를 형성하고 이를 통해 비즈니스를 활성화하는 데 역점을 두고 있다. 이런 활동 못지않게 중요한 것이 기업의 결집력과 생산성을 높이기 위한 기업과 직원 간의 원활한 쌍방향 소통이다. 그래서 직원 간의 커뮤니케이션 혹은 '사내 커뮤니케이션'이라 일컬어지는 소통이 PR의 새로운 주요 영역으로 부상하고 있다. 또한 기업은 직원들과 경영진이 같은 '기업가정신(Entrepreneurship)'으로 동일한 목표 수립을 원하기 때문에 더욱 효과적인 사내 커뮤니케이션 전략이 필요한 시점이다.

너와 나의 연결고리, 강화된 사내 커뮤니케이션

IT업계는 가장 빠르게 새로운 소통 방식을 도입했다. 구글을 포함한 글로벌 IT기업들이 코로나 이전부터 혁신적인 기업문화 형성을 위한 다양한 활동을 해왔기 때문이다. 국내에서도 다수의 IT업계 기업들은 팬데믹 기간 동안 다양한 사내 커뮤니케이션 프로그램을 진행했다.

네이버의 경우 재택근무로 인해 회사를 오가며 자연스럽게 이뤄지던 구성원 간 커뮤니케이션이 사라짐에 따라 사내 커뮤니케이션을 강화하고 조직 내에서 심리적 안정감을 느낄 수 있도록 온라인 반상회 등 다양한 프로그램을 운영했다. 네이버 사내 커뮤니케이션 전담 HR채널팀은 구성원들의 의견을 수렴해 '지금 만나러 갑니다'라는 프로그램을 신설하고, 내부의 8명 이하의 인원이 참석하여 조직문화, 사내 커뮤니케이션, 자신의 업무와 생각 등을 공유하는 그룹 인터뷰를 진행했다. 또한 캐주얼하게 내부적으로 소통할 수 있는 플랫폼이자 사내 이벤트인 '네이버 반상회'를 통하여 회사의 다양한 소식, 정보, 구성원들 간의 안부와 일상 등을 공유하기도 했다.

MZ 세대는 글보다는 영상을 선호하고 쌍방향 소통을 매우 중요하게 생각한다. 이러한 트렌드를 고려해 SK 이노베이션은 2020년 7월 17일부터 매주 금요일 점심시간 이후 20분간 유튜브 라이브 퀴즈쇼 〈식후땡〉을 진행했다. 해당 프로그램은 SK이노베이션 직원 두 명이 직접 진행하면서 임의의 직원들에게 전화를 걸어 자유로운 일상대화를 나누거나 즉석 퀴즈를 내는 형식으로 운영되었다. 실시간 댓글로 퀴즈를 진행하며 상품을 나눠줘 인기를 끌기도 했다.

IT업계뿐만 아니라 유통업계도 혁신적인 사내 커뮤니케이션에 힘을 쏟고 있다. 한국맥도날드의 경우 코로나19로 인해 대면 소통이 어려워짐에 따라 매장 근무 직원들인 크루들과 본사 직원들 간의 소통을 위한 영상을 꾸준히 제작해 직원들과 소통하기 시작했다. 또한 매년 '식품안전의 날'에 자사의 최우선 가치인 식품안전, 위생 및 품질관리의 중요성을 되새기고 점검하기 위해 진행했던 '푸드 세이프티 타운홀(Food Safety Townhall)'을 2022년, 2023년에는 '메타버스'라는 새로운 시대 흐름에 맞춰 기획하고 진행했다. 한국맥도날드는 본사 임직원뿐만 아니라 전국 매장의 매니저, 점장, 가맹점주 등 폭넓은 이해관계자들과의 소통이 중요하였기 때문에 이러한 시도는 획기적이었을 뿐만 아니라 동시에 직원들 사이에서도 큰 호응을 얻을 수 있었다. 한국맥도날드의 직원들은 메타버스 플랫폼을 통해 맥도날드 매장을 테마로 꾸며진 가상공간에서 직접 체험하고 소통하며 식품안전 규칙을 학습할 수 있었고, 한국맥도날드가 최우선시 하는 가치들을 점검해 나갈 수 있었다.

기업들은 이처럼 재미있는 요소, 트렌드를 활용한 다양한 소통 방법을 통해 내부 커뮤니케이션을 강화할 수 있는 새로운 전략을 선보이고 있다.

코로나 블루 극복을 위한 심리 케어도 사내 커뮤니케이션으로

팬데믹 시대에 소통의 부재와 물리적 격리는 외로움과 우울증 등 새로운 심리적인 문제를 발생시켰다. 흔히 말하는 '코로나 블루'를 겪은 사람들을 쉽게 볼 수 있게 된 것이다. 실제로 미국 질병통제예방센터(CDC)는 2020년 기준 미국 성인 3명 중 1명이 불안이나 우울증 증상을 나타냈다고 보고했다. 팬데믹 이전인 2019년 수치(10.8%)의 약 4배 수준이다. 엔데믹(endemic) 시대에 접어들면서 기존의 노력에서 한 차례 더 진화된 사내 커뮤니케이션을 통해 구성원들의 건강까지도 고려한 접근이 필요한 시점이다.

세계적인 프랑스 주류회사의 한국 법인인 페르노리카 코리아(Pernod Ricard Korea)는 'S.N.A.C(Start New & Cool)'라는 구성원들의 웰빙 프로그램을 운영하고 있다. 임직원들의 웰빙(Well-being) 비즈니스 문화를 정착하고자 기획·운영되고 있는 이 프로그램은 정신적 케어(Mental Care), 육체적 케어(Physical Care), 지식적 케어(Knowledge Care)라는 세 가지 테마를 기반으로 매달 테마와 연관된 마사지, 요가, 미술치료, 스트레스 관리법, 문화예술 관련 강의 등의 클래스를 운영하고 있다.

또한, 페르노리카 코리아를 포함한 전 세계 19,000여 명의 페르노리카 그룹 임직원들이 함께 지역사회 발전에 기여하는 사회공헌 활동의 날인 'Responsib'ALL Day'(R데이)는 2023년에 조금 특별하게 진행됐다. 임직원의 스트레스 관리와 긍정적인 사고를 함양하기 위해 심리학자 김경일 교수를 초빙해 웰빙 교육을 진행하고 이어 임직원 전체가 남산으로 트래킹을 나서 평소 사무실에서 장시간 앉아 근무하는 생활 패턴에서 벗어나 긴장을 완화하며 건강을 챙기는 시간을 가지기도 했다.

변화의 시기, 사내 커뮤니케이션의 중요성을 인식할 때

앞서 사례로 언급된 한국맥도날드와 페르노리카 코리아는 필자의 클라이언트이다. 코로나 기간 동안 다양한 사내 커뮤니케이션 방법에 대하여 담당자들과 많은 고민을 하였다. 이전에 시도해 보지 않았던 방법들 이니 고민이 깊을 수밖에 없었다. 하지만 목표는 하나였다. "어떻게 하면 대다수의 구성원들이 만족하는 (혹은 참여하는) 사내 커뮤니케이션 행사를 기획하고 실행할 수 있을까?" 사실 모두가 만족하는 사내 커뮤니케이션은 거의 불가능하다. 그러기에 더욱 구성원들의 목소리에 귀 기울일 수밖에 없었고, 이러한 고민들을 통해 더욱 견고한 사내 커뮤니이션 전략이 세워지게 된다는 것을 몸소 체험하게 되었다. 구성원들을 위해 노력하는 여러 기업들을 보며, 필자의 회사도 구성원들의 목소리를 반영해 코로나19 기간 시작한 재택근무 시스템을 현재도 일정 부분 유지하고 있다. 처음 재택근무를 시작할 때 "커뮤니케이션 전문 회사이면서 직원들 간의 커뮤니케이션이 원활하게 진행되지 않으면 어떻게 해야 하나" 하는 걱정과 함께 염려되는 부분들이 꽤 있었다. 하지만 직접 한국맥도날드와 페르노리카 코리아의 사내 커뮤니케이션을 기획하고 실행하면서 필자도 직원들과의 소통을 위해 더 많은 시간을 할애해야 한다는 것을 다시금 깨닫게 되었다. 그동안 바쁘다는 핑계로 멈췄던 직원 교육 프로그램도 다시 시작했다. MBTI 워크샵을 통해 성격의 차이를 극복할 수 있는 소통법, 스트레스 해소법, 갈등관리 등을 경험하며 서로를 이해하는 시간을 가지기도 했다.

팬데믹 기간 재택근무에 힘입어 눈부신 성장을 한 화상회의 플랫폼 업체 줌(Zoom)과 구글, 아마존도 포스트코로나 시대로 넘어가며 직원들의 단계적인 출근을 독려하기 시작했다. 주 2회 혹은 주 3회 이상 출근해야 한다는 근로기준이 생겨나고 있다. 줌은 이러한 회사 출근 의무화 조처를 '구조적 혼합 접근'이라고 정의했다. 자사 기술을 활용하고, 계속해서 혁신을 이어가며, 글로벌 고객들을 지원하는 더 나은 방법이라고 강조하고 있다.

멕시코 경제학자인 호세 마리아 바레로 ITAM(멕시코기술자치대학교) 교수의 최근 연구에 따르면 미국에서 하이브리드로 근무하는 직원들은 3~5% 생산성이 증가했다는 연구결과가 발표되기도 했다.

아마도 근무 형태는 앞으로 더 다양하게 발전하며 변화할 것이다. 이러한 변화에 살아남아 지속적인 생산 활동을 이어나가려면 내부에서 발생하고 있는 목소리를 끈기 있게 듣고 공유하여 기업과 임직원의 특성을 고려한 다양한 사내 커뮤니케이션 프로그램을 개발해야 한다. 팬데믹은 거의 끝나가지만 이제 기업은 더욱 더 진화된 내부 커뮤니케이션에 집중하며 새로운 기업 문화의 첫 페이지를 써나갈 준비가 필요한 시점이다.

참고문헌

김상준. 2023.8.11. ""당신 재택 너무 자주 해…이제 출근하라" 아마존이 직원에게 보낸 메일". ≪매일경제≫.

김성은. 2020.8.25. "'코로나 블루는 가라'…SK이노베이션의 새 실험 '식후땡'". ≪머니투

데이≫.
김현주. 2023.6.16. “페르노리카코리아, 글로벌 사회공헌 활동의 날 맞아 임직원과 지역 사회의 ‘웰빙’ 위한 활동 전개”. ≪세계일보≫.
안상현. 2023.2.24. “우울증에 매년 1400조 원 사라져… ‘제2의 팬데믹’ 정신질환”. ≪조선일보≫
이상학. 2023.5.8. “맥도날드, 메타버스 플랫폼서 ‘푸드 세이프티 타운홀’ 진행”. ≪뉴스1≫.
장지민. 2023.8.9. 재택근무 최대수혜 기업 ‘줌’ 직원 사무실 출근 독려 나서”. ≪한국경제≫.
한애란. 2023.8.9. “생산성 떨어지는데 왜 해? 재택근무 논쟁의 진실 [딥다이브]”. ≪동아일보≫.
HR Insight. 2021.1.14. “비대면 시대, 온라인 반상회로 구성원 소통 강화하는 ‘네이버’”.

11. 코로나 팬데믹 이후 브랜드 캠페인의 변화

조 재 형 (피알원 대표)

팬데믹 상황이 2년 이상 지속되면서 기업에 수많은 어려움이 있었지만, 이러한 위기는 새로운 시대가 당도했음을 알리는 신호탄이기도 했다. 코로나19는 우리 사회의 많은 것을 바꿔놓았지만, 한편으로는 미래의 마케팅으로 향한 소비자들의 변화를 수면 위로 떠오르게 했다. 이러한 변화를 이끈 요소는 단연 '집콕' 생활이다. 집에서 머무는 시간이 길어지면서 사람들이 일하고, 쇼핑하고 생활하는 방식은 크게 바뀌었다. 사람들이 소통하는 방식이나 콘텐츠와 제품을 소비하는 방식 또한 크게 영향을 받으면서 기업은 이러한 새로운 변화에 적응해 나갈 수밖에 없는 상황에 놓였다. 그 결과, 브랜드들은 더욱 창의적이고 새롭고 의미 있는 방식으로 소비자들에게 다가가야 했다.

코로나19로 인한 변화로 전자상거래를 중심으로 한 디지털 구매 채널의 활용이 폭발적으로 증가했다. 이제 디지털 트렌스포메이션의 시대가 도래한 것이다. 아시아 태평양 지역의 구글 검색어 순위에서 볼 수 있듯이 전 세계에서 디지털 채널에 대한 기대가 높아졌다. 소비자들은 이제 자신을 브랜드에 맞추기보다는 브랜드가 자신의 삶에 알맞은 것들을 제시하기를 원한다. 비대면 결제나 피부색에 어울리는 립스틱을 고르는 과정 등 오프라인과 온라인을 넘나드는 모든 경험이 변화하고 있다. 또한 사람들이 집에서 보내는 시간이 늘어나면서 온라인과 오프라인을 결합한 새로운 하이브리드 공간에 대한 관심이 더욱 커졌다. 이러한 현상을 '피지털(phygital)'이라고 일컬어 오프라인에서의 리테일과 디지털 리테일 사이의 경계가 흐려졌다고 본다.

비대면의 시대, 디지털 트렌스포메이션의 시대를 맞아 구글사의 샤이팔리 나탄(Shaifali Nathan) 아시아·태평양 마케팅 디렉터가 공유한 보고서에서는 ① 공동체 의식, ② 개인의 가치, ③ 공감대의 세 가지 의미심장한 키워드를 제시했다.

내가 사는 지역에 대한 관심과 공동체 의식 향상

여행 제한이나 코로나 확산 방지 대책, 사회적 거리두기 등이 시행되면서 우리는 지역사회의 중요성이 커지고 있다. 구글(Google)에서는 지역 사회의 지속적인 발전에 대한 관심이 이전보다 커진 것을 확인할 수 있다. 뉴질랜드에서 동 기간 대비 '해외 판매'와 관련된 검색이 5% 감소한 반면 '국내 온라인 판매'와 관련된 검색은 53% 성장했다. 또한 호주에서는 자신이 사는 지역 내 구매에 대한 검색어가 90% 증가했다. 아시아태평양 지역 전반에서도 비슷한 트렌드가 나타났다.

팬데믹 상황에서는 연대를 추구하는 사람들도 늘었다. 2020년의 검색어 보고서에서 나타난 '공통의 목적'이라는 트렌드에서 볼 수 있듯이 사람들은 자신들이 사는 지역에 더 많은 관심을 쏟은 것과 동시에 다른 이들이나 더 큰 사회에 자신들이 어떻게 연결되어 있는지에 대해 돌아보게 되었다.

또한 2020년에는 전 세계에서 '후원하기'에 대한 검색이 그 어느 때보다 많이 늘어났다. 그 예로, 베트남에서는 '기부를 통한 후원'에 대한 검색어가 전년도 대비 두 배로 증가했고, 싱가포르에서는 '기부'(+40%)와 '자원봉사'(+100%)에 대한 검색이 늘었다. 코로나19 이후 소비자들의 지역사회에 대한 소속감과 사회에서의 역할에 대한 인식은 지속될 것이다.

'SAY PAIN!' 캠페인

2022년 한국PR대상을 수상한 대웅제약의 'SAY PAIN!' 캠페인은 아픔을 참지 말라는 슬로건으로, 인도네시아 발달장애인이 질병 증상을 제대로 표현하고 치료받을 수 있는 환경 구축에 기여하기 위해 인도네시아에서 진행한 사회공헌 캠페인이다. 국내에서 2019년부터 발달장애인, 경계선 지능 아동 등 느린 학습자 대상 증상 표현 교육사업 '참지마요'를 진행한 대웅제약은 캠페인을 인도네시아로 확대했다. 대웅제약은 인도네시아 발달장애인들이 적절한 진료와 처방을 받을 수 있도록 의료진과의 소통을 돕는 'AAC(Augmentative and Alternative Communication, 보완 대체 의사소통) 그림책'을 제작해 사용하게 했다. 대웅 소셜임팩터가 제작한 디지털 콘텐츠는 유튜브와 인스타그램 등 소셜 미디어에 265건 게재되었으며 누적 조회수 18만 회, 댓글 및 좋아요 2만 3000개 이상을 기록했다. 2022년 5월 개최한 'SAY PAIN!' 캠페인 론칭 기자간담회에 인도네시아 공영방송(TVRI) 등 53개 유력 매체가 참석하여 캠페인 활동을 주요 뉴스로 보도하는 등 현지에서 높은 관심과 기대를 받았다. 그동안 많은 발달장애 아동들이 감기, 배탈 등 경증 질환도 표현을 어려워해 진료 시 난관이 있었는데 앞으로 AAC 그림책이 의료진과 발달장애인들이 원활히 소통하는 데 큰 도움이 될 것으로 기대된다.

맥도날드 'Taste of Korea(한국의 맛)' 캠페인

한국맥도날드는 2020년부터 나주배 칠러, 제주 한라봉 칠러 등 지역 특산물을 사용한 음료 메뉴를 시작으로 '로컬 소싱'을 꾸준히 실천해 왔다. 특히 2021년부터는 창녕 갈릭 버거, 보성 녹돈 버거, 허니버터 인절미 후라이 등 다양한 메뉴를 선보이며 고객들의 호응을 얻고 있다. 한국판 로컬푸드 캠페인인 셈이다. 2022년 말까지 한국맥도날드 로컬 소싱 메뉴의 누적 판매량은 총 1000만 개를 넘었으며, 버거 메뉴는 약 430만 개, 사이드 메뉴는 약 28만 개, 음료 메뉴가 약 590만 잔이 팔린 것으로 집계됐다.

한국맥도날드는 일반 대파보다 맛과 향이 진한 진도 대파를 활용한 '진도 대파 크림 크로켓 버거'를 2023년 6월 선보였다. 진도 대파 버거는 출시 일주일 만에 50만 개 이상이 팔리는 등 큰 인기를 끌고 있다. 한국맥도날드가 진도 대파 크림 크로켓 버거를 위해 수급한 대파는 약 50톤이다. 버거 광고 영상에는 진도군민과 진도군 풍경이 등장했고 진도민요를 배경음악으로 사용했다. 진도군은 한국맥도날드가 진도 대파를 알린 점, 대파를 다량으로 수매해 지역경제 활성화에 이바지한 점을 들어 한국맥도날드에 군수 표창을 수여했다. 한편, 맥도날드는 진도 대파 크림 크로켓 버거 출시를 기념해 2023년 7월 6일부터 11일까지 서울 여의도 IFC몰 맥도날드 앞에서 '맥도날드 파밭 스토어'도 운영했다. 신메뉴 시식은 물론 진도 천리길 챌린지와 같은 참여형 행사와 진도 북놀이패 공연, 진도 파밭 포토존 등을 마련해서 소비자들의 인기를 확산시키고 있다.

초개인화 시대에서의 개인의 가치

코로나19로 혼자 보내는 시간이 늘어나면서 사람들이 자신의 내면을 깊숙이 들여다보고 삶에 대해 다시 고민해 보는 시간을 가질 수 있었다. 행복이나 가족, 건강과 같은 가치에 대해 근본적으로 다시 생각하게 되면서 많은 이들이 더 나은 삶을 살기 위해 노력하는 변화를 겪었다. 일례로 한국에서는 '음식물 쓰레기'를 검색한 사례가 전년도 대비 20% 늘었고, 인도에서는 이전 년도에 변화가 없었던 '재활용 방법'에 대한 검색이 25% 증가했다. 자신이 되고자 하는 모습과 경제적 니즈를 동시에 충족시켜 주는 소비에 대한 열망이 커지면서 무분별한 구매는 실용성이 떨어지고 만족감도 주지도 못한다고 생각하는 사람들이 늘고 있다. 제품의 가격과는 별개로 사람들에게 '가치'를 주는 제품에 대한 수요가 더 커질 것이다.

30대를 타깃으로 한 NH농협손해보험의 브랜딩 전략

NH농협손해보험은 농협중앙회에서 분사한 이후, 올드한 이미지에서 벗어나 디지털, 혁신, 트렌드를 선도하는 리딩 보험 브랜드가 되는 것을 궁극적인 목표로 삼았다. 이전의 브랜드 평판은 업계 하위권(*13개 사 중 9위)에 머물렀다(한국기업평판연구소, 2021).

변화를 위한 첫 단계로 선호 브랜드 스위칭 가능성이 높고(보험연구원, 2021) 디지털에 익숙한 30대 가망 고객을 메인 타깃으로 삼았다. 재원 내에서 '30대의 금융 파트너' 이미지 구축을 위한 방안을 모색했다. 브랜드 본연의 가치인 '건강'을 테마로 방송국과 같이 구조화된 콘텐츠 편성을 통해 '시청 습관화'를 유도했다. 특히 30대들의 민낯을 마주하며 일상적인 공감을 이뤄내는 커뮤니케이션으로 폭발적인 고객 호응을 얻었다.

대표적인 작품은 웹드라마 〈지질한 이야기〉이다. 이는 평범한 어른으로 무기력하게 하루하루를 살아가는 N포 세대의 대표격인 '노여운'을 중심으로 이야기가 진행되었다. 서른을 맞이하면 멋있는 어른이 될 줄 알았지만, 현실은 번아웃과 악화된 건강뿐이다. 사회적 위치와 자산도 좀처럼 나아지지 않아, '지질한' 삶과 연을 끊기 위한 새로운 시도들을 진행하게 된다. 지옥철, '텅장', 탈모, 독거 청년, 녹슨 체력, 실패한 사랑 등 30대들을 대표하는 '우울한 키워드'들을 옴니버스 스토리로 가감 없이 보여주며 외로운 30대들과 공감대를 형성하는 방식이다. 총 9편의 에피소드, 18편의 하이라이트 쇼츠를 통해 최대한 다양한 공감 서사를 다루고 있다.

전담 에이전시인 피알원에 따르면 현재 반응은 폭발적이어서, 운영 1년 만에 구독자 10만 명을 달성하여 실버버튼을 수령했고, 전략적인 이벤트를 통해 좋아요, 댓글, 공유 10만 건 달성, 조회수 1000만 달성 등 업계 유튜브 채널 중 압도적인 1위 기록(운영 전 소셜 영향력 7위)하며 대표적인 손해보험사로 인지도를 확보했다고 한다.

제일기획과 경찰청이 진행한 '똑똑(KNOCK KNOCK)' 캠페인

2023년 칸 라이온스 그랑프리 수상작은 제일기획과 경찰청이 진행한 '똑똑' 캠페인으로 양성평등에 기여한 작품에 시상하는 '글라스(Glass)' 부문에서 그랑프리에 선정됐다. 똑똑 캠페인은 가정폭력, 데이트 폭력, 아동 학대 피해자가 가해자와 같은 공간에 있는 경우가 많아 112 신고에 제약이 있다는 점에 착안해 기획됐다. 신고자가 112에 전화를 건 뒤 아무 숫자 버튼을 '똑똑' 눌러 말하기 힘든 상황임을 알리면 신고자의 휴대전화에 '보이는 112' 접속 링크를 발송해 최적의 초동 조치를 할 수 있도록 했다. 실제로 캠페인 이후 신고 건수가 42% 증가한 것으로 나타났다. 똑똑 캠페인은 사회적 문제를 실제로 해결한 실용적 솔루션이며 언어가 달라도 어느 나라에서도 확장 가능한 아이디어인 점이 높은 평가를 받았다.

중요시되는 사람들 간의 공감대 형성

지난 몇 년 동안 우리의 일하는 방식은 크게 바뀌었다. 많은 회의가 화상으로 진행되면서 리더와 임원을 비롯한 모든 이들이 중간에 아이들이 끼어들거나 가족의 기침 소리가 들리거나, 반려견이 짖는 소리가 들리는 등 생활 속의 자연스러운 모습을 보여주게 되었다. 이와 같이 팬데믹으로 인해 우리는 동료들의 인간적인 모습에 대해 더 깊고 친밀하게 알게 되었고, 앞으로도 원격 또는 하이브리드 근무가 지속될 것으로 예상되는 가운데 과거와 같은 접근 방식으로는 돌아갈 수 없을 것이다.

2020년 아시아 태평양 검색어를 들여다보면 이와 같이 타인에 대한 배려가 커지고 정신 건강이 중요해졌다는 것을 알 수 있다. 여러 동남아시아 시장에서 '멘탈 관리법', '정신 건강 팁', '정신 건강 테스트' 같은 정신 건강 관련 검색어가 40% 증가했다. 예를 들어 필리핀에서는 '우울한 사람을 돕는 방법'이 250%, 호주에서는 '장애인 고용'이 220% 증가했다. 이러한 변화로 인해 이제

는 업무에서도 전문성과 동시에 공감 능력과 타인에 대한 존중이 더욱 중요한 시대로 접어들었다. 비즈니스를 이끌고 마케팅을 주도하는 사람들은 이 변화를 소비자들의 생각과 요구, 느낌을 더욱 세심하게 파악할 수 있는 계기로 삼을 수 있다.

팬데믹으로 인해 우리는 동료들의 인간적인 모습에 대해 더 깊고 친밀하게 알게 되었다. 앞으로 다가올 미래를 완벽하게 예측할 수는 없지만, 우리에게는 미래를 원하는 형태로 바꿀 수 있는 힘이 있다. 과거에도 어려움 속에서 새로운 제품이나 소비자 경험이 탄생했던 점을 보면 우리에게도 마찬가지로 더 나은 미래를 위한 기반을 마련할 기회가 있다. 변화는 시작되었고, 위기를 기회로 바꾸는 것은 우리의 몫이다.

세계 최고의 프로축구 구단과 럭셔리 뷰티 브랜드와의 협업

공감과 스토리텔링이 가능한 커뮤니티를 선점하라? 명문 프로축구 구단의 팬이며 럭셔리 화장품 소비자라면 모여라! 세계적인 프로축구 구단 맨체스터 유나이티드는 그 자체가 마케팅 플랫폼이기도 하다. 2023년 맨유는 구단 최초로 럭셔리 스킨케어 브랜드와 파트너십을 맺었다. 맨유는 "아름다움의 세계, 스포츠의 세계를 하나로 모으는 캠페인은 피부 재충전의 이점에 대한 역동적인 스토리텔링을 펼칠 것이다"라며 "막대한 팬들을 보유한 맨체스터 유나이티드의 소셜 플랫폼 전반을 통해 팬들의 참여를 이끌 것이다"라고 했다. 맨유는 파트너십 발표와 함께 1군 주요 선수들의 모습이 에스티 로더의 대표 제품 중 하나인 어드밴스드 나이트 리페어 세럼(일명 갈색병)과 결합된 이미지를 공개했다. 여성의 전유물 혹은 여성을 주요 타깃으로 했던 뷰티 브랜드와의 협업을 통해 보이지 않는 장벽을 허물고 전진하겠다는 의지이다.

HP의 해시태그 챌린지

HP의 비전은 어디에 있든 모두의 삶을 더 나은 방향으로 변화시키는 기술을 개발하는 것이며, 지속 가능성을 추구하는 공정한 테크기업을 지향한다. 플라스틱 사용을 줄이고 재사용하는 것을 주요 전략으로 삼아 지금까지 50개 이상의 HP 제품에 해양 폐기 플라스틱을 활용하고 있다. HP는 틱톡 크리에이터들이 브랜드 해시태그 챌린지에 참여하여 서로 소통하고 콘텐츠를 공동 제작하면서 새로운 변화를 만들도록 이끌었다. HP는 다양한 크리에이터 그룹과 협력하여 해시태그 챌린지를 시작했다. 코미디언 '@dreaknowsbest'와 환경 보호 운동가인 '@alisonsadventures'와 같은 크리에이터들은 틱톡 커뮤니티에서 챌린지에 참여하도록 독려하면서 일상생활에서 폐기물을 줄이고 재활용하는 방법을 보여주었다. 영상 콘텐츠는 아주 작은 실천이라도 지구를 지킬 수 있다는 메시지를 전달했다. 이들 중 하나인 드레아(Drea)는 본인의 어머니가 어떻게 냉장고의 플라스틱 용기를 재사용했는지에 대해 재미있게 풀어냈고 앨리슨(Alison)은 회수한 해양 폐기 플라스틱이 비키니 소재로 재탄생하는 과정을 보여주었다.

그 결과 커뮤니티의 공감과 반응을 이끌어내어 해시태그 챌린지로 미국에서만 6800만 명의 잠재 고객에게 도달했고, 해시태그 콘텐츠는 14억 건 넘게 조회되었다. 캠페인 후에도 해시태그 콘텐츠의 조회수는 계속 늘어나 90억 뷰를 돌파했다. 한편 원데이 맥스 광고는 단 하루 만에 3800만 회 이상의 노출과 3600만 뷰 이상의 영상 조회수를 기록했다. 많은 틱톡 크리에이터가 캠페인에 참여했으며 67만 명 이상의 유저가 120만 개 이상의 영상 콘텐츠를 제작하여 새로운 변화를 만들었다. 또한 캠페인 후 브랜드 광고 효과 연구에 따르면 광고 회상율은 5.9%, 브랜드 선호도는 1.9% 상승했다.

참고문헌

구글트렌드 2022년 올해의 트렌드: 세계 https://trends.google.co.kr/trends/yis/2022/GLOBAL/

애피어. “코로나19 극복을 위한 아시아 여러 브랜드의 대응 전략과 성과”. https://www.appier.com/ko-kr/blog/how-brands-in-asia-are-paving-the-way-for-a-post-pandemic-recovery

연합뉴스. 2023.7.14. “맥도날드 ‘진도 대파 버거, 출시 1주만에 50만개 판매’”. https://www.yna.co.kr/view/AKR20230714047700003

조재형 외. 2023. 『공공브랜드란 무엇인가』. 한경사, 205~252쪽.

2부

사회변화와 PR 커뮤니케이션

12. 일본발 무역규제와 불매운동

유 재 웅 (한국위기커뮤니케이션연구소 대표)

사건의 발단

대법원은 2018년 10월 일제 강점기 강제노역 피해자들에 대한 가해 일본기업들의 손해배상 책임을 인정하는 판결을 내렸다. 이 판결 이후 한일관계는 급속히 악화일로를 걸었다. 일본 정부는 1965년에 체결된 한일청구권협정을 근거로 이미 일단락된 사안을 재론하는 것은 부당하다며 한국 대법원의 판결을 받아들일 수 없다고 주장했다. 동시에 소위 전략 물품에 대한 수출규제 정책으로 한국을 압박했다. 이에 맞서 한국 시민사회는 일본산 제품 불매운동을 전개했다. 특정 국가 제품에 대한 불매운동이 일반 소비자들의 호응을 얻어 장기간 지속된 것은 한국사회에서 전례를 찾기 어려운 사례였다.

이 당시 일본에 대한 우리 국민들의 분노를 단적으로 보여주는 여러 해프닝이 있었다. 2019년 7월 28일 민경욱 당시 자유한국당 대변인은 "러시아와 중국이 합작으로 독도를 유린한 게 오전 9시던데 점심때 거북이 횟집에 가서 스시를 드셨다? 세상에 대한민국 대통령 맞으십니까"라며 SNS를 통해 문재인 당시 대통령을 비난했다. 이에 대해 오거돈 당시 부산시장은 "스시와 생선회를 구별 못 하는 어이없는 무지는 미처 예상치 못했다", "무지가 아니라 의도적인 왜곡이라면 이 엄중한 상황 속에 대통령뿐 아니라 부산 시민 모두를 우롱하는 발언"이라고 반박했다. 문 대통령이 7월 24일 부산 해운대구 누리마루 APEC 하우스에서 열린 시·도지사 간담회에 참석한 뒤 인근 횟집에서 오찬을 가진 것을 두고 벌어진 해프닝이었다.

이해찬 당시 더불어민주당 대표도 구설수에 올랐다. 일본 정부가 한국을 화이트 리스트(수출 심사 우대국)에서 배제한 당일인 2019년 8월 2일 이 대표가 일식집에서 오찬을 하며 사케(일본 술)를 마셨는지, 아니면 국산 청주를 마셨는지를 두고도 정치권이 날선 공방을 벌였다. 나경원 당시 자유한국당 원내대표는 페이스북을 통해 "국민을 친일과 반일로 나눴던 이해찬 대표가 일식당으로 달려가 사케를 마셨다고 한다"며 "청와대와 민주당이 연일 반일감정을 부추겨 국민들은 가급적 일본산 맥주조차 찾지 않고 있다. 이 와중에 집권당 대표가 사케를 마셨다는 사실에 헛웃음이 나온다"고 꼬집었다. 민주당은 이에 대해 "이 대표가 주문한 것은 국내산 청주다. 야당의 비난은 국내산 청주를 사케라는 이름으로 파는 일본식 음식점 자영업자들에게 상처를 입히는 경솔한 발언이자, 왜곡된 사실을 확대 재생산하는 악의적 국민 선동"이라고 반박했다. 결국 이 문제는 술의 종류에 대한 진실 게임에서 국가 비상 상황에서 음주하는 것이 적절했는지에 대한 문제로 정리되었지만 당시 우리 사회를 지배했던 일본 제품 불매운동의 단면을 여실히 보여준다.

사건 전개

정치권의 이 같은 공방과 별도로 일본이 한국을 화이트 리스트에서 제외시킨 후 2019년 한국사회는 일본 제품 불매운동이 거세게 불었다. 매장에서 자율적으로 일본산 제품을 철수한다는 차원을 넘어 '일식'이나 '초밥' 등 일본 음식 등으로까지 불매운동의 대상이 크게 넓어졌다. 이러한 사회 분위기를 반영하듯 일본 음식이나 제품을 판매하는 업체나 매장에서는 자신들이 일본을 지지

하지 않는다는 입장과 함께 그간의 활동을 밝히는 일까지 벌어졌다. 일본 라면 전문점 하카타분코는 인스타그램을 통해 "대한민국 대법원의 강제징용 배상 판결을 지지하며 피해자의 동의 없이 설치된 위안부재단의 해산을 지지한다", "이에 대한 보복조치를 시행하고 있는 아베 정부의 무역 제재가 부당하다고 생각한다"라고 밝혔다. 그러면서 "저희는 이로 인해 일어나고 있는 일본 제품 불매운동에 작게나마 도움이 되고자 일본 맥주를 철수시켰으며, 위안부 쉼터인 '나눔의 집'에 정기 기부를 시작했다"라고 알리기도 했다. 이러한 현상을 바라보는 누리꾼들의 의견은 분분했다. 일본 제품 불매운동을 하면 일식집은 당연히 장사 안 되는 거 아니냐는 의견에서부터 대부분 일식당은 국산 식자재를 사용하고 있는데 일식당과 초밥집을 문제 삼는 것은 생존권을 위협하는 처사라는 반론도 제기되었다.

이 같은 당시 사회 분위기 속에서 '유니클로 +J 컬렉션'을 둘러싼 논란은 앞서 사례와 결을 달리하면서 주목을 받았다. 사건의 전말은 이렇다. 일본산 제품 불매운동의 상징처럼 여겨졌던 '유니클로(UNIQLO)'가 2020년 11월 13일 공식 온라인 스토어, 명동 중앙점, 롯데월드몰점, 신사점 등 서울 매장 3곳과 현대백화점 판교점, 대구 신세계점, 부산 삼정타워점 등 지방 매장 3곳에서 '+J(플러스 제이)' 상품 판매를 시작했다. +J 컬렉션은 유니클로가 2009년부터 독일의 유명 디자이너 질 샌더와 함께 매년 출시한 협업 상품이다. 당시 언론 보도에 따르면, 일부 유니클로 매장에는 이 상품을 사려는 사람들로 인해 오전부터 줄서기 행렬이 이어졌다고 한다. 이 행사에서는 유명 디자이너 옷을 10만~20만 원대에 구입할 수 있어서인지, 일부인기 품목은 전 사이즈가 품절되었다.

+J 컬렉션에 대한 일부 소비자들의 반응이 뜨겁자 이를 비판하는 목소리가 등장했다. +J 컬렉션 제품을 구매하는 이들을 겨냥해 '개·돼지'가 아니냐는 식으로 비난하고 나선 것이다. 한 온라인 커뮤니티에서는 '두 발로 걷는 돼지'라는 제목의 사진이 등장했다. 사진에는 유니클로 매장에서 계산하기 위해 줄

선 소비자들의 모습이 담겼다. 글쓴이는 "소설 동물농장이 생각난다"며 "이런 개돼지들과 한 동네 살다니"라며 비판했다. 일본 제품 불매운동을 지속해야 한다고 주장하는 측에서는 일본 제품 불매가 단순한 불매가 아니라 우리나라 역사를 왜곡하는 국가에 대한 항의 표시라며, 이런 상황에서 유니클로 옷을 사려는 행위는 몰상식한 처사라고 본 것이다. 반면에 이 같은 주장에 동의하지 않는 측에서는 불매운동은 강요할 일이 아니며 개인의 소비 생활을 과도하게 침해하는 것이라고 주장한다. 불매운동이 강요되는 순간 순수성을 잃는다는 점도 지적한다.

유니클로 논란과 비슷한 일은 2020년 4월에도 있었다. 닌텐도 스위치 동물의 숲 에디션 구매 응모를 위해 서울 구로구 신도림 테크노마트에 평일 오전부터 긴 행렬이 늘어선 바 있었다. 또 콘솔 게임기 'PS5'는 높은 인기에 일부 품목이 품절되는 상황을 겪기도 했다. 2020년 10월 소니 인터렉티브 엔터테인먼트는 사전 예약에서 물량 부족 사태를 겪은 PS5의 추가 물량을 공급하기도 했다.

이 같은 우여곡절을 겪은 후 윤석열 정부가 출범하면서 한일관계 복원 노력이 지속적으로 추진되었고 수차례 한일 정상회담이 개최되면서 화이트리스트 배제 장애물도 원상회복되었다. 그 결과 2023년 6월 기준으로 일본 맥주 수입액이 450만 달러 선을 회복했다. 2019년 시작된 일본 제품 불매운동 '노(No) 재팬' 이후 4년 만에 최대치다. 엔데믹과 엔저의 영향도 있지만 일본 선호도가 강하게 나타나고 있음을 여러 지표가 보여준다. 일본으로부터 직접 구매하는 직구 수입액도 뚜렷한 증가세를 나타냈다. 통계청에 따르면 2023년 1분기 온라인 쇼핑 일본 상품 직구액은 1202억 원으로 전년도 1분기보다 29.4% 뛰었다. 일본산 스포츠 의류와 운동화 판매량도 급증했다. 일본 여행 수요도 꾸준히 이어지면서 2023년 상반기 일본 노선 이용객이 김포~제주 왕복 노선 이용객을 4년 만에 추월한 것으로 집계됐다. 일본제품을 사용하면 눈총을 줄 정도로 불매운동을 벌였던 한국사회가 불과 4년 만에 이처럼 급변한 것이다.

시사점

일본발 무역규제와 불매운동이 우리에게 남긴 교훈은 무엇일까? 당시 양국 정부가 취한 조치, 그리고 우리 시민사회의 대응이 과연 적절했는지, 개선해야할 점은 없었는지를 차분하게 되돌아보는 것은 우리가 앞으로 유사한 이슈에 직면했을 때 보다 현명하게 대처하기 위해 필수적으로 해야 할 일이다. 이 사안은 여러 관점에서 살펴볼 수 있지만 여기에서는 커뮤니케이션이라는 관점에서 시사점을 찾아보려고 한다.

첫째, 이슈의 원점 관리가 제대로 되었는지 묻지 않을 수 없다. 이슈 대응에 있어 커뮤니케이션이 아무리 중요하다고 해도 문제의 본질이 무엇인가에 따라 접근 전략과 방향은 달라질 수밖에 없다. 일본발 무역규제와 불매운동을 촉발시킨 원인은 일제강점기 강제노역 피해자 배상을 둘러싼 법리적 판단과 정치적·외교적 실익 간의 충돌에서 비롯된 것이다. 우리 대법원의 판결을 일본이 존중하면 몰라도 이를 원천적으로 부인하는 이상, 한일 양국이 법적으로 문제를 풀 여지가 없는 사안이다. 그렇다고 3권 분립의 대원칙이 있는데 한국 정부가 법원에 대 놓고 영향력을 행사할 수 없는 노릇이다. 결국 이 사안은 우리 정부가 어떤 수단과 방법을 사용하던지 간에 정치적·외교적으로 일본 정부를 설득하던지, 아니면 한국 측 피해자를 설득하고 이해를 구하던지 두 가지 중 하나로 풀어갔어야 할 사안이다. 이러한 조치가 사전에 재대로 이루어지지 않고 대법원의 판결이 내려지다 보니 결국 분노한 국민 정서가 폭발해 수년간 소모적인 갈등이 지속된 것이다. 결국 윤석열 정부 들어서 우리 정부가 국내 비판을 감수하면서 선제적으로 일본과의 관계 정상화를 추진해 갈등 해소의 물꼬를 텄지만 당시 정부의 사전 이슈 관리 능력과 자세를 비판하지 않을 수 없다.

둘째, 구심점 없는 불매운동의 한계를 여실히 보여주었다. 커뮤니케이션 관점으로 좁혀보자면 일본산 제품 불매운동의 전개 과정에서 구심점 없는 불매운동이 갖는 여러 문제를 노출시켰다. 명확한 목표 설정, 전략과 전술이 부재했다. 일반 국민의 분노한 정서에 의존해 시민운동이 진행되다 보니 여러 자가당착적인 일이 벌어진 것이다. 한국인이 국산 재료를 갖고 일본식 요리를 판매한다고 해서 이를 일본 제품이라며 불매 분위기로 몰고 가는 것은 엉뚱한 우리 피해자를 만드는 격이 되었다. 당시 가뜩이나 경제가 어렵고 하루하루 버티며 살아가는 음식점들이 많았는데 일본풍 요리를 하거나 상호를 붙였다는 이유만으로 불매 대상에 포함되거나 이들이 소비자의 눈치를 보며 영업을 하게 만든 것은 타깃을 잘못 잡아도 한참 잘못 잡은 것이라고 하지 않을 수 없다. 또한 이 사건은 한국 사회가 소위 애국심에 호소하는 소비자 자민족중심주의(consumer ethnocentrism)를 획일적으로 적용하기 어려운 성숙된 사회가 되었다는 것도 보여준다. 아무리 반일정서가 강해도 한국 소비자가 모두 맹목적이지 않은 것이다. 당시 일본 제품의 상징과 같았던 유니클로의 +J 컬렉션에 대한 소비자 반응이 뜨거웠다는 것은 일본 제품 불매에 대한 사회적 정서에도 불구하고 자신의 취향이나 경제적 이득을 우선시 하는 소비 행태도 공존하고 있다는 것이 다원화된 한국사회라는 것을 잘 보여주었다. 결론적으로 대중적이고 획일적으로 벌이는 시민운동이 어떠한 부작용과 한계를 보일 수 있는지 이 사건으로 극명하게 드러났다. 아울러 이 같은 시민운동이 초래하는 여러 부정적 측면이나 문제점을 지적하고 여론이 바른 방향으로 나아가도록 이끌어주는 우리 사회의 성숙된 미디어나 오피니언 리더가 당시에 부족했다는 점도 아쉬운 일이라 하지 않을 수 없다.

셋째, 이성적 대응이 필요한 사안을 감정적으로 대응해 우리의 허점만 노출했다는 것도 지적하지 않을 수 없다. 이 사안에서 당시 일본 정부가 법적 판단의 결과에 승복할 수 없다면서 경제 제재라는 카드로 한국에 보복하고 나선 것은 누가 보더라도 졸렬한 조치였다. 이에 대해 우리 시민사회가 전개한 불매운동 역시 이성보다 감정적 대응이 앞섰다고 할 수 있다. 요약하자면 '눈에는 눈, 이에는 이'라는 차원의 대응이라고 하겠다. 우리의 당시 대응이 감정적으로는 속 시원할지 몰라도 기본적으로 오래 끌고 갈 수 있는 대응방식이 아니었다. 더욱이 한일 관계는 지정학적으로도 그렇고 정치, 외교, 경제적으로도 복잡하게 얽혀 있어 양국 간의 갈등을 오래 끌고 갈 수 없는 특수한 관계이다. 그렇다면 특정 이슈를 놓고 부딪치더라도 양국관계의 정상화 가능성도 동시에 염두에 두고 대응 전략을 구사했어야 한다. 비단 정부에만 해당되는 일은 아니다. 당시 우리가 감정보다 이성적 대응을 했더라면 일본사회의 뜻있는 국민들과 국제사회는 일본 정부의 졸렬한 처사를 비판하는 동시에 한국 정부와 시민사회의 성숙된 대처에 더 큰 지지를 보냈을 것이다. 동시에 일본 제품 불매운동이 벌어지는 동안에 우리 사회 일각에서 드러난 노이즈(noise)도 없었을 것이다. 최근에 급변한 한일관계와 여러 지표를 보면 국가 간 위기가 발생했을 때 우리가 어떻게 대처해야 하는지에 대해 많은 것을 생각하게 해준다.

넷째, 일본제품 불매운동은 우리 위기관리 능력의 현주소를 보여주는 동시에 앞으로 더 잘할 수 있는 계기를 제공해 주는 긍정적인 측면도 있다. 중요한 것은 지나간 일을 지나간 대로 흘려버리지 않고 우리의 잘잘못을 잘 살펴서 전화위복의 기회로 삼는 것이다. 비단 커뮤니케이션에만 해당되는 것은 아니다. 일본 정부가 한국을 화이트리스트에서 배제하면서 핵심 전략물품의 수입에 차질을 빚을 때 우리 관련 업계가 위기를 기회로 삼아 자체 생산하는 설비를 갖추고 투자를 늘려 경쟁력을 갖춘 사례는 우리에게 많은 시사점을 제공해준다. 우리의 당시 커뮤니케이션 대응이 미흡했다면 그 원인과 문제점, 대안을 잘 살펴서 향후 보완해 나간다면 한국 사회의 위기 커뮤니케이션 능력은 한 단계 더 발돋움하게 되는 것이다.

13. 명성이 기업을 삼킨다

강 함 수 (에스코토스컨설팅 대표)

명성 리스크의 시대

포털사이트를 통해 '남양유업'을 검색하면 연관검색어에 소송, 마약, 불매운동이 연결되어 노출되는 것을 확인할 수 있다. 소송은 2021년 불가리스 발효유 제품이 코로나19 항바이러스 효과가 있다고 자체 연구소 연구결과를 발표해 큰 논란을 야기한 '불가리스 사태'와 관련이 있다. 불가리스가 코로나19 억제 효과가 있는지 연구한 결과, 77.8%를 저감 효과를 보였다고 발표했다. 바이러스가 활동 중인 세포 배지에 불가리스를 넣으면 바이러스의 활동량이 크게 억제된다는 내용이었다. 당일 남양유업의 주가는 8.6% 상승한 38만 원에 거래를 마쳤다. 다음날에도 장중 28.68% 오른 48만 9000원으로 52주 신고가를 기록하기도 했다.

그러나 질병관리청이 이에 대한 근거는 불확실하고 임상을 거치지 않은 것이라는 반박 발표를 하고 의료계에서 세포 단계 실험도 제대로 하지 않은 내용이라 신뢰할 수 없다는 비판이 커지자 이틀 만에 남양유업의 주가는 고점대비 30% 하락했다. 시가총액이 3520억 원 규모에서 2350억 원까지 빠졌다. 하루만에 1170억 원이 증발한 것이다. 그 손실은 개인 투자자에게 전가되었다.

남양유업 측은 해당 사안에 대한 대응은 상황을 인정하기보다 방어적이었다. 해당 발표 자리는 남양유업이 주관한 것이 아니며 코로나19에 대한 예방이나 억제 효과를 이야기한 것이 아니라 항바이러스 가능성에 대한 연구결과 발표였다고 변명했다.

과학적 근거를 무시한 발표를 강행한 이유가 무엇인지를 지적하고 마케팅 수단으로 안일하게 코로나19 상황을 이용한 것이 아니냐는 비난 여론이 커졌다. 비판과 비난 여론이 커지면서 결국 남양유업은 식품표시광고법 위반 협의로 고발되고 공장은 영업정지까지 받게 되었다. 남양유업 측은 결국 해당 사건에 대한 사과 및 입장을 발표하게 되었는데, 기업 브랜드 이미지에 큰 타격을 입은 입장에서 회장은 남양유업 지분 53.08%를 사모펀드 한앤컴퍼니에 매각한다는 주식양수도계약을 체결하고 경영에서 물러나겠다는 내용이었다. 그러나 9월 한앤컴퍼니가 계약 내용을 위반했다고 주장하며 계약 해지를 통보한 후 2023년 8월까지도 소송이 진행되고 있다.

2013년 대리점 갑질 사건[1] 이후 형성된 기업에 대한 부정적인 대중 인식은 실질적으로 회사와 관련이 없는 창업주 외손녀의 마약 사건까지 엮고 '불가리스 사태'로 인해 최악의 상황까지 가게 되었다.

우리가 이 일련의 사건을 두고 살펴봐야 할 것은 이렇게 기업의 존립에까지 악영향을 미친 위험 요인의 내용이다. 재무적 위험도 아니다. 제품 하자와 같은 대규모 리콜이 있지도 않았다. 오히려 남양유업의 품질은 매우 높고 '불가리스 사태'를 야기한 중앙연구소는 낙농업과 관련한 특허를 많이 보유하고 있을 정도다. 그렇다고 어떤 문제로 제품의 품질이 갑자기 떨어지거나 오너를 포함해 임직원의 비행이나 횡령 같은 일도 일어나지 않았다.

---

1) 2013년 당시 본사 영업사원이 지역 대리점이 주문하지도 않은 상품을 강제로 할당하고 이를 판매하도록 강요한 전횡이 드러났다. 특히 이 과정에서 대리점 직원에게 막말을 하는 음성파일까지 공개되면서 시민단체와 소비자들을 중심으로 거센 불매운동이 일어났다.

특정한 사건사고가 발생해 기업 이름이나 위상에 대한 위협 또는 위험을 일반적으로 '명성 리스크'라고 한다. 여러 가지 불미스러운 사건사고는 발생할 수 있다. 문제는 그에 대한 대응과 조치의 수준, 개선의 의지와 실천, 리더십의 책임과 역할, 책임 있는 커뮤니케이션, 이해관계자에 대한 관계 개선 노력 등이 부재해 해당 사건사고와 관련이 없는 공중의 관심이 집중되고 '공분'이 형성되어 비난의 여론이 증폭되는 위기이다.

명성 리스크는 이벤트의 속성이나 피해의 크기와 상관관계가 없다. 즉, 유사한 속성의 사건사고가 발생하더라도 어떤 경우는 확산되고 어떤 경우는 크게 주목을 받지 않고 금방 잊힌다. 사람들이 발생한 사건사고의 내용 그 자체에 주목하는 건 발생한 당일에 그친다. 그 다음은 그 사안에 대해서 어떻게 대응하는가, 어떤 행동을 하는가에 집중하기 때문이다.

투명성의 시대에서 보이지 않는 영역이라고 해서 의도적이고 상습적으로 행한 비윤리적이고 도덕적이지 않은 행위가 '노출'될 때, 명성의 손실은 더욱 크다. 비즈니스 지위를 이용한 '갑질', 직장 내 괴롭힘과 따돌림, 폭행이나 횡령과 같은 조직적 비행 행위, 의도적이고 조직적인 은폐 시도 등은 그 피해의 정도만으로 기업에게 미치는 영향을 판단할 수 없다. 쉽게 측정할 수 없는 결과를 가져오는 경우가 있지만 기업의 수익성과 가치 평가에 악영향을 미칠 수 있다. 해당 리스크 발생 기간 동안 주가는 떨어지고 거래량에 큰 변동이 발생할 수 있다. 어떤 경우는 경영진 교체의 결과를 야기할 수도 있다.

국내 피자 산업에서 1등을 차지했던 미스터피자는 2015년 회장의 경비원 폭행 사건에 이어 150억 원대 횡령-배임으로 구속기소 되면서 실적은 물론 가맹점 수도 빠르게 감소했다. 2020년에는 미스터피자를 운영하는 MP그룹이 사모펀드에 매각되고 새로운 대표이사가 선임되었다(≪데일리안≫, 2020. 10.29).

기업의 최고 경영자의 나쁜 행동, 잘못된 의사결정에 따른 실패 등은 일반 직원의 그것보다 여론의 비판적 관심 및 강도가 높다. 그만큼 명성 리스크의 손실이 크다. 이른바 '오너 리스크'는 단순히 기업 차원의 문제에서 그치지 않고 사회적 문제로 확산된다. 폭행, 음주운전, 마약협의, 가족 문제, 경영권 분쟁에서부터 사회적 감수성을 고려하지 않은 발언, 행동이 알려졌을 때, 그 개별 리스크가 어떻게 확산되고 어떤 결과를 초래할지 누구도 명확하고 확실하게 예측할 수 없지만, 그 위기가 촉진되었을 때는 기업의 경영적 손실뿐 아니라 기업의 존립에까지 영향을 미칠 것이라는 점을 기억해야 한다.

명성 리스크 영향이 커지는 요인

명성 리스크는 기업의 다른 리스크 요인과 연결되어 발생한다. 산업재해는 공장, 공사 현장에서 많이 발생한다. 안전에 대한 조치 수준과 사전 대비의 중요성을 강화해 인명 피해를 줄이기 위해 '중대재해처벌법'도 2022년 1월 27일에 시행되었다. 각 기업마다 산업재해 발생을 억제하기 위해 많은 노력을 하지만, 지속적으로 공장 기계 끼임 사고로 인한 사상자가 생기고 있다.

그런데 2022년 10월 15일에 SPC그룹의 계열사인 SPL 공장에서 발생한 직원의 사망 사건은 SPC그룹에 대한 비난과 비판 여론이 가중되고 사건이 발생한 이후 10일 내내 부정적 기사가 쏟아졌다. 그 어떤 사고보다 사회적 파장이 컸다. 해당 기업의 계열사에 대한 불매운동이 거세게 제기되고 실제 영업 매장의 매출에도 영향을 미쳤다. 무엇이 명성 리스크의 강도를 높였을까? 왜 사람들은 사고에 대해서 더 화를 내고 분노를 표출했을까?

첫째, 명성 리스크의 영향을 크게 하는 요인 중 하나는 이벤트의 상황과 속성이다. 갑자기 발생한 것인지, 처음 일어난 것인지, 회사의 핵심적 서비스나 제품 자체의 문제인지 등이 영향을 미친다. SPL 해당 공장의 사고가 처음 발생한 것이 아니다. 일주일 전에도 비정규직 직원의 손이 20분간 기계에 끼이는 사고가 있었는데, 병원에 데려가지 않고 보건실에 데려간 뒤 '3개월 파견직'이라 알아서 병원을 가라고 했던 것으로 확인되었다.

사고의 내용이 충격적이였다. 제빵공장에서 23세 여직원이 샌드위치 소스 배합기에 앞치마가 빨려 들어가 상반신이 끼여 그 자리에서 숨진 것이다. 해당 기계는 덮개를 열면 기계가 자동으로 멈추는 자동 방호장치가 없던 것으로 밝혀졌다. 이러한 '상황 스토리'를 접하는 사람들은 해당 사고의 내용에 관심을 집중할 수밖에 없다. 어떻게 이런 일이 발생할 수 있을까라는 궁금증은 짜증과 화를 유발하기 마련이다.

두 번째로 살펴볼 명성 리스크 확산 요인은 기업의 대응 정도이다. 명성 리스크를 다루는 기업의 태도 영역이라 하겠다. 의사결정의 참여 정도, 조직과 개인의 대처 수준, 개선 행위의 질, 신뢰에 대한 인식 관리 수준 등이 여기에 해당된다. 대응의 수준이 사람들의 기대치에 다다르지 않을 경우, 여론은 더욱 악화된다. 사건과 관여도가 낮은 사람들이 온라인의 비난과 비평에 참여하면서 기록을 남긴다. 이것이 여론을 형성한다. 해당 부정적인 여론이 더욱 확산되는 이유는 '공분' 때문이다. 나쁜 감정, 격분, 화 다양한 감정이 복합적으로 작동되면서 대중의 관심과 주의를 끌어 올린다. 신속하게 명확한 위기 커뮤니케이션이 실행되지 않을 경우, 기업의 모든 입장과 대응책은 여론에 떠밀려 대응책을 내놓는다는 비판을 면하기 어렵게 된다.

이번 SPL 직원 사망 사고를 대응하는 과정에서 보여준 기업의 조치는 위기를 증폭시키기에 충분했다. 유족 측의 법률대리인에 따르면, 직원의 상반신이 교반기에 짓눌려 시신의 상태가 온전하지 않았다고 한다. 그런 현장에는 40여 명이 넘는 동료들이 함께 근무 중이었고 사고 현장을 목격했다. 그런데 사고 다음날 바로 사고 현장의 작업은 그대로 진행되었다. 사고가 난 기계와 주변만 천으로 가려져 있었다고 한다. 또한 사건 발생 다음날에는 사고에 대한 공식 입장도 없이 SPC그룹의 파리바게트의 해외진출 내용이 담긴 보도자료를 배포하고 해당 내용을 적극적으로 알렸다.

이러한 일련의 행위가 의도한 것이든 그렇지 않든 사람들은 회사가 사고를 대하는 기본적인 태도가 비인간적이며 올바르지 않다고 생각하기에 충분하다. SPC그룹 관련 업체들을 불매하겠다는 의견이 확산되는 것은 오히려 당연할 따름이다.

세 번째는 회사에 대한 누적된 인식의 질도 영향을 미친다. 이 누적된 인식을 '명성'이라고 할 수 있다. '명성'은 긍정적인 무형의 자산을 의미한다. 시장과 공중의 기대에 부응할 수 있는 기업의 능력을 인지하는 반응을 말한다. 그 반응에는 감정적인 것과 이성적인 판단이 통합적으로 작용한다. 따라서 기업 명성이란, 사람들의 주관적인 영역으로 기존의 인식, 가치, 태도, 신념, 경험 등을 통해 형성된 총체적인 인식을 의미한다.

인식적 개념이라는 점을 주목해야 한다. 위기 이벤트가 발생했을 때, 그 기업에 대한 기존 명성이 어떠했는가는 위기에 대한 초기 판단에 영향을 미칠 수밖에 없다. 계열사의 산업재해가 모기업 그룹에게 책임 있는 행동을 요구하고 불매운동을 가하고 며칠 내내 비판적 기사가 쏟아지는 원인 중 하나는 그동안 SPC 그룹이 고객을 포함한 이해관계자와의 신뢰적 관계 형성에 소홀히 했거나 위기가 발생했을 때마다 책임 있고 합리적인 조치를 취하지 않았기 때문이다.

그것이 누적된 인식으로 자리 잡고 있는 상황에서 이번 사고는 해당 사고에만 집중되는 것이 아니라 기업 전반에 대한 책임과 역할을 부정하는 방향으로 비난이 가해졌다고 본다. 공장 현장의 산업안전장치, 기반 마련이 안 될 수밖에 없는 성과주의식 조직문화, 그에 준하는 의사결정 기준, 윤리 기준, 리더십의 역량까지 의심하고 발생한 사고의 근본 원인을 그것에서 찾게 된다.

전략 커뮤니케이션와 PR 관점에서 명성 리스크 대비

이러한 내부 평판 리스크를 완화하기 위해 조직은 공중, 이해관계자와의 신뢰적 관계 형성 관점에서 접근해야 한다. 윤리적 행동에 우선순위를 두고, 명확한 행동 강령을 수립해야 한다. 윤리 및 규정 준수에 대한 정기적인 교육을 제공하고, 긍정적인 직장 문화를 조성하고, 우려 사항을 해결하기 위한 효과적인 커뮤니케이션 채널을 확보해야 한다. 또한 회사의 평판에 영향을 미칠 수 있는 내부 문제에 신속하고 투명하게 대응하기 위해서는 적절한 위기관리 계획과 프로토콜이 필수적이다.

비즈니스 환경, 세대 인식의 변화, 디지털 미디어 기술 발달에 따른 정보 공개 및 투명성 등을 고려해 기업 존속과 명성 리스크 간의 상관관계를 명확하게 인식하는 것은 매우 중요하다.

우선, 조직 내부에 리더 중심으로 명성 리스크에 대한 전반적인 인식 기준을 향상시킨다. 비윤리적이고 부적절한 행동이 알려졌을 때, 단순히 인식적 차원에서 끝나지 않는다는 사실을 강조해야 한다. 여론을 잠재우고 전략적인 법적 대응을 잘 해서 큰 손실 없이 무마할 수 있다는 생각은 이제 지워야 한다. 향후 기업을 이끌어갈 리더들에게 기업의 지속가능성에 악영향을 미칠 수 있다는 연관성을 명확하게 이해할 수 있는 교육 및 인식 제고 프로그램을 제도화해야 한다. 앞으로 대기업을 중심으로 기업의 승계 구도가 3세, 4세로 넘어가는 시대가 되었다. 그동안 자라온 배경과 인격, 사고방식이 있겠지만, 리더로서 본연의 인식적 기준을 재조율하고 사회적 감수성을 높이고 준법의식을 비롯한 상황 맥락을 이해할 수 있는 기회가 조직적으로 마련될 필요가 있다. 리더 스스로도 그런 행동을 하지 않겠지만, 만약이라는 관점에서 본인의 사고방식, 행동 양식에 대한 윤리적 기준을 살펴보고 평상시 조직 내부에서 자유로운 논의가 이루어질 수 있도록 노력해야 한다.

둘째, 만약 그 일이 발생했을 때, 기업은 어떻게 조치해야 하는가에 대한 사전 준비가 필요하다. 이제 법적 기준에 따른 적절한 대응방안만으로는 기업 손실을 최소화하기 어려운 환경임은 분명하다. 명성 리스크를 대응하는 최종 책임은 최종 의사결정권자에게 있다. 분명한 것은 기업에 대한 사회적 압박, 감독기관의 참여, 공급처·거래처 신뢰 훼손, 비즈니스 단절로 이어지지 않기 위해서는 신속하고 분명한 대응 방안이 필요하다는 점이다. 만약 허둥대면서 대응 의사결정은 늦어지고 책임을 회피하거나 축소하는 해명으로 한 번에 마무리할 일을 오히려 위기를 '성숙'시키는 꼴이 되게 하면 안 된다. 기업 신뢰를 지키는 방안이 무엇인지 충분히 살펴야 한다. ESG 경영을 강조하는 시대이다. 기존의 기업 존재 이유가 주주 가치를 극대화하는 것이었다면, 이제는 사회적 가치를 성장시키고 그에 부합하는 역할을 요구하는 시대라는 사실을 기억하자.

마지막으로 이해관계자의 기대, 기업 명성을 평상시 파악하고 이해하는 것이 필요하다. 무형의 자산인 '명성'은 회사, 조직의 것이 아니다. 주어지는 것이다. 그것이 사실과 다른 정보에 의해 형성된 이미지이든, 과잉되거나 왜곡된 생각을 갖고 있던 사람들이 표현하는 그 의견, 감정, 생각을 지속적으로 살펴야 한다. 기업에게 요구하는 기대가 있는지, 수용해서 변화를 주고 개선할 여지는 없는지를 추적하고 모니터링 하는 것은 명성 리스크 관리를 위한 중요한 방안이다.

참고문헌

강함수. 2023.01.16. "위기는 관리하는 것… 문제는 명성이다". ≪이코노미조선≫.

______. 2022.03.01. "중대재해법 피해 갈 '마법'은 없다". ≪한경비즈니스≫.

김양원 PD(열린라디오). 2022.10.29. "'파리바게트 런던1호점'으로 덮어?… SPC 사망사고를 보도한 언론들". YTN.

김정화·홍인기. 2022.10.18. "평택 SPL 제빵공장 사망 사고는 '예고된 인재'". ≪서울신문≫.

나건웅. 2023.7.28. "大法까지 간 남양유업 경영권 분쟁…왜". ≪매경이코노믹≫.

박지혜. 2021.04.14. ""'불가리스' 코로나 예방" 남양유업 주가 급등… 질병청 '난색'". ≪이데일리≫.

박진형. 2021.04.14.,"'불가리스' 논란에 주가 급등락 남양유업… '개미 54억 물렸다'". ≪연합뉴스≫

손덕호. 2022.10.20. "고용부·경찰, 제빵공장 사망 사고 SPL 평택 본사 압수수색". ≪조선BIZ≫.

신다은. 2022.10.28. ""12시간 근무에 빵 10만개" SPL 공장 현장의 증언". ≪한겨레21≫.

안선혜. 2021.10.25. "남양유업은 8년간 위기를 어떻게 재소환했나". ≪더피알≫.

오정민. 2022.10.21.,"'제빵공장 사망사고' 허영인 SPC 회장, 대국민사과… "1000억 투입해 안전강화"". ≪한국경제신문≫.

이시은·김산. 2022.10.19, "동료시신 수습 SPL 직원들, 사고 후 쉬지 못했다". ≪경인일보≫.

Eccles, Robert G., Scott C. Newquist, and Roland Schatz. 2007.2. "Reputation and Its Risks." *Harvard Business Review*.

14. 저출산과 고령화 그리고 세대 간 갈등

장수환 (경남도청 홍보담당관)

저출산 고령화 문제 얼마나 심각한가?

'저출산'과 '고령화'는 분명 다른 명제이지만 늘 함께 거론되는 불가분의 관계이고 어느 순간 하나의 명사처럼 인식되고 있다. 우리는 지구온난화로 대표되는 기후위기, 환경오염, 자원 고갈은 물론 심지어 금융위기라는 사회현상 앞에서는 걱정과 대비, 예방이라는 반응을 비교적 쉽게 보이는 반면 저출산 고령화, 이른바 인구절벽, 지방소멸이라는 위기에는 다소 둔감한 반응을 보이는 게 사실이다. 왜일까? 이 질문에 대한 답은 빤하지만 빤하지 않은 악순환의 고리가 있고 그 고리 속에 우리의 일상이 직접 연결되어 있기 때문에 일부러 인식하려 하지 않는 한 문제라고 여기지 않기 때문이다. 학자금 대출 등 빚으로 시작하는 사회생활, 취업난, 양질의 일자리, 결혼과 주거의 문제, 임신과 출산, 육아, 경력단절과 경제적 빈곤, 부족한 노후대책, 부양할 젊은 세대의 감소 등이 대표적인 사례이고 지금 현재 내가 처한 현실도 직시하기 어려운 상황에서 다음, 그 다음 단계를 생각할 여유가 없다는 데 그 심각성이 있다고 하겠다.

우리나라는 지난 2005년 대통령 직속 저출산고령사회위원회를 출범했을 정도로 이 문제의 심각성을 이미 인지하고 있으며 다양한 연구와 대책을 마련하고 시행 중에 있다.

초저출산의 장기화와 고령화의 가속화로 인한 인구구조 불균형은 국가의 존망을 좌우하는 중대한 의제가 된 것이다. 2002년 합계출산율 1.18명의 초저출산 상황이 된 이후 20년 이상 회복되지 못하고 있다. 2022년 합계출산율은 코로나 팬데믹이 겹치며 0.78명까지 떨어졌다. 기대수명 증가, 베이비붐 세대의 고령층 진입에 따라 2025년 세계에서 가장 빠른 속도로 초고령사회(65세 이상 노인 비중 20% 이상) 진입을 앞두고 있다. 출생아 수 감소는 순차적으로 학령인구, 병역자원, 생산인구, 총인구 감소, 지방소멸로 이어지고, 급속한 고령화는 연금, 의료비, 돌봄비용 등 고령인구 부양비용을 증가시키며 사회보장제도의 지속가능성을 위협할 것으로 전망된다(김영미, 보건복지포럼 2023). 앞서 언급한 악순환의 고리가 더욱 견고해지고 고착화할 가능성이 크다는 것을 시사한다고 할 수 있다. 취업, 결혼, 출산 등을 포기하는 이른바 N포 세대가 늘어나고 있다는 통계와 보도는 이제 이 문제의 심각성을 재난 수준으로 인식하고 대비해야 함을 말해준다.

그렇다면 저출산 고령화는 구체적으로 어떤 문제점을 안고 있는지 살펴볼 필요가 있다.

첫 번째는 인구의 고령화 문제다. 저출산으로 인해 총인구 구성은 급격하게 고령화되고 있다. 2010년 0~14세 인구 구성비가 16.2%, 15~64세 72.9%, 65세 이상 11%에서 2050년 8.9%, 53%, 38.2%로 급격하게 변화되는 것으로 예측되고 있다. 특히 65세 이상 구성비가 2005년 9.1%에 불과하였으나 2050년이 되면 38.2%로 급증하여 인구 10명 중 4명 정도가 65세 이상 노인으로 고령화가 심각한 수준에 이를 전망이다.

두 번째는 노인 부양비용의 증가다. 저출산 고령화에 따라 생산가능인구 감소와 65세 이상 노인인구 비율 증가는 노인 부양 부담을 증가시키는 결과를 초래한다. 2010년 생산가능인구 6.6명이 노인 1명을 부양해야 하지만

2022년에는 4.1명, 2027년에는 3.1명, 2036년에는 2.0명이 부양해야 하는 것으로 예상된다.

세 번째 국민연금 및 사회적 보험의 재정 약화를 들 수 있다. 저출산으로 인한 고령화로 경제활동인구의 감소에 따라 세입 기반은 약화되나 노인 인구의 증가에 따라 연금과 각종 사회보장비의 지출이 늘어난다. 이로 인해 국민연금 재정과 의료비 등 사회보장비의 재정은 악화될 것으로 보인다. 그 외에도 자연적으로 생산인구가 감소하게 된다. 15~64세의 생산가능 인구는 2016년 3619만 명을 정점으로 감소하기 시작했고 노동생산성은 또한 2000년대 1.8%에서 2040년 1.1%로 떨어질 것이며, 취업자 수 증가율은 2006년 0.99%에서 2050년 -1.57%로 감소할 것이다. 또한 잠재 성장률은 2000년대 4.56%에서 2040년 0.74%로 감소할 것이라고 예측하고 있다(충북대학교, 2018).

저출산 고령화 우리는 어떻게 대응할건가?

초저출산 현상 심화는 만혼과 비혼이 증가하면서 아이를 갖는 연령이 높아지고 결혼을 하더라도 출산을 늦추는 경향이 증가한 것으로 보이며 코로나19로 인해 혼인 건수 자체가 줄어든 것도 크게 영향을 미쳤을 것으로 생각된다. 특히 그간 많은 정책이 발표되고 추진됐음에도 일과 육아를 병행하는 어려움과 육아로 인한 경제적 부담으로 일종의 기회비용이 증가한 탓도 있다. 또한 격화되는 경쟁 사회 속에서 결혼, 출산보다 생존을 더 중요하게 인식했을 가능성이 크고 무엇보다 취업 준비기간 장기화, 고용 불안정성, 높은 주거비용 등 부정적인 미래에 대한 전망이 복합적으로 영향을 미친 것으로 생각된다.

하지만 그간 정부 정책은 서비스, 시간, 수당 지원 확대라는 외연적인 부분에 치중한 나머지 제도적, 현실적 사각지대가 발생하고 정책 수혜자의 체감도가 떨어진다는 문제가 있었다. 대표적으로 정책 수요가 높은 임신, 출산, 돌봄 등 아동, 가족 직접 지원이 부족했고 청년세대의 가치관과 인식변화를 깊게 고려하지 못한 부분이 있었다. 따라서 앞으로는 돌봄·교육, 일·육아 병행, 주거, 양육비용 지원, 건강 관련 대책을 우선 추진해서 사각지대, 격차를 최소화해야 한다. 아울러 문화·제도 등 사회구조 개혁을 통한 공동체 가치 회복과 가족·양육 친화적 환경 조성을 위한 전 사회적 참여와 공감대를 확산해 나가야 한다. 정부에서는 촘촘하고 질 높은 돌봄과 교육, 일하는 부모에게 아이와 함께할 시간을 보장, 가족 친화적 주거 서비스, 양육비용 부담 경감, 건강한 아이, 행복한 부모를 정책 목표로 제시한 바 있다.

그렇다면 고령화 문제는 어떨까? 향후 10년 내 25~59세 인구는 320만 명 감소하고 65세 인구는 483명 증가할 것으로 예상된다. 앞서 언급한 대로 초고령화 사회로 진입하면서 청년 세대에게 미래 부담이 가중될 것으로 보여 향후 10년 동안 노인 부양 부담은 2배 증가할 것으로 보인다. 그간 노후 소득보장이나 돌봄 위주로 추진된 정책 탓에 노인의 특성이나 연령에 따른 대책 마련이 부족했던 게 사실이다. 특히 고령화 심화를 고려하지 않고 인구 팽창기에 도입된 제도를 지속적으로 운영하여 재정 건전성·지속가능성에 대한 논란이 끊이지 않았고 인구구조 변화에 따른 사회적 영향에 대한 분석도 부족했다.

향후에는 재가돌봄서비스 확충과 의료-돌봄 자원 연계망을 구축하고 고령친화적 주거환경 조성, 임금체계 개편과 연계한 계속고용제도, 노인 일자리 확대, 신노년층에 맞는 일자리 확충 등이 이루어져야 한다. 또한 돌봄로봇 개발 등 고령친화 기술 연계 사회서비스를 확산하고 무엇보다 근거와 데이터를 기반으로 사회적 합의에 기반한 사회보장제도 개혁과 건강·소득 수준 변화에 따른 사회보장제도 전반의 연령 기준 재점검이 필요한 시점이다(저출산고령사회위원회, 2023).

2023년은 제4차 저출산·고령사회기본계획(2021~2025)의 3차 연도에 해당된다. 제4차 기본계획은 이전 기본계획과는 다르게 출산율이라는 수치 중심의 목표에서 벗어나 개인의 삶의 질 향상, 성평등하고 공정한 사회, 인구변화 대응 사회 혁신이라는 세 가지 목표를 가지고 수립되었다. 이에 따라 개인의 삶의 질 제고에 초점을 두고 모든 국민의 생애 주기에 따른 개별화된 삶의 권리를 보장하는 방식으로 사회구조적 문제에 대한 집중 지원 방안이 추진되고 있다.

정부의 종합적인 인구정책인 저출산·고령사회 기본계획은 그간 네 차례나 수립되었으나 뚜렷한 목표 없이 부처별 관련 사업을 취합하여 만든 백화점식 대책이라는 비판을 받아왔다. 정책의 효과성에 대한 지속적인 검토와 평가가 부족했고 이에 따른 환류 과정도 미흡했다. 이제는 인구변화가 우리에게 미칠 영향에 대해 면밀히 검토하고 체계적으로 대응해야 한다.

우리나라의 출생아 수가 장기적으로 감소하고 고령인구가 절대적·상대적으로 증가할 것이라는 전망에는 별다른 이견이 없겠지만 인구변화의 구체적인 속도와 규모는 정확하게 예측하기 어렵다. 마찬가지로 장래에 인구변화가 가져올 사회경제적 파급효과 역시 가변적이다. 따라서 예상하지 못한 인구·사회·경제 상황이 도래할 때 이에 대해 적시에 효율적으로 대응할 수 있는 유연한 시스템을 갖추는 것이 필요하다. 이를 위해서는 인구구조의 변화 추이와 그 사회경제적 파급효과를 지속적으로 모니터링하고, 이에 따라 정책을 유연하게 조정할 수 있는 정책체계를 마련해야 한다(이소영, 2023).

여기서 국가, 정부는 무엇인가? 생각해 본다. 국가는 기본적으로 구성원들의 안녕과 행복을 보장하고 지키는데 제1 책무가 있다고 할 수 있다. 그 책무를 다하기 위한 여러 요소 중 하나가 바로 듣고 살피는 기능이다. 이를 통해 정책을 개발하고 시행함으로써 체제를 유지하고 발전시켜 나간다. 듣고 살피는 기능은 일방통행이어서는 안 된다. 대상 간 소통과 교류, 합의가 중요하다. PR의 본질과 다르지 않다. 코로나19라는 전대미문의 팬데믹을 겪으면서 우리는 PR의 중요성을 새삼 체감한 바 있다. 정보의 공개, 세밀한 타기팅, 신속하고 빠른 소통을 통해서 가짜뉴스를 최소화하고 대중과의 신뢰를 바탕으로 불안감을 해소하고 발전적인 논의의 장을 만들어낸 것이다. PR의 힘은 단순히 정보를 알리고 퍼뜨리는 데 있지 않다. 현상을 진단하고 여론을 형성하며 해결책 내지는 방향을 제시한다는 데 더 큰 의미가 있다. 따라서 PR의 주체인 정부, 기관, 개인 모두가 바르고 빠른 정보에 대응하면서 합의를 이끌어낼 때 사회는 안정적이고 발전적인 방향으로 성장할 수 있다. 저출산 고령화 문제 또한 어느 한 부분에서의 노력만으로는 해결되지 않을 것이며 단기간 내에 해결되지도 않을 문제라는 점은 인정해야 한다. 다만 어느 부분에 어느 정도의 자원이 투입되어야 하는지? 또 효과는 어땠으며 놓치고 있는 부분은 없었는지 빠르게 진단하고 조치해야 한다. 그 역할 또한 특정한 그룹의 특정한 사람이 한다기보다는 근본적으로 PR을 통한 담론의 공론화, 합의 도출이 있어야 보다 효과적인 정책의 수립과 시행이 가능할 것이다.

세대갈등이 아닌 사회갈등: 이제는 연대해야

최근 여론조사에 따르면 MZ세대 2명 중 1명은 심각한 저출산·고령화로 인한 '세대갈등 증대' 문제를 가장 우려하는 것으로 나타났다. 성별로는 여성의 경우 노후경제 불안을 저출산으로 발생하는 문제에서 비교적 높은 비중으로 선택했으며, 남성은 노동력 부족과 국방력 약화도 주요 문제점으로 인식했다. 또한 저출산·고령화 심화로 발생하는 가장 큰 문제점에 대한 질문에는 '젊은 세대의 고령 인구 부담 등 세대갈등 증대'가 50.3%로 가장 많이 언급됐다(≪문화일보≫, 2023.5.2). 사실 세대갈등은 오래된 문제이고 그 원인은 무척이나 다양하다. 사회문화적 조건과 인식에 따른 가치관의 차이로 세대 간 차이는 발생할 수밖에 없지만 최근 코로나 팬데믹과 급속한 저출산 고령화 사회에 진입하면서 그 양태가 다소 극단으로 치닫는 경향을 보이기도 한다. 이제는 단순한 세대갈등이 아닌 사회갈등이라고 칭해야 할지도 모르겠다. 일반적으로 세대갈등은 세대차이에서 비롯한 갈등이 심화된 개념이라고도 볼 수 있는데 꼭 부정적인 의미만을 내포하지는 않는다. 하지만 여기서 다루는 세대갈등의 기저에는 경제적 갈등 측면이 크다. 앞선 여론조사 결과에서 보듯이

MZ로 대표되는 젊은 세대의 고령 인구 부담, 베이비부머 세대의 노후 불안을 비롯한 취업, 결혼, 육아, 복지, 연금 분야에서 갈등이 노출되고 있다. 이러한 갈등은 다시 고령자와 청년층의 일자리 갈등, 외국인 노동자와의 갈등, 고령화와 돌봄을 둘러싼 가족 간 갈등, 평균수명 연장과 부양에 따른 갈등, 연금문제 등 사회보장제도 갈등, 저출산과 지방소멸에 따른 구성원 간 갈등 등 그 양태도 다양하고 전방위적이어서 차라리 사회갈등이라 부르는 게 마땅해 보인다. 이 문제는 결국 국가적으로 봤을 때 자원배분의 문제라고 볼 수 있으며 일자리, 연금, 사회보장 등 먹고사는 문제에 대한 해결만이 그 대책이 될 수밖에 없는 구조를 가지고 있다고 할 수 있다.

이를 해소하기 위해 정부에서는 저출산·고령사회기본계획을 비롯한 다양한 정책을 개발하고 있다. 하지만 하나의 갈등 상황이 정리되면 또 다른 갈등 상황이 생길 수밖에 없는 시스템상 모두를 만족시키기는 불가능이라 하겠다. 다만 큰 틀에서 주거, 연금, 돌봄 등 굵직한 사안 위주로 우선순위를 정하고 하나씩 개선해 나갈 필요는 분명 있어 보인다. 세대 간 경쟁이 아닌 연령대를 아우르는 취업 지원, 고통을 분담하는 연금체계 개편, 누군가의 취업으로 나의 돌봄 니즈가 해결되는 선순환 구조의 개발 등이 필요하고 무엇보다 공론의 광장에 모여 토론하고 서로를 알아가는 소통의 장을 조성하는 것 또한 중요하다. 과거 그리스의 아고라, 인터넷 커뮤니티가 그랬듯이 거대담론을 펼쳐도 좋고 지엽적인 문제를 촘촘하게 파고들 수 있는 공간이 필요하다. 여기서 PR의 역할이 대두된다. PR은 세대갈등, 사회갈등을 해소하고 연대할 수 있는 계기를 마련해 줘야 할 책임과 의무도 있다고 할 수 있겠다. 대중 개개인의 목소리는 너무나 다양하기도 하지만 널리 전달되기 어렵고 정부나 기관의 입장은 마치 전부가 아닌 일부를 위한 것처럼 보이기 쉽다. 저출산 고령화 그리고 이로 인한 세대갈등이 재난에 준하는 상황임을 인식한다면 PR을 통해 보다 많은 정보와 의견이 보다 많은 객체에게 전달될 수 있어야 하고 그 의견들을 모아서 서로의 접점을 찾을 수 있게 도와주는 것이야말로 진정한 PR의 역할이라 할 수 있다. 언론은 힘의 논리와 진영의 논리로 움직이는 태생적인 한계가 있음을 인정한다면 오히려 PR은 깨어 있는 정신과 쉽게 이합집산 가능한 매체, 토론회, 공청회, 소모임 등을 활용해 사회구성원 간 연대를 이끌어내고 공감대를 형성하는 기능을 할 수 있다는 점에서 그 역할이 더욱 강조된다고 할 수 있다.

이제 저출산 고령화가 세계적인 트렌드이며 거스를 수 없는 현상임을 인정하고 또 하나의 뉴노멀이라 할 시대에 대처하기 위한 슬기로운 소통 방법이 절실히 요구된다고 하겠다.

막대한 예산 그리고 수많은 정책과 논의, 시간이 투입되어 문제해결을 위해 노력하겠지만 보다 근본적인 해결책은 국가와 개인, 개인과 개인 간의 소통을 통한 이해와 배려 속에 최적의 솔루션에 수렴해 가야 할 것이다.

참고문헌

강수진. 2023. 「세대 간 갈등 인식에 영향을 미치는 요인 분석」. 제주대학교 대학원 석사학위 논문.

김영미. 2023.3. ≪보건복지포럼≫, 통권 제 317호, 2쪽.

이소영. 2023.1. ≪보건복지포럼≫, 통권 제 315호, 68~70쪽.

이용권. 2023.5.2. “2명 중 1명 저출산 고령화 세대갈등 우려”. ≪문화일보≫ https://www.munhwa.com/news/view.html?no=2023050201030321080001

저출산고령사회위원회. 2023. “윤석열 정부 저출산고령사회 정책 과제 및 추진방향”.

충북대학교. 2018. 「저출산 문제 근본적인 문제와 해결방법에 대해」. https://www.chungbuk.ac.kr/site/m/boardView.do?post=3158135&page=&boardSeq=115&key=1181(검색일: 2023.8.1.)

15. 탄소중립 시대의 기업 커뮤니케이션

임 수 길 (SK이노베이션 밸류크리에이션센터 부사장)
오 세 진 (SK이노베이션 밸류크리에이션센터 팀장)

탄소가 불러일으킨 지구의 피로도

해마다 여름철이면 익숙한 뉴스가 찾아온다. 기록적인 폭염, 역대급 더위. 사실 이들 단어가 지닌 의미를 떠올려보면 미디어에 등장하는 빈도수에 눈길이 간다. '기록적'과 '역대급'이 어떻게 매해, 그리고 연일, 요새는 여름이 아닌 계절에도 쉼 없이 등장할 수 있다는 말인가. 어쩌면 기후환경의 변화가 우리가 인식하는 것 이상으로 급박하게 돌아가고 있다는 방증이라 얘기할 수 있지 않을까.

2023년 7월 말, 세계 각국의 기상 관련 연구자들의 모임인 세계기상특성(World Weather Attribution: WWA)은 북미와 중국, 유럽 등에서 발생한 폭염이 화석연료 사용에 따른 지구온난화 탓이라는 연구서를 공개했다. 이들은 산업화로 인한 지구 온난화가 발생치 않았더라면 기온이 어떻게 되었을까 계산해 보고 이를 실제 기온과 비교했다. 이 단체의 결론은 지금 시기를 인류에 대한 코드레드라고 명명한 '기후변화에 관한 정부 간 협의체(Intergovernmental Panel on Climate Change: IPCC)'라든가 세계 유수의 여타 연구기관들의 경고와 다르지 않았다. 연구진은 화석연료 태우기를 하루라도 빨리 중단하지 않는다면 훨씬 더 덥고 긴 폭염을 겪게 될 것이라고 단언한다. 이런 폭염이 반복될 경우 어떤 일이 벌어질지에 대해서는 굳이 언급하지 않아도 미루어 짐작해 봄 직하다. 사실 상상하기조차 싫은 일이다. 그러나 생각보다 우리 가까이에 와 있는지도 모르겠다.

이들이 폭염의 원인으로 지적한 화석연료, 즉 탄소 이슈는 전방위적으로 우리의 삶을 위협하고 있다. 폭염만이 아니다. 각종 기상이변, 자연재해의 원인을 따지고 들다 보면 결론은 인류의 탄소 배출 탓으로 귀결되고 만다. 지구가 여기 저기 아픈 신호를 보낸다. 문득 십여 년 전 축구선수 차두리가 광고에서 노래했던 "간 때문이야"라는 카피가 오버랩 된다. "탄소 때문이야 탄소 때문이야 지구가 피로한 건 탄소 때문이야."

탄소중립 시대의 도전과 기업의 응전

지구가 피로한데 지구에서 살아가는 어느 피조물인들 피로하지 않을 리 없다. 이 문제를 푸는 가장 좋은 방법은 지구가 그만 피로하게 만드는 것이다. 그래서 국제사회는 오랜 기간 범지구적 차원에서 환경문제 극복과 지속가능한 발전에 대한 논의를 해왔다. 많은 나라들이 탄소중립을 선언하고 법제화했다. 아마 '기록적인', '역대급'이라는 단어들이 다소 잦아지더라도 이런 경향은 더욱 강화되어 갈 개연성이 높아 보인다. 이런 흐름이 기업의 생존에도 직결될 수밖에 없음은 당연한 수순이다. 조금 더 극단적으로 비유한다면 탄소중립이라는 변화에 동참할 것인가 아니면 사라질 것인가 요구하고 있다. 새로운 시대는 새로운 룰을 필요로 하기 마련이고 그 룰은 규제라는 형식으로 태어난다. 기업에 규제는 가장 큰 리스크다. 기후변화 관련 규제들은 인류의 생존이라는 거대한 명분을 가지고 힘을 얻어갈 것이다. 이미 그린혁명의 거대한 물결 속에서 탄소국경조정제도(CBAM), 인플레이션 감축법(IRA), RE100 등 새로운 제도들이 거센 임팩트를 낳으며 성큼 다가오고 있다. 산업혁명 이후 철저하게 화석연료 기반의 성장이라는 공식에 중독되어 온 전 세계 대부분 기업들로서는 이제 기존의 문법을 해체하고 새로운 길에 나서야 하는 기로에 서 있다. 문제는 임시방편적인 대증 요법으로는 새로운 규제에 올바로 대응해 나갈 수 없다는 것이다. 지금까지의 관성을 철저히 깨뜨리는, 말 그대로 환골탈태하는 변화가 필요하다.

피로한 지구는 탄소중립이라는 치료법을 요구하고 있다. 이 치료법은 하면 좋지만 하지 않아도 되는 영양주사 같은 게 아니라 생존하기 위해 반드시 시행해야만 하는 처방이다. 이 처방에 있어 기업은 굉장히 중요한 한 축을 형성한다. 기업이라는 유기체는 그 동안 숱한 도전과 응전을 반복해 오면서 지속 성장을 도모해 왔다. 변화에 민감하며 변화에 뒤처지지 않고 아예 그것을 넘어 변화를 주도하려는 것이 기업들의 DNA다. 따라서 이러한 처방전을 받아든 기업들이야 말로 누구보다 변화를 심각하게 인식하고 있음은 분명해 보인다. 기업들이 외치는 탄소중립, 넷제로, 그린경영 등이 지금의 트렌드에 맞춰 만들어낸 보여주기식 슬로건이 아니라 그들의 위기의식과 걸어가야만 할 방향성을 담고 있다는 진정성에 보다 고개가 끄덕여지는 이유다.

탄소중립과 함께 가장 많이 등장한 시대의 화두가 ESG다. 모두가 다 아는 용어인 만큼, 여기서는 그 의미를 설명하지 않아도 될 만큼 흔한 용어다. 탄소중립을 포괄하는 좀 더 큰 의미의 개념이다. 다만, 기업별로 실행에서 차이가 있을 뿐이다. SK는 ESG에 사활을 걸었다고 해도 과언이 아니다. 하루에도 수십 번, 많게는 수백 번도 더 많이 쓴다. 왜냐면 SK에서 ESG는 화두가 아니라, 생존의 문제이고, 성장의 문제이기 때문이다. 특히 이해관계자들이 SK가 ESG를 실제 경영에 어떻게 실행하고 있고, 어떤 성과를 만들어내고 있는지를 요구하고 있다. 그만큼 소통이 중요하고, 소통 없는 ESG에 대해서는 그 진정성이나 실효성을 의심 받을 수밖에 없다. SK의 사례를 굳이 언급한 것은 탄소중립, Green, ESG에서 가장 중요한 것이 '실체가 있는 진정성을 기반을 한 소통'이라는 점을 강조하기 위해서다.

그린워싱을 감시하는 눈들

문제는 나의 이야기를 누군가가 믿어줘야 한다는 점이고, 잘못된 본능의 하나인(나의 진정성을 알아주겠지라며) 소통을 먼저 앞세우려 한다는 점이다. 가뜩이나 기업의 이야기를 제대로 전달하는 데는 많은 노력이 수반된다. 그런데 그동안 이윤추구를 위해 행동해 온 기업들이 친환경, 탄소중립을 하겠다고 하니 이 브랜드 스토리를 어떻게 전달해야 믿어줄지 난감해져만 간다. 기업 커뮤니케이션의 고민이 깊어지는 지점이다. 내가 아무리 나는 이런 사람이라고 얘기하고 실제로도 그러한데 사람들에게 비치는 이미지가 전혀 아니라면 둘 중의 하나다. 나의 본질을 더 바꾸어내든지 아니면 사람들에게 전달하는 방식을 변경하든지. 우리는 그것을 기업 커뮤니케이션의 기능이라고 부른다. 내부의 아이덴티티와 외부로 비쳐지는 이미지 간의 갭을 줄여 합치시켜 나가는 것, 실체를 사람들의 인식으로 받아들여지게 하는 것. 탄소중립 전환시대에 기업 커뮤니케이션 기능이 최일선에서 다시 뛰어야 하는 이유다.

2022년 5월의 마지막 날 외신을 타고 전해진 소식이 떠오른다. 2022년 5월의 마지막 날, 독일 프랑크푸르트에 위치한 독일 최대 투자은행 도이체방크와 산하 자산운용회사인 DWS 본사에 50여 명의 검찰 직원들이 들이닥쳐 압수수색을 감행했다. 혐의는 DWS가 펀드를 운영함에 있어 판매 계획서에 기재된 것과는 달리 ESG 관련 요소를 충분히 반영하지 않았다는 것이었다. ESG 투자가 과장되어 홍보되었다는 것, 일종의 그린워싱(Green Washing)이라는 해석인 것이다. 2018년 말부터 DWS를 이끌어온 아소카 뵈르만(Asoka Wöhrmann) 대표는 6월 10일부로 사임을 발표했고 주가는 곤두박질쳤다.

그보다 앞선 5월 25일에는 미국 증권거래위원회(SEC)가 금융업계에서 그린워싱을 근절하기 위한 계획을 발표했다. ESG 지정 펀드의 경우 최소한 자산의 80% 이상을 해당 전략에 부합하는 방식으로 투자한다는 기존 규정의 확대 방침과 해당 펀드가 투자 시에 ESG를 어떤 식으로 고려하는지 연간 보고서와 마케팅 자료에 부가적으로 명시하고 특히 온실가스 관련 펀드에 대한 내용을 밝히도록 하는 것이었다. 그동안 ESG 원칙에 맞게 충실히 자산을 운용하겠다는 내용으로 마케팅하면서 수십억 달러를 끌어 모아온 펀드들을 대상으로 하는 계획으로 언론이나 업계에서는 전에 없이 강력한 계획이라고 평가했다.

당시 이 계획에 대해 게리 겐슬러(Gary Gensler) SEC 회장은 그야말로 '광고의 진실(Truth in advertising)'에 대한 모든 게 될 것이라고 말했다. 광고의 진실. ESG라는 그럴 듯한 말로 고객을 현혹시키지 말라는 경고였다.

실제로 이러한 사례를 일일이 나열하기 힘들 정도가 되어가고 있다. HSBC는 영국 런던과 브리스톨의 버스 정류장에 놓인 HSBC의 광고가 문제가 되었는데 넷제로 실현을 위한 파이낸싱과 나무심기를 통해 CO_2 감축활동을 벌이고 있다는 버스 정류장 광고판을 설치했다가 곤욕을 치렀다. 영국의 광고 감시 기관인 광고표준국(ASA, Advertising Standards Authority)은 HSBC의 연차보고서에 2040년까지 석탄 채굴 자금을 계속 지원하겠다는 내용이 담겨 있는 것을 문제 삼고 나섰다. 기후위기를 가속화하는 경영활동을 벌이면서 단면적인 정보만 가지고 광고를 만들어 소비자를 호도하고 있다는 주장이었다. 물론 HSBC는 광고는 광고일 뿐 소비자들이 그런 광고를 일종의 그린 인증서로 받아들일 여지는 없다는 반론을 펼쳐야만 했다.

이 외에도 뉴욕 시의회는 미국 내 메이저 석유기업 및 석유협회가 기후 영향은 공개하지 않으면서 브랜드 주유소에서 판매하는 연료를 '청정' 및 '배출 감소'로 묘사함으로써 대중을 오도하고 있다고 주장하며 소를 제기하기도 했다.

탄소 이슈가 지구적 어젠다가 되면서 시민단체뿐만 아니라 정부의 감독/규제기관, 사법기관, 언론, 투자자 등 기업들의 진정성을 들여다보려는 이해관계자들의 폭은 더 넓어지고 잣대는 엄격해지고 있다. 좋은 얘기를 하려다가 도리어 역풍을 맞게 될 리스크도 높아진 형국이다.

기업들로서는 볼멘소리가 나올 법도 하다. 자신들이 강조하는 이념이나 가치는 미래를 향한 것이기에 당장의 현실과 일부 괴리감을 가질 수 있을 뿐더러, 기업들이 자사의 좋은 이미지 구현을 위해 특정 부분을 부각해 광고 아이템으로 활용하는 건 상당히 오랜 기간 동안 용인되어 오기도 했기 때문이다. 하지만 세상은 점점 더 진실을 요구한다. 지금은 인류 역사상 그 어느 때보다 스마트한 이해관계자들이 가장 다양하고 신속한 커뮤니케이션 도구들을 가지고 있다. 미사여구로 사람들의 이목을 끌 수 있었던 시대가 있었다. 이제 그런 메시지는 그들로 하여금 본질을 파헤쳐보고자 하는 탐구욕구만 자극할 뿐이다. 솔직할수록, 감추는 게 없을수록 신뢰라는 자산은 더 신속하게 불어난다. 그러기 위해서는 나의 이야기를 청자의 입장에서 의심해 보고 이를 다시 확인해 보는 팩트 체크의 중요성은 더욱 커질 수밖에 없다.

실질적 규제로 작용하는 그린워싱

우리나라도 이런 흐름이 강화되고 있는 분위기다. 환경부와 공정거래위원회가 기업이 벌이는 광고, 홍보활동에 대한 그린워싱 규제 범위를 확대하고 심사 및 위반 기준 제·개정에 나섰다. 저탄소 경제구조로 전환되고 친환경 제품에 대한 소비자의 관심이 늘어나면서, 보다 공정하고 객관적인 정보가 제공되어야만 한다는 차원이다. 이제 친환경 기업, 넷제로 상품, 그린에너지 등 무심코 사용하는 문구와 표현에 근거가 없을 경우 위법한 행위가 될 수 있다. 환경부가 대한민국 국회에 제출한 자료에 따르면 국내 환경 관련 부당 표시광고 적발 건수가 2021년 272건에서 2022년 4558건으로 무려 17배 증가했다.

그렇다면 어떤 행위들이 구체적으로 진정성을 의심받게 만들거나 오히려 브랜드 자산을 잃게 하는가 살펴볼 일이다. 그린워싱 유형을 나누는 기준은 저마다 다를 수 있다. 그중에 대표적으로 많이 소개되는 것이 지금은 미국의 UL솔루션이라는 회사에 인수된 캐나다의 환경컨설팅기업 테라초이스가 정의했던 '그린워싱의 죄악(Sins of Greenwashing) 일곱 개 유형'이다. 탄소저감 효과는 있지만 다른 환경을 훼손하는 '상충 효과 감추기', 환경성을 개선한 근거가 충분치 않은 '증거불충분', 정확한 설명 없이 선언만 하는 '애매모호', 원래 들어가지 않는 원료를 무함유되었다고 주장하는 '무관련성', 사실이 아닌 내용을 홍보하는 '거짓말', 환경에 해로운 상품에 친환경 관련 요소 하나를 더한 걸 친환경이라 선전하는 '유해 상품 정당화', 환경 공인 마크와 유사한 것을 붙여 눈속임하는 '허위 라벨 부착'이 그것이다.

또 다른 예로 EU 집행위원회가 발표한 EU 소비자 규칙 개정안에는 제3자 인증기관이나 공적 기관의 인증이 없는 지속가능성 라벨의 사용이 금지되는 내용이 포함되어 있다. 제품의 친환경성을 입증하지 못하면 '에코프렌들리(eco-friendly)', '그린(green)', '에코(eco)' 등 친환경 표시 문구 사용을 아예 금지하는 것이다.

내가 하는 말 한 마디, 기업의 커뮤니케이션 메시지가 혹시라도 이런 범주에 해당하지 않는지 계속해서 되물어볼 일이다. 그린경영을 향한 아이덴티티와 브랜드 스토리는 이러한 전방위적 감시와 의심의 눈초리를 이겨내야 이해관계자들이 받아들이는 이미지로 피어날 수 있다.

원칙에 충실해야 할 기업 커뮤니케이션

앞서 언급한 대로 기업 커뮤니케이션의 기본은 기업의 실체와 외부의 인식을 일치시켜 나가는 작업이다. 기본적으로 나의 얘기를 함에 있어 왜곡과 과잉 없이 팩트를 상대방의 감성과 언어로 전달해 내는 것이 기업 커뮤니케이션이 담고 있어야 할 전문성이다. 그런데 기업들이 친환경을 추구한다거나 친환경으로 바뀌고 있음을 알리는 것보다 선행되어야 할 것은 실제로 그렇게 되려고 하고 되는 것이다. 그런 방향성과 이념을 경영철학으로 삼고 그렇게 사업 구조를 바꿔 나가는 실체를 만드는 것에서 커뮤니케이션이 출발해야 한다. 자신의 목소리를 이해관계자에게 전달하는 것에 그치는 아니라 이해관계자들의 기대감과 이야기들을 받아들이고 전달해 그것이 기업의 행위에 영향을 줄 수 있도록 해야 한다. 그것이 양방향 커뮤니케이션의 올바른 모델이며 탄소중립 전환기에서 반드시 필요한 역할이다.

기술이 발전하고 소비자들의 의식 수준이 높아지면서 기업의 허언은 금세 들통이 나게 마련이다. 이는 기업의 지속가능성을 훼손하는 심각한 리스크로 전이될 수 있음은 불문가지다. 기업의 지속가능성을 위해 ESG 경영을 한다는 기업이 오히려 잘못된 기업 커뮤니케이션 방식으로 그린워싱 논란에 휩싸여 지속가능성의 역주행을 하게 되는 결과를 초래할 수도 있다. 기업 커뮤니케이션의 기능은 따라서 기업의 가치사슬 모든 영역에 걸쳐 있어야 한다.

사람들은 신뢰를 주는 기업을 선택하기 마련이다. 기업의 신뢰는 진정성을 기반으로 한 객관적인 사실이 있을 때 형성된다. 기업의 메시지는 그것에 기초해야 한다. 이런 프로세스는 결국 기업 커뮤니케이션의 기본 원칙이다. 원칙을 지키는 일, 그것이 탄소중립시대라는 전환기의 길목에서 기업 커뮤니케이션 기능이 고수해야 할 일이다. 탄소중립 시대, ESG 시대의 전제는 이해관계자와의 소통이다. 즉, 기업의 1번 경영활동에 소통을 담당하는 CCO(Chief Communication Officer)의 인사이트가 반영되어야 한다. 과거 PR시대, 즉 속칭 "피할 건 피하고 알릴 건 알린다"는 시대의 PR은 경영활동의 마지막에 존재해 왔었다. 이제 모든 것이 바뀐 지금, 커뮤니케이션은 기업경영의 프로세스의 1번 역할을 해야 한다. 그래야 '실체가 있는 진성성을 기반으로 한 소통'이 가능하기 때문이다. 물론 탄소중립, ESG 경영에 대한 이슈가 생기면 그래서 그 책임도 커뮤니케이션에 있음을 잊어서는 안 될 것이다.

참고문헌

미 증권거래위원회 홈페이지. Statement (https://www.sec.gov/news/statement/gensler-statement-esg-disclosures-proposal-052522)

세계기상특성 홈페이지. Heatwave (https://www.worldweatherattribution.org/extreme-heat-in-north-america-europe-and-china-in-july-2023-made-much-more-likely-by-climate-change/)
이준희·신지현·전형석·김소리·조선희·성진영. 2023. 『ESG 생존경영』. 중앙books.
최인아. 2023. 『내가 가진 것을 세상이 원하게 하라』. 해냄.
홍성태. 2022. 『브랜드로 남는다는 것』. 북스톤.
Alexander Vladkov. 2022. 5.31. "German police raid DWS and Deutsche Bank over greenwashing allegations". *Financial Times* (검색일: 2023년 8월 5일)
Kalyeena Makortoff. 2022.10.19 "Watchdog bans HSBC climate ads in fresh blow to bank's green credentials." *The Guardian* (검색일: 2023년 8월 5일)
UL Solutions Homepage. Insight(https://www.ul.com/insights/sins-greenwashing)

16. 유한킴벌리 ESG 경영과 PR 역할, 시너지

전 양 숙 (유한킴벌리 이사, ESG 및 커뮤니케이션 본부장)

2020년 세계 최대 규모의 자산운용사인 블랙록의 래리 핑크 회장이 최고경영자들에게 보낸 연례 서한[1]은 기업과 자본시장의 변화를 알리는 신호탄이었다. 그는 연례 서한에서 앞으로 기후변화가 금융 시장에 불확실성에 초래하는 '장기 투자 리스크'임을 분명히 하고, 지속가능성을 모든 투자 방식의 중심에 둘 것이며, 지속가능성을 높이기 위한 기업 활동의 공개(Disclosure)가 기업 평가에 중요한 역할을 한다는 것은 재강조했다. 이는 1987년 UN환경계획(UNEP)의 브룬트란트 보고서에서 처음 제시했던 지속가능한 발전(Sustainable development) 이후 논의된 지속가능 경영과 동일 선상이라 볼 수 있지만, 금융시장이 투자자의 관점에서 지속가능성을 평가하고 의결권 행사 등 본격적인 행동을 시작했다는 점에서 이전과는 큰 차이가 있다. 기업 경영활동에 있어, 비재무적 위험과 가치 평가를 포함한 비즈니스 전략과 성과가 필수가 되고, 지속가능성에 대한 투명성이 곧 기업의 자본 조달 역량과 직결되는 시대가 도래한 것이다.

---

1) 블랙록 연례 서한 출처: https://www.blackrock.com/corporate/investor-relations/2020-larry-fink-ceo-letter

전환의 키워드, ESG

코로나와 맞물려 폭염, 폭우, 대형 산불 등 생명에 위협이 되는 전례 없는 전지구적 현상은 매일 매일 언론과 개인 SNS를 통해 실시간으로 공유되기 시작했다. 불확실성을 견디다 못한 인류가 기후위기와 사회적 위기를 진짜 걱정하며 국가와 기업들의 행동을 촉구하기 시작한 것이다.

지난 3년동안 각국 정부는 국가 온실가스 감축목표(NDC)를, 기업들은 넷제로(Net-Zero) 목표를 선언하고 구체적인 이행계획들을 수립하느라 바쁜 시간을 보냈다. 인권 문제와 온실가스 감축은 기업 내부뿐 아니라 공급망 전체로 범위를 넓혀 관리하도록 요구하고 있으며, EU 탄소국경세 등 온실가스 감축을 위한 규제 속도는 숨가쁠 정도로 빠르게 진행되었다. 한국은 자산총액 2조 원 이상인 상장법인 이사회의 이사 전원을 특정 성(性)의 이사로 구성하지 못하도록 법제화했으며, 다양성·형평성·포용성(DEI: Diversity, Equity, Inclusion)은 기업의 인사 전략에 중요한 기준이 되고 있다. 자산운용사나 증권투자기업들은 ESG 평가를 바탕으로 ESG 펀드를 확대했고, 상장사의 지속가능성 보고서 발간은 의무화되었다.

이런 모든 변화의 핵심에는 ESG가 있다. ESG는 환경(Environmental), 사회(Social), 지배구조(Governance)의 약자로, 좁은 의미로 보면 투자의사결정 및 장기적인 재무적 가치에 영향을 미칠 수 있는 중요한 비재무적인 요인을 의미한다. 확대 해석하면, 기업이 환경과 사회를 고려한 의사결정을 하고 있는지를 점검하도록 하는 사회적 압력 전체로 이해할 수 있다. 이를 혹자는 주주 자본주의에서 이해관계자 자본주의로의 전환으로 설명하기도 한다.

기존의 사회책임경영이 기업의 자발적 노력과 지역사회에 미치는 영향(outward)에 포커스를 두었다면, 금융 기관의 ESG 평가는 투자자의 관점에서 사회 환경의 변화가 기업에 미치는 영향(Inward)을 분석, 관리하여 기업 가치를 올리는 것을 보다 중점적으로 요구한다는 점에서 결정적으로 차이가 있다. 그리고 이해관계자, 특히 투자자들을 위해 ESG 관련 공시를 투명하게 해야 할 뿐 아니라, 지속가능 경영 보고서 발간이 의무화되어 ESG 정보 공개가 필수가 되었다.

유한킴벌리와 지속가능 경영

ESG에 대한 한국 사회에 관심이 높아지면서, 최근 유한킴벌리의 지속가능 경영에 대한 관심도 다시 높아지고 있다. 지속가능 경영이 알려지기 이전부터 ESG 경영을 행동으로 실천한 한국 1세대 기업이라는 평가는 1984년부터 숲환경 공익캠페인 '우리강산 푸르게 푸르게'를 시작한 기업이라는 점에서 시작된다. 본 캠페인이 ESG 평가와 직접적인 연결이 없음에도 불구하고, 유한킴벌리가 경영활동에서 비재무적 접근을 일찍부터 해온 기업이라는 점과 40년 전부터 숲환경 활동을 해온 축적 효과가 기후위기 시대 대응에 유용한 길라잡이가 될 것이라는 가정 때문이다.

유한킴벌리는 유한양행과 킴벌리클라크의 합작사로 1970년 설립되었다. 기저귀, 생리대, 미용티슈 등을 생활필수품으로 정착시키며 우리 사회의 건강과 위생 문화 발전을 왔으며, 생활용품 대표기업으로 성장해 왔다. 가정용품사업, 유아·시니어용품사업, 여성용품사업, B2B사업 등 주요 사업에서 모두 시장을 선도하고 있으며, 지속적인 혁신 설비 투자를 통한 비즈니스 경쟁력을 강화하고 있다.

특히 지속가능 경영의 관점에서 살펴보면, 유한킴벌리는 지속가능성이 비즈니스 화두로 떠오르기 훨씬 이전인 설립 초기부터 이를 핵심 가치로 삼고 사업 운영에 적용해 왔다는 것을 확인할 수 있다. 창립 이후 투명한 지배구조를 바탕으로 윤리 경영과 투명 경영을 실천해 왔으며, 1984년부터 숲환경보호를 위한 공익캠페인 '우리강산 푸르게 푸르게'를 시작했고, 1990년대 환경경영과 평생학습을, 2000년대는 가족친화 경영을, 2010년대에는 스마트워크

경영을 도입했다. 40년 전부터 환경과 지역사회에 기여하기 위한 활동을 시작했고, 과로가 심각한 시대에 지식경영을 위한 평생학습을 제안·도입하고, 저출산이 사회적 문제로 인식되며 해답을 찾을 때 가족친화적 기업문화의 해법을 제안하기도 했다. 한국 사회가 안고 있는 사회적 과제를 적극적으로 고민하고, 기업이 할 수 있는 일들을 찾아 한발 앞서 기업 내부에서부터 실천하고자 노력해 온 활동들이다.

또한 제품 브랜드 차원에서도 매년 경제적 취약계층 대상 생리대 100만 패드 기부, 발달장애 아동을 위한 '처음생리팬티' 제공, 이른둥이용 초소형 기저귀와 마스크 기부 등을 통해 소외계층을 배려하는 사회책임 실천에도 노력을 기울이고 있다. 제품 브랜드들 역시 소비자들이 겪고 있는 사회적 문제들을 브랜드 차원에서 기여할 수 있는 것이 무엇인지 고민하면서, 특히 타깃 고객의 보편적 건강권에 대한 고민을 바탕으로 꾸준히 활동을 이어가고 있다는 점에서 의미가 있다.

커뮤니케이션과 기업 명성

유한킴벌리의 우리강산 푸르게 푸르게는 일반 대중에게 비교적 익숙하다. 약 75%의 국민이 인지하는 캠페인[2)]이 된 배경에는 숲의 의미와 중요성을 알리기 위해 캠페인 광고를 지속해 온 효과도 있지만, 39년 동안 매년 시민 참여 프로그램을 지속해 온 것도 큰 역할을 했다. 봄이면 신혼부부 나무심기를, 여름이면 여고생 그린캠프를 해오면서 시민들에게 숲환경캠페인의 직접적인 참여를 독려해 왔다. 5500만 그루를 심고 가꿔온 노력은 일반인의 접근이 어려운 국유림에서 진행되어 공개와 접근이 어렵기 때문에, 숲의 가치와 중요성을 경험하게 하기 위해서는 시민참여형 프로그램을 기획해 지속하는 것은 중

2) 기업브랜드 인식 조사, 2022, 엠브레인 리서치, n=1000

요했다. 이해관계자의 참여와 소통을 유도하는 프로그램은 우리강산 푸르게 푸르게뿐 아니라 이후 진행되는 사회공헌 프로그램에도 적용되었다. 그 과정에서 일방성이 아닌, 참여의 경험을 통해 시민과 함께 고민하는 것이 보다 큰 사회적 임팩트를 가져올 수 있다는 것을 배웠다.

이를 커뮤니케이션 미디어 관점으로 보면, 페이드 미디어(paid media)와 온드 미디어(owned media)뿐 아니라 언드 미디어(earned media) 확보할 수 있는 기반이 되었다. 언드 미디어의 확보는 프로그램에 대한 신뢰를 높이고, 시민 참여를 유도하는 데에도 큰 역할을 했다. 예를 들어 신혼부부 나무심기의 경우, 식목일 즈음한 행사이므로 매년 반복적으로 언론 미디어의 참여가 용이했고, 모집 과정에서는 참여희망자들이, 참여 후에는 참가자들의 자발적으로 경험을 공유해 왔다.

지구환경과 지역사회를 돕는 것은 누구에게나 기여하고 싶은 일이다. 이처럼 공감할 수밖에 없는 공공성을 목적으로 성실하게 실천할 때, 참여와 경험은 자발적인 바이럴로 이어질 수밖에 없다. 언론이 콘텐츠의 가치를 평가해 다양하게 조명해 왔고, 39년의 누적된 보도와 시민들의 공유한 경험은 그 자체로 임팩트를 가지며 기업이미지와 명성에 기여해 왔다. 이해관계자 커뮤니케이션 그 자체가 기업 명성에 도움이 되는 과정이었다.

제1의 원칙, 투명한 공개

이처럼 유한킴벌리의 성공사례들은 이해관계자 커뮤니케이션 관점에서 볼 때 특히 강점이 있다. 기본적으로 사원과의 소통이 투명한 기업문화를 가지고 있으며, 경영정보를 가장 먼저 사원과 소통해 온 문화는 오랜 역사를 가진다. 이를 바탕으로 지속가능 경영 성과를 이해관계자들에게 투명하게 공개해 오고 있다. 한국을 포함 유럽, 미국 등은 2030년까지 모든 상장사의 지속가능 경영 보고서 발행을 의무화했다. 각 기업들은 투자 시장 요구에 따라 ESG 관련 정보 공개의 수준을 높이기 위해 서두르고 있다. 다행스럽게도 유한킴벌리는 18년 전인 2006년부터 지속가능성 보고서를 공개해 왔고, ESG 정보 공개가 가진 의미를 이미 경험한 바 있다.

이해관계자에 회사의 정보를 공개한다는 것은 단순히 자신감의 문제가 아니다. ESG 정보 공개는 경제, 사회, 환경의 관점에서 위험과 기회에 대해 분석하고, 이를 대응하는 기업의 지배구조 전략과 정책, 프로세스, 목표와 실행 성과를 이해관계자에 보고하는 과정이다. 보고 과정 자체가 지속가능 경영의 현황을 점검하고 개선해 가고자 하는 약속이며 책임인 것이다. 처음에는 정보 공개 수위에 대한 저항이 있었고, 공개의 필요성을 느끼지 못한 경우도 많았다. 그러나 그 당시 CEO는 투명한 공개가 윤리경영의 시작이며, 이해관계자 커뮤니케이션의 출발이라고 강조하며 더 많은 정보 공개를 독려했다. ESG 평가 기준에 따라 자사의 성과를 평가하고 내부 이해관계자의 이해와 경험을 축적해 온 과정은 급변하는 ESG 요구에도 차분히 대응할 수 있는 유한킴벌리의 경쟁력이 되었다. 한발 빠른 준비가 앞선 경쟁력이 된 셈이다.

ESG 실천과 공개, 그리고 PR의 시너지

시대 어젠다와 맞닿아 있는 기업의 실천은 늘 사회적 관심을 받는다. 유한킴벌리의 시도들, 즉 사회와 함께 겪고 있는 문제를 해결하기 위해 기업 내부에서 도입하고 노력한 제도나 활동들은 감사하게도 언론의 주목을 받았다. 생산직 교대제도와 평생학습, 유연한 근무제도, 가족친화적 기업 문화, 우리강산 푸르게 푸르게 숲조성 노력, 스마트워크 등 실천 노력들은 언론을 통해 알려지고, 회자되면서 사회의 기대가 되어 다시 유한킴벌리에 요구되어 왔다.

실천을 통해 쌓아온 경험은 사회에 전하는 메시지가 강하다. 그것이 성공이든 실패이든 상관없이, 해결해 가고자 하는 노력 그 자체가 다른 기업이나 주체들에게 자극이 되고, 통찰의 기회가 될 수 있기 때문이다. 사례를 공개하는 경험을 통해 유한킴벌리 역시 성장했다. 제3자의 시선을 통해 우리가 무엇이 부족한지를 깨달을 수 있는 기회가 되었고, 내부 이해관계자에게 자부심을 느끼게 하는 동력이 되기도 했다. 공개가 기회가 되는 중요한 경험이다.

최근에는 ESG 활동에 관심이 높아지면서, 지속가능한 산업생태계 전환을 위한 유한킴벌리 그린액션얼라이언스, 핸드타월 재활용 프로젝트, 종이 물티슈 등 지속가능한 제품 혁신 노력, 발달장애아동을 위한 사회친화적 제품 개발, 시각장애인을 배려한 포장 개발 노력, 몽골 유한킴벌리 숲 프로젝트, 포용과 다양성 위원회 활동과 DE&I 노력 등이 다시 언론에 조명되고 있다. 특히 핸드타월 재활용 프로젝트는 언론에 소개된 이후, 많은 기업들의 질의가 이어져 실제 프로젝트가 성장하는 데 기여하고 있기도 하다.

중대성 평가를 통해 기후위기와 사회적 변화가 경영 리스크에 미치는 영향을 분석하는 것처럼, 언론 미디어를 포함한 사회적 관심은 유한킴벌리가 어떤 기대를 받고 있고 현재의 활동과 성과를 어떻게 유지·발전해 가야 하는지를 고민하는 매우 중요한 계기가 된다. 기업 가치와 혁신에 대한 기대가 비단 첨단 기술이나 투자에만 있는 것이 아니라, 경영 전반의 혁신과 지속성에도 있음을 알아가는 과정이다.

ESG 정보 공시와 공개, PR의 또 다른 기회

ESG의 본질은 비재무 위험을 어떻게 통합적·전략적으로 관리해서 기업의 장기적 가치에 기여할 것인가 하는 것에 있다. 이를 위해 기업들은 사회와 환경을 고려한 의사결정을 지속해가는 ESG 경영 체계를 구축하고, 책임 있는 ESG 정보 공개를 통해 끊임없이 이해관계자들의 평가를 받으며 개선해 가야 한다. 그것이 시대가 요구하는 기업의 행동이다.

PR은 공중의 이해관계를 인식하는 바로미터와 같다. 공중관계는 기업가치에 영향을 미치는 위험과 기회를 앞서 포착하는 선제적 대응 과정에 여전히 강점이 있다. 이에 더해 앞으로는 ESG 정보 공개 전략에도 중요한 역할을 할 것으로 예상된다. 표준화된 기준으로 모든 기업이 정량적 결과를 공시하고 공개할 때, 오히려 PR 커뮤니케이션 전략의 성과가 두드러질 것이다. 기업 가치 향상을 위해서 기업경영의 혁신과 성과가 필수적이다. 이러한 성과를 이해관계자와 적극적으로 소통하는 것은 가치의 임팩트를 높이는 가장 효과적인 방법임을 기억해야 한다. 이해관계자 자본주의 시대, PR은 소통의 중심에서 기업가치의 차별화를 고민해야 할 것이다.

17. 요즘 회사에서 요즘 직원들과 일 잘하는 방법

권 용 규 (우아한형제들 상무, 사장님비즈니스성장센터장)

송파구에서 일을 더 잘하는 11가지 방법

'잡담을 많이 나누는 것이 경쟁력이다.'

'쓰레기는 먼저 본 사람이 줍는다.'

'휴가나 퇴근 시 눈치 주는 농담을 하지 않는다.'

'가족에게 부끄러운 일은 하지 않는다.'

필자가 우아한형제들에 첫 출근할 때, 보았던 '송파구에서 일을 더 잘하는 11가지 방법' 포스터 내용 중 일부이다. 우아한형제들은 우리 일상에서 빠질 수 없는 '배달의민족' 서비스를 운영하고 있는 회사이다. 스타트업으로 시작하여, 이제는 3300여 명이 넘는 직원들이, 고객의 문 앞으로 맛있는 행복을 배달하기 위해 노력하고 있다.

20여 년간 국내 대기업에서 사회생활 해온 '짬'이 있던 필자가, 회사라는 공간에서 처음 본 저 문구들의 임팩트는 컸다.

평범한 문구들이고, 멋진 비져너블한 문구가 아니였지만 '아 저거만 잘하면 되나?', '이 회사에서는 이렇게 행동하면 되겠구나'가 바로 눈에 그려지는 그러한 내용들. 작지만 실행 가능한 이야기를 다루고, 아주 구체적으로 11가지가 적혀 있었다.

저 '송파구에서 일을 더 잘하는 11가지 방법'이 적힌 포스터는 회사 곳곳에서 볼 수 있고, 자연스럽게 회사구성원들에게는 기본적인 약속이 되고, 이젠 문화가 되어 있다.

우아한형제들에서는 회사란 '평범한 사람들이 모여 비범한 성과를 만들어내는 곳'이라고 정의하고 있다. 회사에서 제일 중요한 것은 '사람'이고, 이 사람들이 건강한 조직문화에서 각자의 장점을 극대화하고, 서로 존중과 배려를 통해 협동했을 때, 놀라운 가치가 창출될 수 있는 것이다.

'송파구에서 일을 더 잘하는 11가지 방법' 문구들이 어떻게 나온 건지 그 의미를 좀 더 자세히 살펴보고, '요즘 회사에서 요즘 직원들이 어떻게 일하는지' 이야기해 보고자 한다.

임직원과 이렇게 일한다

잡담을 많이 나누는 것이 경쟁력이다

잡담은 신뢰를 만들어가는 원료이다. 잡담은 공동체의 유대감을 높이며, 참여자의 마음 상태를 편하게 만들어 준다. 시간이 지나면 이야기의 핵심은 기억나지 않지만, 함께한 시간만큼은 기억에 남는다. 이런 시간이 유대감이 되고, 유대감이 쌓이면 신뢰로 발전한다. 잡담을 통해 커뮤니케이션 벽이 낮아지면 더 편안한 분위기 속에서 보고가 이뤄질 수 있으며, 간혹 엉뚱해 보일 수 있는 아이디어도 좀 더 자유롭게 개진될 수 있다. 이는 조직이 건강하게 성장할 수 있는 원동력이다.

쓰레기는 먼저 본 사람이 줍는다

회사는 또 하나의 사회이다. 물론 디자이너는 디자인을 잘하고, 개발자는 개발을 잘해야 한다. 하지만 디자이너가 다자인만 잘하고, 개발자가 개발만 잘하면 그 회사는 더 크게 성장할 수 없다. 자신의 업무를 넘어서 참여하고 봉사하고 헌신해야 건강하고 강한 공동체가 되도록 힘써야 한다.

휴가나 퇴근 시 눈치 주는 농담을 하지 않는다

생각 없이 던진 사소한 농담이 함께 일하는 구성원들의 사기에 큰 영향을 미친다. 퇴근할 때 '요즘 일이 별로 없나봐' 혹은 휴가 갈 때 '지금 시점에서 꼭 가야 해? 눈치껏 하자' 같은 말은 절대 삼가야 한다. 이런 말이 '꼰대'의 시작이다. '꼰대'란 사전적으로 '늙은이'란 말이다. 더 넓게는 단순히 나이가 많은 것이 아닌, 과거의 이야기와 과거의 기준으로만 세상을 바라보는 '마음이 늙은' 사람을 일컫는다. 휴가는 법적으로 보호되는 구성원들의 권리이며, 구성원이 회사나 상급자의 생각을 엿볼 수 있는 하나의 창이다. 휴가를 신청할 때는 누구보다 본인이 더 많이 고민하고 이야기한다. 개인적으로 어려운 일이 있어 휴가를 사용하고자 하는 구성원에게는 회사 차원에서, 그리고 상급자로서 더 도울 일이 없는지 상대의 입장에서 먼저 물어봐 주는 등 인간적인 배려심을 발휘할 수 있어야 한다.

가족에게 부끄러운 일은 하지 않는다

회사원은 회사의 구성원이기 이전에, 성숙한 시민으로서 법규를 준수하고, 도덕적인 가치를 소중히 여긴다. 누군가에게 설명할 수 없는 일은 하지 않으며, 가족 특히 자녀에게 양심적으로 떳떳할 수 있도록 행동해야 한다. 도덕성을 희생하며 성과를 얻는 것은 차라리 손해를 보는 것보다 못하다.

위 소개된 네 가지 외에도, 일곱 가지의 내용들이 더 있는데, 내용이 길어져서 생략한다. 저런 구체적이고 작은 약속들을 통해서, 직원들이 오해할 수 있는 자기 마음대로의 '자유'가 아닌 스스로의 '자율'이라는 원칙과 규칙을 세워,

모두가 함께 일 잘할 수 있는 환경이 만들어지는 것이다.

지금부터는 이런 서로 간의 기본적인 약속을 바탕으로, '요즘 회사가 요즘 직원들과 어떻게 소통하고 문화를 만들어 가는지'를 필자의 회사 사례를 바탕으로 이야기하고자 한다.

피플실

모든 회사에 '인사팀'과 '총무팀'이 있어, 구성원들의 성장과 불편함을 해소해 주기 위해 노력한다. 그런데 우아한형제들에는 더 특별한 조직이 있다. '피플실'. 피플실 목표는 구성원의 행복을 책임지는 거다. 각각의 구성원들이 회사에서 제공하는 복지를 충분히 누리고는 있는지, 회사문화를 어떻게 더 좋게 만들어 갈 수 있을지 출근해서 퇴근할 때까지 그 생각만 한다. 회사가 커지고, 직원들이 빠르게 늘어날수록, 한 사람 한 사람을 챙겨줄 수 있는 세심한 전담 조직이 필요했던 것이다.

"피플실은 구성원을 관리하는 팀이 아니에요. 구성원에게 관심과 애정을 쏟고, 사람과 사람사이에 꽃을 피우는 실이 되었으면 좋겠어요." 피플실을 만들자고 제안한 창업자의 이야기이다. 실제로 어느 날 피플실 직원 한 분이 야근을 하고 있는 필자에게 '작은 화분' 하나를 선물해 주었다. "집에 가져다 놓으시고, 물주기 위해서라도 퇴근을 하시라"는 작은 편지와 함께…. 물론 그 화분 때문에 퇴근이 빨라지지는 않았지만, 그 마음이 너무 감사해서, 아직까지도 잘 키우고 있고, 이젠 소중한 반려식물이 되었다.

우수타

우아한 수다 타임의 약자다. 2016년부터 특별한 일정이 있는 날을 제외하고는 매월 첫째 주, 셋째 주 수요일 오전 11시에 시작하여 30분 동안 진행되는 수다문화이다. 구성원들이 회사나 대표에게 궁금한 주제, 불편하거나 개선하고 싶은 점을 익명으로 마구마구 자유롭게 묻고 답변을 듣는 시간이다. 구성원의 질문을 대표가 직접 답변하며, 생각을 공유하는 시간이다.

구성원들이 자율적으로 참여하며, 이 시간에 나온 이야기들은 따로 기록하거나 정리해서 공유하지 않고 같은 질문이 반복되는 것을 인정하고 있다. 구성원들은 익명으로 질문을 남기고(이때 질문은 임의로 삭제하거나 수정 편집하지 않는다) 이를 사전에 공유하며 투표를 통해 더 많은 구성원이 선택한 질문을 먼저 답변하는 방식으로 운영되고 있다.

이전에는 모든 직원이 현장 참석하였지만, 코로나 이후 재택근무제도로 변하면서 현장 참석과 함께 온라인 생중계를 운영하여 물리적으로 떨어져 있어도 구성원들이 참여할 수 있도록 하고 있다.

이렇게 구성원의 사소한 질문 하나하나에도 귀 기울이며, 함께 이야기 나누는 우수타. 때로는 대표나 임원진도 땀을 흘리고 긴장하게 되지만, 이런 작은 목소리를 모아 회사의 큰 문화가 만들어 지는 것이다.

전사행사

아마 다른 회사에도 창립기념일 행사라든지 전사적으로 진행되는 행사가 있을 거라고 생각한다. 필자도 국내 대기업들에 다니면서, 전사행사에 참여해 보았지만 우아한형제들에서 하는 전사행사는 뭔가 특별하다. 전 직원들이 한자리에 모여 회사의 독특한 문화가 농축되어 폭발되는 느낌. 매년 다른 콘셉트로 꾸며지는 전사행사는 1년에 두 차례 진행된다. 이 시기에는 자발적으로 그동안 숨겨왔던 끼를 대방출하는 구성원들을 목격할 수 있다. 의정부고 졸업사진과 같이 각 팀에서 자체적으로 '팀복'을 준비하고, 팀을 알리고, 뽐내기에 여념이 없다. 이런 행사를 통해 서로를 알아가고, 타 부서에 대한 관심도 더 생길수 있는 것이다.

또 우아한형제들의 전사행사의 특징 중 하나는 회사의 임원들이 노래하고 춤추는 일이 많다. 필자도 2000년 사회생활을 시작할 때 첫 회사 연말행사에서 전통적으로 신입사원이 해오던 공연에 참가했던 기억이 있는데, 2023년 이제는 임원들이 구성원들에게 즐거운 추억을 선물해 주는 것이다. 노래 부르는 실장. 렙 하는 센터장.

나이든 임원들의 공연이니 분명 완벽하지 못할 것이다. 하지만 노력하는 모습에 박수를 보내고, 때로는 기대보다 훌륭한 퍼포먼스에 또 큰 박수를 보내준다. 필자도 임원으로서 3년 동안 노래, 랩, 댄스 다 해볼 수 있는 색다른 경험이었다. 분명 이를 통해 조직장과 구성원의 심리적 거리를 허무는 데 큰 도움이 되었다.

ㅋㅋ타임

앤데믹 이후에도 재택근무를 이어가는 회사들이 많다. 재택근무를 하다 보니 대부분의 대화들이 온라인 사내 커뮤니케이션 채널에서 이뤄지고, 비대면이다 보니 대면보다는 업무적인 이야기 위주로 흘러가게 된다. 이럴 때 잊을만하면 찾아오는 소소하고 재미난 소통문화가 'ㅋㅋ타임'이다. 일과 일 사이, 집중력이 떨어질락 말락 할 즈음! 어김없이 찾아오는 회사공식 수다 타임. 전 구성원이 함께 있는 커뮤니케이션 채널 안에서 재미있는 일들이 벌어진다.
음악 추천과 같은 시시콜콜한 이야기부터, 음식에 맞는 술 추천, 각종 퀴즈 등을 진행하고, 선물도 주고. 무거운 주제가 아니라, 전사 직원들이 함께 공유할 만한 서비스의 소소한 소식들도 즐거운 방식으로 구성원들에게 알리고 소통하는 역할을 담당한다.

회사가 이렇게 좋아진다

위에 소개된 내용들은 계속 똑같은 형태로 진행되는 것은 아니라, 계속적으로 변화하고 발전돼 가고 있다. 새로운 구성원들이 들어오면, 또 변화된 구성원에 맞춰 바꾸어가는 것이다. 결국 문화는 일방적인 것이 아니라, 함께 만들어가는 것이다.

이렇게 탄탄하게 만들어진 문화 속에서, 모든 사내 구성원들이 더 원활하게 소통하고, 서로를 이해하고, 존중하는 환경이 만들어지고, 이것은 곧 구성원들이 일을 더 잘 할 수 있는 환경으로 선순환을 만들어낸다.

지금까지 우아한형제들의 조직문화와 소통방법을 소개하였지만, 아마 회사마다 업종과 규모 등에 따라 각자 다른 문화와 소통방법을 가지고 있을 것이다.

하지만 그 핵심은 '사람'에 있고 나이가 많을 수도 있고, 적을 수도 있고, MBTI가 I일수도 있고 E일수도 있지만, 다양한 회사 구성원들이 서로를 배려하고 협동한다면, 회사도 개인도 성과와 성장을 함께 만들어갈 수 있으리라 확신한다.

대한민국의 모든 직장인들. 오늘보다 멋진 내'일' 만들어가길 응원한다.

18. 우리 시대는 존경의 마음을 보낼 '영웅'이 필요해

최 정 식 (국가보훈부 홍보담당관)

K-콘텐츠 신드롬 속, 지금은 MZ세대도 존경의 마음을 보낼 '영웅'이 필요한 시대

2021년은 K-콘텐츠 신드롬 속에서 배우 윤여정의 아카데미 여우주연상 수상을 계기로 나이와 상관없이 새롭게 도전하는 장년층에 대한 존경을 보내는 분위기가 조성되고 있었다. 90만 명의 젊은 구독자를 보유한 70대 인플루언서 '밀라논나'로 유명한 장명숙 패션디자이너도 K-할머니 신드롬을 이끌어가고 있었다.

국가보훈부는 2023년 6·25전쟁 70주년을 계기로 평균 나이 93세의 참전용사들이 국민들로부터 존경받는 사회적 분위기 조성을 위한 대국민 PR캠페인을 고민하고 있었다. 이러한 시기에 배우 윤여정, 장명숙 패션디자이너의 사례는 사회적 여건만 조성된다면 고령의 참전용사들에 대한 MZ세대들의 인식도 개선될 수 있음을 보여주는 계기가 되었다.

‘보훈’은 멀리 있지 않다.

국가보훈부는 이러한 사회적 변화의 움직임을 객관적인 데이터로 확인하기 위해 『보훈의 의미에 대한 국민인식조사』(2021 국가보훈부-문화체육관광부 협업)를 실시했는데 조사에 따르면, ‘보훈’은 대해 긍정적(76.7%)이고 필요한 것(83.5%)이며 가깝게 느껴진다(38.0%)고 답변했다. 이를 통해 국민들이 ‘보훈’에 대해 나와 상관없는 것이 아닌 내 가족과 이웃 등 내 주변에 가깝게 있음을 인식하고 있다는 사실을 확인할 수 있었다.

‘태도’ 변화에 앞서 ‘인식’의 변화를 위해 선택한 <메이크오버> 프로젝트

우리 시대는 나이를 초월해 존경을 보내고픈 생활 속 ‘영웅’을 필요로 한다는 점과 ‘보훈’이 우리 가까이 있다는 점을 바탕으로 국가보훈부는 내 주변의 평범한 가족, 이웃 중에서도 나라를 위해 목숨과 젊음을 바친 6·25 참전유공자들에게 존경과 감사의 메시지를 보낼 수 있는 캠페인을 기획하기로 했다.

하지만 캠페인을 기획하던 시기에 유명 개그맨이 한 TV프로그램에서 6·25 참전유공자를 비하하면서 사회적 논란이 일어났다. 6·25 참전유공자에 대한 사회적 존경이 필요하다는 당위성은 있지만 실제 국민들, 특히 젊은 세대들에게 6·25 참전유공자에 대한 실제 인식은 그에 미치지 못한다고 판단했다. 실제 보훈에 대한 국민적 인식은 가깝게 느껴진다 하더라도, 국경일에 태극기를 게양한다거나 기념식에 참석하는 등 실제 행동의 변화를 이끌어내기 위해서는 6·25 참전유공자에 대한 인식의 변화가 선행되어야 한다고 판단했다. 그래서 캠페인의 기획은 ‘태도 변화’보다는 ‘인식 변화’에 중점을 두게 되었다.

캠페인 기획에 앞서 대학생을 비롯한 젊은 세대를 대상으로 그들의 목소리를 듣기 위한 FGI 등의 조사가 진행되었다. 해당 조사에서 6·25 참전유공자하면 떠오른 이미지는 놀랍게도 ‘안전조끼’로 귀결되고 있었다. 6·25 참전유공자에 대한 존경과 예우의 필요성은 모두 공감을 하고 있으나, 참전유공자에게 선뜻 다가가기 힘들게 만들었던 장애물이 바로 6·25 참전유공자들이 입고 있던 여름 조끼인 일명 '안전조끼' 이미지였다.

이 조끼는 사실 6·25 참전유공자들을 하나로 묶어주는 여름 단복이었다. 6·25 참전유공자들을 위한 단복은 여름용과 겨울용이 있는데, 겨울용은 네이비 재킷과 회색 바지로 구성되어 있고 여름용은 우리가 공사장에서 쉽게 볼 수 있었던 일명 '공사장 안전조끼'라고 불리던 네이비색 망사 조끼였다. 6·25 참전유공자의 의상 중 특히 여름 조끼와 야구모자는 젊은 세대들이 존경의 마음을 보낼 영웅의 적절한 의상으로 평가받지 못하는 상황이었다.

이러한 상황을 바탕으로 캠페인의 명확한 방향이 설정되었다. 이미 오랫동안 젊은 세대에게 폭넓게 자리 잡혔던 "6·25 참전유공자 = 안전조끼"의 인식을 어떻게 지워낼 것인가에 대해 고민하게 되었다. 여러 해결 방안을 고민하던 중 당시 사회적 트렌드로 자리 잡고 있었던 '메이크오버(Make over, 변신)'에서 실마리를 찾게 되었다. 틀에 박힌 옷을 입은 기존 중년의 모습이 아니라, 머리부터 발끝까지 새롭게 변신한 '꽃중년'의 모습이 사회적 관심을 받으며 각 방송사들은 이러한 메이크오버 관련 프로그램을 경쟁적으로 편성하고 기업들도 마케팅 수단으로 메이크오버 프로젝트를 앞 다투어 활용하고 있었다.

6·25 참전유공자에 대한 인식 개선의 발판으로 메이크오버 프로젝트를 활용하기로 하고 6·25전쟁 참전유공자협회를 통해 9명의 참전유공자(남성 7명, 여성 2명)를 추천받으며 본격적인 대국민 PR캠페인이 시작되었다.

우리 시대의 '영웅'은 멀리 있지 않다. '이웃에 영웅이 산다'

이와 함께 6월 호국보훈의 달을 맞아 국민들이 직접 주변 이웃, 가족들 중에서 6·25전쟁 참전유공자가 있는지 찾아보고 그 사연들과 사진을 공모하는 국민참여형 이벤트도 기획되었다.

MZ세대에게 인기 있는 패션 인스타그램 채널 '더뉴그레이'와 협업하여 참전유공자 9명을 머리부터 발끝까지 변신시키고 비포 앤드 에프터(Before & After) 사진, 쇼츠 영상을 제작, 확산하여 참전유공자들의 멋진 모습을 보여주는 프로젝트가 진행되었다. 프로젝트 확산을 위해 젊은 세대들과 장년층들이 애청하는 유명 라디오 프로그램, 유튜브 인플루언서들과의 협업이 진행되었다. 메인 캠페인명은 '이웃에 영웅이 산다'로 우리 주변 가까운 국가유공자에 대한 존경심과 친근감을 제고하면서 온·오프 PR캠페인을 하나로 묶어주는 One Message 역할을 하였다.

캠페인 티저 영상 사전 홍보, 언론을 통한 홍보, 본격적으로 메이크오버, 비포 앤 에프터 사진 및 이미지 영상 홍보, 다중 이용시설 통한 오프라인 사진전 개최 등이 진행되었고 이후 민간 차원의 메이크오버 캠페인 이미지 게시(건물 전체), 참전유공자 초청 오찬, 민간 병원 후원 등이 이어졌다. 결과적으로 국가보훈부의 홈페이지와 소셜 미디어 채널의 방문자 수가 30배 이상 증가하며 캠페인 이후 젊은 세대들과의 활발한 소통이 이뤄지게 되었다.

존경의 마음을 보낼 우리 이웃의 '영웅'을 찾다

6·25 참전유공자들에 대한 부정적 인식이 왜 생겼으며 바꿀 수는 없을까? 이런 질문이 6·25 참전유공자들에 대한 인식 개선을 국민들에게 강요하는 것이 아닌, 멋진 영웅들의 모습을 통해 자발적인 존경과 인식 개선을 가능하게 했다. 우리는 이번 캠페인을 통해 주변의 평범한 가족, 이웃 중에도 나라를 위해 목숨과 젊음을 바친 영웅(6·25 참전유공자)이 있음을 알게 되었고, 그분들에게 감사와 존경의 마음을 아낌없이 전달할 수 있게 되었다. 멋진 슈트를 갖춰 입은 6·25 참전유공자분들의 당당한 모습을 보며 70년 전 용감하게 전쟁에 뛰어든 강인한 영웅의 이미지를 느낄 수 있었다. 이런 모습들이 다양한 매체, 특히 네티즌들의 자발적인 공유, 인증을 통해 6·25 참전유공자들에 대한 인식

개선은 물론 여러 민간 차원의 후원을 이끌어내기도 했다. '모처럼 제대로 일하는 보훈처', 이번 캠페인을 본 네티즌의 한줄평처럼 90대 참전용사들을 대하는 국가보훈부의 진심이 제대로 소통되는 순간이었다,

결과적으로, 민간과의 유기적인 협업을 통한 자발적 참여 유도, 소셜 미디어 채널 특화 등을 통해 6·25 참전유공자들의 이미지 개선 효과와 함께 기존 캠페인 대비 비교할 수 없는 소통 효과(유튜브 6배, 페이스북 30배, 인스타그램 13배 증가)를 가져올 수 있었다. 결국, '이웃에 영웅이 산다' 캠페인은 우리 국민들의 마음속에 잠재되어 있던 존경하고 싶은 '영웅'을 찾아낸 결과였다.

영웅에겐 제대로 된 제복이 필요해, 국민들의 니즈로 시작된 2차 캠페인 '제복의 영웅들'

그러나 캠페인을 마무리하고 다양한 의견을 수렴하던 중 '이웃의 영웅들'에게 제대로 된 제복을 만들어달라는 의견들이 이어졌다. 영웅에겐 영웅에 걸맞은 제복이 필요하다는 것이었다. 수퍼맨을 상징하는 것은 평범한 옷이 아닌 '빨간 망토'이듯이, 우리 이웃의 영웅에겐 기성복이 아닌 영웅을 상징하는 '제복'이 필요하다는 요구였다. 처음엔 다소 황당한 요구라고 생각했지만, 점차 유사한 요구들이 이어지면서 국민들의 새로운 니즈를 이어줄 연속성 있는 캠페인으로 전개한다면 6·25 참전유공자에 대한 인식 개선을 넘어 태도 변화까지도 이끌어낼 수 있겠다는 판단이 이어졌다. 그리고 확실한 태도 변화를 이끌기 위해서는 단기적이 아닌 중장기 캠페인이 지속적으로 이어져야 한다는 데 공감하고 국민들의 새로운 니즈를 담은 2차 캠페인 '제복의 영웅들'을 기획하게 되었다.

'이웃에 영웅이 산다', '제복의 영웅들' 민·관 협업의 새로운 모델 제시

'제복의 영웅들' 캠페인은 1차 캠페인의 성공으로 이어지게 되었지만, 그 이후의 과정은 1차 캠페인과는 전혀 다른 모습의 새로운 시작이었다. 과연 우리 6·25 참전유공자, 영웅의 품위에 걸맞은 '제복'은 어떠해야 하는지? 과연 다른 나라 참전유공자들의 제복은 어떠한지 등 새로운 조사와 분석이 필요했다. 영웅에 걸맞은 제복이 만들어지지 못한다면 2차 캠페인의 성공은 담보되지 못하는 상황이었다. 다행히, 1차 캠페인의 성공으로 다양한 민간 전문가들의 도움을 쉽게 얻을 수 있었고, 국내 최고의 패션디자이너인 '김석원' 대표의 재능 기부를 통해 멋진 영웅의 제복이 탄생할 수 있었다. 1차 캠페인과 마찬가지로 민간과의 협업이 유기적이지 못했다면 2차 캠페인은 성공하지 못했을 것이다. 이처럼 '이웃에 영웅이 산다', '제복의 영웅들' 캠페인은 관(官) 주도의 캠페인이 아니라 민간과의 유기적인 협업으로 일궈낸 우수 사례로 평가될 것이라고 생각한다.

영웅들의 멋진 '제복', 'K-어벤져스'라 불리다

김석원 디자이너의 세심한 디자인과 참전유공자분들의 다양한 의견 수렴을 거쳐 멋진 '영웅의 제복'이 탄생하게 되었다. 여름용 제복의 특성에 맞게 시원한 소재를 사용하면서도 영웅의 품격에 걸맞은 디자인이 잘 조화를 이룬 '영웅의 제복'은 탄생 초기부터 국민들과 언론의 찬사를 받았다. 특히, 기획 초기 단계 스케치부터 '영웅의 제복'을 만드는 전 과정을 영상으로 기록하고 단계마다 유튜브를 통해 국민들과 소통하면서 영웅의 제복에 대한 관심과 만족도를 극대화할 수 있었다. '영웅의 제복' 최종 디자인은 각 제작 단계별로 참전용사뿐만 아니라 국민들의 다양한 의견 수렴을 통해 결정되었다. 10명의 6·25전쟁 참전용사분들이 '영웅의 제복'을 입고 스튜디오 런웨이를 걸어 나오는 유튜브 영상은 수많은 유튜버들을 통해 확산되면서 화제를 불러일으키게 되었다. 특히, 이 영상이 오픈된 후 영웅의 제복을 입은 10명의 6·25 참전용사들은 'K-어벤저스'라는 새로운 별명을 얻게 되었는데 새롭게 디자인된 '영웅의 제복'이 참전용사들에게 잘 어울린다는 국민들의 새로운 공감의 표현이었다고 생각한다.

초등학생들의 편지 한 통, 국민들과 국회의원들의 마음을 움직이다

2021년 '이웃에 영웅이 산다' 캠페인이 시작되고 다시 1년 뒤인 2022년 이어진 '제복의 영웅들' 캠페인은 국민들의 요구로 시작된 프로젝트였지만 오히려 우리 시대 '영웅'들에게 제대로 된 존경의 마음을 보여준 계기였다고 평가받았다. 그들에게 기성복 슈트가 아닌 영웅의 품격에 걸맞은 제대로 디자인된 '영웅의 제복'을 만들어드렸다는 데 그 의미가 컸다는 것이다. 하지만 '영웅의 제복' 캠페인이 끝날 무렵, 부산의 한 초등학교 학생들이 보낸 편지는 다시 한 번 국가보훈부와 우리 국민들을 창피하게 만들었다. 10명의 참전용사들에게만 '영웅의 제복'을 선물할 것이 아니라, 살아계신 모든 6·25 참전용사들에게 '영웅의 제복'을 지급해 달라는 요구를 담은 편지였다. 우리 형, 누나들은 모두 무상으로 '교복'을 지급받는데, 왜 모든 6·25 참전용사들에게 '영웅의 제복'을 지급하지 못하냐는 내용은 반박하기 힘든 것이었다. 이 편지는 언론을 통해 알려졌고 이 언론 보도를 통해 많은 국민들의 요구와 국회의원들의 반응이 이어졌다. 그리고 드디어 2022년 12월 국회에서 2023년 정부 예산으로 생존해 계신 5만 1000명의 모든 6·25 참전용사들에게 '영웅의 제복'으로 지급될 예산 60억이 최종 확정되었다.

정부 정책으로 '메이크오버'된 최초의 PR캠페인, 결국 공감이 답이다

2023년 6월 25일 서울 장충체육관에서 진행된 6·25전쟁 기념식 행사장은 예년과 달리 많은 언론사의 취재가 이어졌다. 이날 주인공으로 참석한 모든 6·25 참전유공자들이 멋진 '영웅의 제복'을 입은 모습이 장관을 이루었기 때문이다. 과거 '안전조끼'를 입고 기념식에 참석했던 참전유공자들과는 달리 멋진 '영웅의 제복'을 입은 그들의 모습은 70년 만에 제대로 국가로부터 대우를 받고 존경을 받는다는 소감들이 이어지도록 만들었다. 또한 우리 주변의 잊혔던 영웅들을 제대로 예우하는 정부의 노력을 보여주는 계기가 되었다는 평가도 이어졌다.

2021년 '안전조끼'를 입은 6·25 참전유공자들의 인식 개선을 위해 시작했던 '이웃에 영웅이 산다' PR캠페인은 국민들의 요구로 새로운 캠페인으로 진화된 이후 정부의 예산이 반영되는 '정부 정책'으로 '변신'(Make-over)된 최초의 PR캠페인이 되었다. 이러한 놀라운 성과는 예측하고 기획된 결과물은 아니었지만 이번 사례를 통해 확실하게 얻는 답은 하나였다. 결국 "국민과의 공감(共感)이 답이다"라는 것이다.

19. K-먹방의 열풍과 미래

임 유 진 (한국PR협회 사무국장, 숭실대 경영대학원 겸임교수)

안 순 태 (이화여대 커뮤니케이션미디어학부 교수)

‘K-먹방’의 열풍과 옥스퍼드 사전 등재

최근 꾸준히 인기를 모아온 먹방(먹는 방송), 쿡방(요리하는 방송) 프로그램들은 이제 국내뿐 아니라 해외의 인기까지 모으면서 ‘먹방(Mukbang)’이라는 단어가 ‘옥스퍼드 영어사전(OED)’에 등재되었다는 보도가 있었다. 한국어 기원의 단어 26개가 추가되었는데, ‘반찬(banchan)’, ‘불고기(bulgogi)’, ‘김밥(kimbap)’, ‘먹방(mukbang)’, ‘대박(daebak)’ 등 단어들이다. 국내 주요 미디어에서는 이번 발표의 특징으로 한국 음식 관련 단어들 – 반찬, 불고기, 동치미, 갈비, 잡채, 김밥, 삼겹살, 치맥 등 – 이 많이 포함된 것을 주목했다(≪중앙일보≫, 2021.10.6). 세계적 권위를 가진 영어사전에 김치가 1970년대에 이름을 올린 이후 한국의 다양한 음식들이 공식적으로 한꺼번에 이름을 올린 일은 분명 획기적인 사건이다.

수년째 인기를 끌고 있는 먹방 콘텐츠들은 사실 우리나라에서 시작된TV 방송 프로그램이다. 〈백종원의 골목 식당〉, 〈수요미식회〉, 〈맛있는 녀석들〉, 〈냉장고를 부탁해〉, 〈수요미식회〉, 〈밥블레스유〉 등 공중파와 케이블TV에 등장하는 먹는 방송과 요리하는 쿡방의 인기는 유튜브나 아프리카TV 등 온라인 유튜브 인기 먹방 채널인 '떵개떵', '도로시', '프란', '유디티TV', '나도', '엠브로' 등과 함께 새로운 인기 콘텐츠 장르로 자리매김하였다. 특히 인기 유튜브 먹방 채널들은 구독자 천만 명 이상, 조회수 백만 회 이상의 수많은 먹방 유튜버들을 낳는 결과를 가져오기도 했다.

인터넷 기술의 발달과 코로나19 비대면 상황의 지속으로 인한 유튜브 이용률 급증으로 먹방 콘텐츠들의 국내외 인기는 가속화되었다. 일반 성인남녀뿐 아니라 인터넷 주 사용자층인 청소년들을 대상으로 시청률 증가와 이에 따른 막대한 파급효과가 예상되고 있다. 최근 발표된 연구에서는 국내 청소년들의 40%가 일주일에 한 번 이상 먹방 콘텐츠를 시청하고 있으며, 매일 시청하는 경우도 15%에 이른다는 결과가 보고되었다(김수경 외, 2020). 이들 연구에서는 인터넷 먹방 쿡방의 시청 경험이 있는 청소년 318명의 시청 행태 특성을 분석하였는데, 청소년들이 한 달 평균 12시간의 높은 빈도로 먹방, 쿡방을 시청하고 있으며, 심야시간대(47.5%)에 주로 혼자 시청(95%)한다는 먹방 시청 행태의 특징이 밝혀졌다.

유튜브 먹방 콘텐츠 특성과 파급효과

그렇다면 먹방 콘텐츠의 특성은 무엇일까? 최근 먹방에 관한 연구에서는 국내 공중파TV와 케이블TV, 유튜브 먹방 프로그램 콘텐츠의 내용과 형식적 특성을 분석한 바 있다(안순태·임유진·이하나, 2020). 이들은 유튜브 먹방의 콘텐츠에서 많은 양의 음식을 한꺼번에 먹거나 빠른 시간 내에 먹는 과식과 폭식 장면의 노출 빈도가 높게 나타날 뿐 아니라, 자주 노출되는 식품군들이 고열량 음식, 또는 가공 식품과 배달 음식, 분식과 패스트푸드 섭취에 한정되고 있음을 밝혀냈다. 특히 보쌈, 삼겹살, 치킨 등 육류의 섭취 또는 라면, 떡복이, 케이크 등 탄수화물의 과다 섭취 장면이 많은 것을 밝혀냈다. 다양한 음식을 섭취하는 장면보다는 한 가지 특정 음식을 많이 먹는 장면의 빈도가 높고, 출연진이 섭취하는 음식들이 대부분 맵거나 짜거나 단 음식 등 자극적인 경우가 많은 것으로 나타났다. 먹는 방식에 있어서도 '많이 먹기(62%)', '크게 한입 먹기(20%)', '빨리 먹기(18%)' 등 건강하지 않은 음식 섭취 방식이 많이 노출되고 있다는 점이 지적되었다.

그에 비해 공중파TV 먹방 프로그램은 비교적 다양한 음식을 섭취하는 모습, 혹은 먹는 장면보다는 요리를 준비하고 출연진들끼리 음식과 관련된 대화나 음식에 대한 설명을 하는 시간이 많은 것으로 나타났다. 하지만 전반적으로 유튜브 먹방 프로그램이나 공중파 및 케이블TV 먹방 프로그램 모두 콘텐츠를 시청자들에게 보다 매력적이고 자극적으로 보이기 위한 자막, 특수영상, 효과음 ASMR(Autonomous Sensory Meridian Response, 음식을 씹는 소리를 그대로 들려주는 자율감각쾌락반응), 식품 소재의 선택 등에 초점을 맞추고 있다는 점이 지적되었다.

이렇다 보니 먹방 콘텐츠의 인기와 매력에도 불구하고 시청자들에게 미치는 부정적 파급효과에 대한 우려가 학계와 정부 부처, 전문가 등 다양한 관점에서 제기되었다. 보건복지부 등 정부 부처에서는 청소년 비만율 증가와 먹는 방송 프로그램 간의 관련성에 대한 우려와 함께 국민 건강 증진 차원에서 폭식 조장TV와 인터넷 방송 등 미디어와 광고콘텐츠에 대한 모니터링 체계 구축 계획을 발표하기도 했다(≪스포츠동아≫, 2018).

학계에서도 관련 연구들은 먹방 시청과 비만 가능성과의 관련성이나 먹방 시청이 건강하지 못한 식생활에 미치는 영향에 관한 연구 결과를 제시하기도 했다(김수경 외, 2020; 유선욱·신기하·김수진, 2021). 김수경 외(2020) 연구에서는 국내 청소년 318명을 대상으로 설문 조사를 통해 인터넷 먹방 쿡방의 시청 행태 빈도와 시청 이유가 청소년들의 전반적인 식습관과 관련되었으며, 먹방 또는 쿡방 시청 빈도가 높은 청소년들일수록 식습관이 좋지 않을 뿐 아니라, 영상 시청 동기로서 재미 요인이 강한 시청자들일수록 불건강한 식습관을 갖고 있음을 확인했다. 미디어에서도 먹방 시청이 비만과 관련되어 있다거나 건강에 악영향을 미칠 수 있다는 우려를 제기했다. 실제로 유튜브 구독자 264만 명을 보유한 20대의 해외 유명 먹방 유튜버 아보카도가 피자나 햄버거 등 칼로리와 지방이 높고 자극적인 식품을 폭식해 온 결과 몸무게가 급격히 늘어 154kg을 넘기면서 건강 악화의 결과를 가져온 사례가 회자되기도 했다(≪메디컬투데이≫, 2021).

반면, 먹방 시청을 통해 대리만족과 다이어트 효과를 얻는다든지, 식품과 관련된 다양한 최신 정보나 트렌드를 습득할 수 있다는 긍정적인 측면도 한편으로는 제기되고 있다.

국민의 건강한 식생활(?) 대 창작과 표현의 자유(?)

매력적인 새로운 콘텐츠 장르와 상품으로서 먹방 콘텐츠 크리에이터들의 창작과 표현의 자유, 시장 가능성 역시 중요하고 무한한 가능성을 배제할 수 없다. 먹방에 등장한 식품과 먹거리의 판매 매출이 큰 폭으로 증가할 뿐 아니라 먹방을 활용한 푸드 마케팅 엔터테인먼트 분야 산업이 나날이 성장하고 있는 추세이다(≪소비자경제≫, 2019). MZ 세대들을 타깃으로 한 식품 유통업계의 먹방 채널 콘텐츠 역시 치열한 예능 전쟁을 펼치고 있는 중이다. GS25의 '이리오너라', CU의 '씨유튜브', 세븐일레븐의 '복잡한 세상 편하게 세븐가자'라는 이름의 유튜브 채널의 구독자와 조회수는 각각 GS25 백만 명 약 1억 회, CU 86만 명 약 2억 회, 세븐일레븐 31만 명 약 1700만 회 등으로 알려져 있다(≪브릿지경제≫, 2023).

먹방 콘텐츠 마케팅 시장에서 활동하는 유튜브 크리에이터들은 먹방 콘텐츠가 비만에 영향을 미치는 부정적 시각에 대해 적극 반발한 바 있다(오마이뉴스, 2018). 먹방 프로그램을 제작하고 방송하는 먹방 BJ 크리에이터들은 콘텐츠 창작과 표현의 자유를 위해 더 큰 목소리를 내고 있다. 하지만 창작과 표현의 자유로 인한 부작용도 따른다. 뒷광고 형태의 인플루언서 마케팅이 그 예이다.

인플루언서 마케팅이란 유튜브 인플루언서들의 인기가 높아지면서 이들 콘텐츠 내에 자연스럽게 브랜드를 PR하는 활동을 말한다. 유료 광고임을 밝히지 않고 영상 콘텐츠 내에 노출시킬 경우 시청자들이 광고로 인식하지 못하고 높은 파급 효과를 얻을 수 있다는 점에서 이러한 유형의 마케팅이 높은 인기를 얻게 되었다. 인플루언서 유료광고(Sponsored content) 혹은 브랜디드 콘텐츠 등이 그 예인데, 유튜브 인플루언서들이 본인의 채널과 콘텐츠상에서 자연스럽게 제품을 노출하는 방식의 광고 활동이다(Evans et al., 2017; 안순태·임유진·하시은, 2021). 문제는 이러한 인플루언서 마케팅이 광고임을 명확히 고지하지 않을 경우 시청자들이 상업성을 인지하지 못한 채 콘텐츠에 몰입함으로써 콘텐츠와 광고 간의 혼란을 야기할 수 있다는 점이다(임유진·안순태, 2022).

실제로 인기 먹방 유튜버들이 자신의 콘텐츠에 유료 광고 표기를 명확히 하지 않고 브랜드 제품을 소개하면서 뒷광고 논란으로 구독자 수가 급감하거나 은퇴 선언을 하는 등 먹방 유튜브 채널에 일대 소동이 일어난 적이 있었다. 인기 먹방 유튜버인 '보겸'이나 '쯔양'이 특정 브랜드 기업으로부터 물질적인 대가를 받고 콘텐츠를 제작하고도 유료 광고 표기를 명확히 고지하지 않아 매우 부정적 여론이 확산된 일대 사건이었다. 최근에는 소비자들 10명 중 9명이 인플루언서를 신뢰하지 않는다는 조사 결과가 제시되기도 하는 등 브랜디드 콘텐츠의 부작용으로 인한 인플루언서 신뢰가 하락하기도 했다(≪뉴데일리경제≫, 2023).

K-푸드 PR의 미래: 전 세계 소비자의 'K-먹방'으로

농림축산식품부는 지난 6월 식품 시장을 2027년까지 1100조 원 규모로 키운다는 목표와 함께, 라면, 음료, 쌀, 가공식품 등 품목을 K-브랜드로 선정한다고 발표하였다(≪식품음료신문≫, 2023). 이 정책에는 첨단 기술을 통한 식품 산업의 성장, K-푸드 경쟁력 강화, 전통식품 산업 활성화 등이 목표로 포함되어 있다.

이제는 전 세계가 주목하는 우리만의 '먹방(Mukbang)'에 대한 논의를 보다 생산적으로 발전시켜야 하는 때이다. 글로벌 이슈와 트렌드를 아우르는 PR 소재에 기반한 콘텐츠 기획과 제작을 위한 전략적 방향성과 실무적 노력이 필요하다. 고열량 저영양 식품으로서가 아닌 K-브랜드 대표 식품으로서 김치, 치킨, 보쌈 등을 소재로 한 재미있고 건강한 음식과 조리법, 먹는 방법, 그리고 이를 소재로 한 푸드 마케팅 콘텐츠 소재의 개발이 절실하다. 유튜브 먹방이 국민 건강식생활에 유해한 콘텐츠로 우려되는 존재가 아닌 K-푸드 콘텐츠를 매개로 한국 음식의 해외 마케팅PR과 한류에 기여할 수 있다는 긍정적 기대감이 현실화되어야 한다. '먹방'의 효과적인 PR을 위한 K-푸드 콘텐츠와 메시지, 그리고 키워드 발굴에 다 같이 힘써야 하는 시점이다.

참고문헌

김수경·김지예·김혜경·안순태·임유진·박혜숙. 2020. "청소년의 먹방, 쿡방 시청 행태와 식습관 간의 관련성". ≪대한보건연구≫, 46(3), 31~46쪽.

안순태·이하나·임유진. 2020. "국내 먹방(먹는 방송, Mukbang) 콘텐츠 특성에 관한 연구: 지상파와 온라인 먹방 프로그램의 비교를 중심으로". ≪한국방송학보≫ 34(4), 39~79쪽.

안순태·임유진·하시은. 2021. "유튜브 먹방(먹는 방송, Mukbang)의 광고 내용 분석 연구: 인스트림 광고와 인플루언서 유료 광고 콘텐츠 중심으로". ≪광고PR실학연구≫, 14(4), 122~149쪽.

유선욱·신기하·김수진. 2021. "먹방 시청은 비만에 영향을 미치는가?" ≪한국언론학보≫, 65(2). 205~240쪽.

임유진·안순태. 2022. "먹방 프로그램 광고 특성 연구: 지상파와 종편, 케이블, 유튜브 먹방 광고 비교". ≪방송통신연구≫, 가을호, 134~163쪽.

Evans, N. J., J. Phua, J. Lim, & H. Jun, 2017. "Disclosing Instagram influencer advertising: The effects of disclosure language on advertising recognition, attitudes, and behavioral intent." *Journal of Interactive Advertising*, 17(2), 138~149

≪뉴데일리경제≫. 2023.6.8. ""소비자10명 중9명, 인플루언서 신뢰하지 않는다"… 뜨는 UGC".

≪메디컬투데이≫. 2021.11.5. "인기 콘텐츠 먹방 시청자 건강도 위험?".

≪브릿지경제≫. 2023.5.10. "MZ 세대를 잡아라 유통업계 영상콘텐츠 전쟁".

≪소비자경제≫. 2019.6.11. "먹방과 쿡방, 산업의 흐름도 바꾼다".

≪스포츠동아≫. 2018.7.26. "보건복지부 "먹방 규제? 사실무근, 가이드라인 만들고자 한 것"".

≪식품음료신문≫. 2023.7.4. "식품산업2027년까지1100조 규모 육성".

≪식품음료신문≫. 2021.1.22. "'SNS 인플루언서', 식품 시장 영향력 확대…마케팅 모델로 1순위".

≪오마이뉴스≫. 2018.8.24. "'먹방' 규제 문제 어떻게 풀어야 할까".

≪중앙일보≫. 2021.10.6. "먹방·치맥·K-드라마…옥스퍼드 사전 오른 한국단어26개".

3부

기술과 문화, 그리고 PR 커뮤니케이션

20. 디지털 대전환 시대 테크 기반 체험 솔루션 트렌드 변화

고 아 진 (제일기획 팀장)

체험형 인터렉티브 솔루션이란

테크와 콘텐츠의 결합으로 이뤄진 체험형 솔루션은, 4차 산업혁명과 더불어 빠르게 발전하고 있는 기술을 기반으로 다양한 인터렉티브 체험 콘텐츠를 창출하여 기업의 브랜드 메시지 및 가치, 상품을 알리는 디지털라이즈된 광고·마케팅 방식 중 하나를 일컫는다. 최근에는 급속도로 발전하고 있는 기술과 함께 더 확장된 형태의 가상공간과의 연계, 실감 나는 콘텐츠 및 이머시브 체험 솔루션까지 그 혁신성을 더해 나가고 있다. 이제 기업은 제품을 알리고 홍보하는 데에 있어서 일방향적으로 전시 관람을 하거나 감상하는 형태의 광고, 영상물을 넘어서 미디어 매체와 사용자 간에 쌍방향의 커뮤니케이션을 유도하고, 제품 자체를 단순히 보여주는 것 보다 사용자가 직접 제품과 상호작용하는 새로운 방식의 디지털 광고 마케팅 수단에 더 주목할 수밖에 없다. 기업이 치열한 경쟁에서 이길 수 있는 방법은 제품의 품질 자체뿐 아니라 고객이 제품을 어떻게 경험하고, 느끼고 평가하여, 구매로 이어지느냐로 바뀌었기 때문이다. 그런 점에서 체험형 인터렉티브 고객 경험은 기업이 본질적으로 더 많은 고객 가치를 창출하고 제공할 수 있게 해주는 효과적인 방법 중 하나라고 말할 수 있다(코틀러, 2021). 이러한 광고·마케팅 분야의 디지털화 전환 속도는 최근 약 3년 전, 전 세계적으로 발생한 코로나19를 거치면서 더욱 가속화 되었다. 2019년 코로나19가 발생하면서 모든 산업 분야에서 지각변동이 일어나고 변화의 속도가 엄청났지만 광고·마케팅 분야에서의 변화의 가속도는 디지털화로 인한 언택트 시대 트렌드의 흐름을 타며 상상을 초월할 정도로 빠르게 나타났다. 특히, 오프라인 공간에서 이뤄지는 경험 마케팅·홍보 활동을 위한 전시, 이벤트, 행사 분야에서는 비대면 시대를 맞이하면서 더욱 다양한 변화가 일어나며 디지털 마케팅의 새로운 패러다임을 가져다주었다.

이번 주제에서는 테크 기반의 체험형 콘텐츠를 활용한 PR커뮤니케이션에 대해서 자세히 알아보고, 특히, 코로나19를 전후로 하여 어떠한 변화가 일어났는지를 살펴봄으로써 앞으로 나아가야 할 디지털 체험 마케팅의 방향 및 전망에 대해 생각해 보고자 한다.

인터렉티브 뉴미디어란

먼저, 테크와 콘텐츠의 결합으로 이루어지는 체험형 경험 마케팅을 이해하기 위해서, 그 분야의 바탕이 되는 인터렉티브 뉴미디어(interactive new media)란 무엇인지 살펴볼 필요가 있다. 인터렉티브 뉴미디어란, 실시간 반응하는 인터렉티브 경험을 만들어내는 새로운 미디어 매체를 의미하며 사용자는 이 매체를 통해 콘텐츠, 환경 또는 시스템에 능동적으로 참여할 수 있다. 즉, 인터렉티브 뉴미디어는 사용자가 직접 참여하고 경험해야지만 완성되는 매우 "적극적인" 미디어 분야라고 할 수 있다. 이는 다양한 방식의 기술, 소프트웨어와 디자인 및 예술과의 결합으로 한층 더 혁신적이고 몰입적인 체험형 콘텐츠로 재탄생된다.

인터렉티브 뉴미디어 솔루션을 위한 매체 또한 매우 다양하다고 볼 수 있는데, 이는 모바일, 웨어러블 디바이스와 같은 작은 인터페이스에서부터 다양한 디지털 영상 구현을 위한 대형 LED 또는 프로젝션 매핑, 그리고 터치스크린 등에 이르기까지 여러 가지 형태의 매체를 통해 콘텐츠가 구현된다. 또한, 디바이스 환경뿐 아니라 야외 환경 및 옥외 디스플레이에서부터 온라인 가상 세계인 버추얼 플랫폼에 이르기까지 그 영역 또한 점차 더 확장되고 있다. 이것은 기업의 전시 및 광고 목표, 그리고 사용자의 최적의 경험성을 고려하여 활용되고 적합한 콘텐츠와 함께 융합, 응용될 때 가장 효과적인 결과물로 창출될 수 있다.

기업 PR/마케팅 활동에 있어서 체험 솔루션의 중요성

그렇다면 어떠한 기술들이 기반이 되어 체험 솔루션으로 재탄생되는 것일까. 체험 솔루션을 활용한 기업 PR/마케팅 활동은, 바로 적절한 테크를 응용하여 콘텐츠화하는 데 그 핵심이 있기 때문에 어떠한 신기술을 사용했는지, 또는 무엇이 더 혁신적인 하이 테크놀로지인지 기술 자체에 초점을 두고 이루어지는 것은 아니다. 그보다는 기업의 디지털 마케팅 홍보 수단으로써, 어떻게 하면 소비자가 자연스럽게 기업의 브랜드 메시지 또는 제품을 직·간접적으로 잘 체험할 수 있는 수단이 될 수 있을지, 어떤 기술이 수반되어야 하는지에 더 주목해야 한다. 이를 위해 가장 중요한 것은 테크를 이해한 콘텐츠의 기획력이며, 프로젝트에 필요한 디지털 마케팅 전략을 제대로 세우고 콘셉트와 콘텐츠를 잘 결합시키는 것이 매우 중요하다. 기술은 바로 이러한 기획 방향 및 내용에 맞게 개발되고 응용되어 새로운 체험 콘텐츠가 재탄생된다. 즉, 기술은 체험자가 직접 만지고 느끼고 경험하게 만들기 위한 도구로써의 역할을 하는 것이 주요 목적이며 그 활용되는 기술의 범위는 광범위하다. AI, 로봇공학, 증강현실, IoT, NFT 등 다양한 차세대 기술이 이에 해당되며 AR, VR, XR 등의 실감형 이머시브 영상 콘텐츠 및 게임콘텐츠, 미디어 아트 등의 콘텐츠 제작을 위해서도 다양한 기술들이 활용된다. 또한 오프라인 경험뿐 아니라 SNS

연계나 디지털 캠페인 프로그램 등의 온라인 마케팅을 위한 버추얼 플랫폼 개발이나 모바일 APP 개발 등도 필요한 소프트웨어 기술이다.

이렇듯, 한 기업의 제품 및 메시지가 소비자 또는 사용자에 도달하기까지 '체험'이라는 단계를 거치기 위해서는 수많은 기술들이 중간 매개체로써 활용되고 있으며, 기업들은 끊임없이 어떠한 체험 솔루션이 소비자에게 매력적으로 다가갈 수단이 될 수 있을지 마케팅 전략적으로 고민하지 않을 수 없게 되었다. 기업에서는 전달받는 사람의 행동방식 및 가치관의 변화 등에 민첩하고 트렌드에 맞는 무언가를 기획하지 않으면 이러한 수많은 기술 및 솔루션들도 활용가치가 떨어지고 소비자 경험 및 공감에 도달하지 못할 수 있다는 것을 알기 때문이다.

그런 점에서 시대의 흐름에 따른 고객층의 변화와 삶의 패턴을 잘 살펴볼 필요가 있으며 이것은 기업이 하고자 하는 광고/마케팅의 중요한 타깃 설정과도 연결된다. 2010년대 후반 전통적 방식의 마케팅 방식에서 디지털 방식으로 전환되면서 쇼셜 미디어, 전자상거래 등의 등장은 고객의 구매 경로를 완전히 변화시켰으며, Z세대와 알파 세대가 부상하면서 광고·마케팅 분야도 다시 한번 진화를 하게 되었다. 이들은 인류에게 긍정적인 변화를 가져오고 삶의 질을 향상시킬 수 있는 인간 중심의 기술과 윤리적·사회적으로 책임 있는 마케팅 활동을 하는 진정성 있는 제품과 기업에 마음을 움직이는 세대였다. 기업들은 이에 주목하여 제품 홍보 및 전달을 하는 방식에 있어서 좀 더 진정성 있고 솔직하며, 오픈된 관점에서 소비자들이 다양한 개인화 체험이 가능하도록 혁신적인 전략을 펼치며 MZ세대를 아우를 수 있는 디지털 체험 마케팅에 집중하고 있다.

코로나19 이후 체험 솔루션의 변화 추세

그렇다면 최근 몇 년 동안 테크와 콘텐츠가 결합된 체험 솔루션은 어떻게 발전하고 진화되었을까. 우리는 최근 몇 년 전 발생했던 코로나19로 인한 팬데믹 3년을 지나면서 DX(Digital Transformation)의 흐름에 따라 테크를 결합한 콘텐츠 솔루션에 어떠한 변화가 있었는지 살펴볼 필요가 있다.

"온라인으로 전환하겠습니다."

2020년 코로나19 발생 이후 전시 및 행사가 모두 취소되었다는 말과 함께 가장 많이 들었던 소리 중 하나이다. 바로 오프라인 전시 프로젝트가 취소된 대신 온라인으로 대체한다는 공고였다. 언택트 교육, 디지털 노마드 등 모든 분야에서 비대면 온라인화가 이루어지면서 전시 마케팅, 경험 솔루션 분야에서도 대안 모색 중 하나인 비대면 온라인 전시 행사가 성행하게 되었다.

이 시기에 코로나19가 장기화되면서, 단순히 교육 사회 경제 등의 산업 분야에서의 온라인화를 넘어서서, 우리 인간의 일상 패턴, 삶의 방식이 더 버추얼화되고 확장되리라는 기대로 급부상한 기술이 바로 '메타버스' 온라인 가상공간 플랫폼이다.

어쩌면 가상 세계에서라도 실제 삶과 비슷한 삶을 이어가겠다는 인간의 재빠른 생존 전략이자 동시에 불투명한 미래에 대한 막연한 기대로 인한 대안이기도 하였다.

기업 홍보/마케팅 활동도 메타버스를 활용한 다양한 시도로 실제로 제품을 만지거나 사람을 만날 수는 없어도 버추얼 공간에서 인터렉션 하며 유사 경험을 하도록 제작되었고 그 가상공간 안에서 제품 구매까지 연결될 수 있도록 하는 등 다양한 시도들이 이어졌다.

삼성전자 또한 XR, AR, 온라인 스트리밍 등 디지털 기술기반 새로운 시도들로 기존에 오프라인 공간에서 펼치던 론칭쇼, 글로벌 전시, 키노트 발표 등을 온라인화했고, 베이징 동계올림픽, 신제품 출시 NFT 이벤트 등을 메타버스 플랫폼을 활용하여 제공했다.

이렇듯 코로나19는 확실히 기술의 활용을 다각화하고 앞당기는 변화의 촉매제 역할을 하며 전시 마케팅 분야에 있어서도 급진적인 디지털화를 불러일으키는 역할을 한 것이 사실이다. 하지만 포스트코로나19가 되면서 오히려 소비자들은 가상공간 경험보다 이전의 일상 경험으로의 회귀를 더욱 원하게 되었고, 메타버스 플랫폼은 예상보다 확산이 느렸다.

즉, 디지털 플랫폼화로 완전한 대전환을 예상했지만, 위드 코로나 시기에는 메타버스뿐 아니라 온오프라인을 넘나드는 하이브리드(Hybrid) 형태의 복합적 매개체들이 활성화되며, 다양한 시도의 검증기를 거치게 되었고, 많은 과도기적 현상을 동반했다. 이는 코로나가 끝나가는 앤데믹 시기로 이어지며 명확하게 다시 공간 중심, 실체 중심, 체험 중심의 오프라인 공간의 활성화로 이어지게 되었다.

Step 1	Step 2	Step 3
코로나19 전후(2020)	위드 코로나	앤데믹
Digital	On/offline Hybrid	Physital(Physical + Digital)
변화의 촉매제	복합적 매개체	필수적 매체

물론, 메타버스 가상공간상의 기업활동이나 소비자들의 참여가 성공적으로 이어지는 사례도 적지 않다. 하지만 왜 지속적인 상승곡선을 그리지 못한 걸까. 우리는 간단한 것에서 당연한 답을 얻기도 하는데, 그것은 바로 우리 자신과 주변 사람들의 삶의 방식에 대한 시선에서 알 수 있다.

우리는 대부분 메타버스 플랫폼이 확산되는 것을 보고 듣고 시도하고는 있었지만, 어느 누구도 만나서 "○○친구야 너를 메타버스에서 빨리 만나고 싶어"라고 말하지는 않았고 대부분은 "○○친구야, 하루라도 빨리 코로나19가 진정되면 만나서 같이 맛있는 것도 먹고, 쇼핑도 하고 예전의 일상으로 돌아가고 싶어"라고 말했다.

즉, 우리는 끊임없이 실제로 만나고 대화하고 경험하기를 원하고 갈망하고 있었기 때문에 메타버스 세상이 제아무리 발전하고 있어도 우리 삶 속에 제대로 들어와 작동하기 힘들었던 어쩌면 당연한 결론이었다. 물론 현재도 메타버스는 몇 가지 성공적인 플랫폼을 통해 활용되고 있지만, 실제로 2022년 하반기 이후 앤데믹 시기 즈음부터 막상 코로나19가 진정되자, 보란 듯이 사람들은 이전으로 돌아가고 있었고, 기업들은 그것을 놓칠 리 없었다.

단, 여기에서 매우 중요한 현상이 한 가지 있었다. 소비자들은 다시 이전의 실제 공간과 실제 경험으로 돌아가고 있었지만 이것은 단순한 이전 삶으로의 그대로 복귀를 의미하지 않았다. 소비자들은 원하던 원하지 않던 집에 머물면서 온라인화된 수많은 시스템에 매우 익숙해지게 되었고 이미 다양한 디지털 매체와 마케팅 수단에 상당 기간 동안 많이 노출되면서 다양한 기술과 콘텐츠 경험을 하며, 그에 따라 디지털 매체에 대한 인식 및 지식수준 또한 급상승되어 있었다.

한 가지 예로, 팬데믹 기간 동안 우리는 백신접종시스템 접속을 위해 QR 코드 스캔을 하거나 앱을 이용하는 등의 행위에 아이부터 노인까지 매우 익숙해져 있었던 것을 기억할 것이다. 이것은 실제로 오프라인 전시에서 QR 스캔을 이용해서 AR(증강현실)을 보여주거나 이벤트 및 도슨트 앱 사용 등을 위해 많이 적용하는 디지털 방식이다. 이렇게 디지털 콘텐츠를 감상하는 방식이 익숙한 체험으로 여겨지는 일이 많아지며 소비자들은 더 적극적으로 새로운 콘텐츠와 체험 방식을 기대하게 되었다. 즉, 이제는 누구나 테크 솔루션을 다 한 번씩은 다뤄보고 경험했으며 웬만해서는 새롭고 혁신적이게 보이지 않을 수 있기도 하였다. 그렇기 때문에 기업들은 이전보다 한층 진보되고 발전된 형태의 디지털 콘텐츠로 소비자를 만족시켜야 하며, 그 무대는 가상공간만이 아닌 실제 공간과 디지털 콘텐츠가 복합적으로 공존하는 새로운 형태의 체험 공간이 필수적이게 되었다. 이는 '공간력'을 지닌 오프라인의 재탄생을 의미하며, 오프라인 공간이라는 물리적 환경에 디지털 경험을 융합하여 새로운 고객 경험을 창출해 내는 '피지털(Physital: Physical + Digital)'이 중요한 시대로 변화되고 있었다(김난도, 2023).

노스캐롤라이나 대학 황지영 교수는 코로나19로 인해 비대면 소비가 확산하면서 온라인으로 많은 부분이 바뀐 건 분명하지만, 여전히 오프라인은 중요한 채널이라고 강조하며, 코로나19 이후의 시기는 오프라인의 종말이 아닌 오프라인의 재탄생을 준비할 시기라고 공간의 힘을 강조했다(≪조선비즈≫, 2021.1.17).

공간의 힘에 대한 것은, 2023년 10대 트렌드 키워드에서도 알 수 있다. 『트렌드 코리아 2023』에는, 2023년은 'Magic of Real Spaces'의 시기라고 표현하며 공간력을 중요한 트렌드로 조명하고 있다. 바로 공간 자체의 힘으로 사람을 모으고 머물게 하며 끌어당긴다는 의미인 인력, 그리고 실제 공간과 연계된 콘텐츠일수록 효율적이라는 연계력, 마지막으로 가상공간과의 융합을 통해 그 지평을 넓힐 수 있다는 확장력까지 세 가지 형태의 공간력에 대해 강조하며 피지털의 개념을 잘 설명해 주고 있다(김난도, 2023).

삼성전자 글로벌 마케팅 오프라인 전시의 재가동 및 테크 솔루션의 중요성 증가

2022년은 완전히 코로나가 끝나진 않았지만 앤데믹 시기로 향해가며 조금씩 일상을 찾아가고 있었던 시기였다. 광고/마케팅 분야에 있어서도 기업들의 오프라인 공간을 이용한 리테일 행사, 팝업스토어 오픈, 전시 등 피지털 단계의 일환으로 온오프라인을 넘나들며 복합적 형태로 마케팅 활동을 활발히 하기 시작했다. 삼성전자 글로벌 전시 마케팅 대행을 담당하고 있는 제일기획에서도 글로벌 오프라인 전시 재가동에 맞춰 새롭게 도전해야 하는 중요한 시점이기도 했다.

이미 코로나19가 발생하기 이전부터 위드 코로나 시기까지 급변하는 시장의 상황에 대처하며 하이브리드적인 광고/마케팅 활동을 펼치며 노하우를 축적해 왔으며, 그중에서도 전시기획 및 경험 디자인에 있어서 전문적이고 선행적인 기술의 도입이 필수적인 점을 착안, 테크와 콘텐츠의 융합으로 체험 솔루션을 기획할 수 있는 전문팀을 신설하여 대응하였다.

2022년 하반기가 되면서 드디어 삼성전자도 오프라인으로 열리는 글로벌 주요 전시들에 참여하게 되었다. 그중에서도 2022년 9월에 진행되는 IFA전시는 독일 베를린에서 매년 개최되는 유럽 최대 가전 전시회로 IT제품, 가전 관련 기업들에는 글로벌 주요 전시 중 하나로써 코로나19 이후 3년 만에 처음으로 이뤄지는 중요한 전시행사이기도 하였다.

단순히 코로나19 이전처럼 이제 다시 오프라인 전시로 돌아갔으니 전시도 이전과 같이 구성해도 된다는 안일한 생각으로는 전 세계 거대 경쟁사 및 기업들이 대거 참여하는 글로벌 전시에서 살아남지 못할 것이기 때문에 제대로 된 준비와 전략이 필요했다.

디지털 체험 마케팅의 측면에서 중요했던 전략 중 하나는, 바로 테크 기반 체험 솔루션 강화로 진화된 디지털 솔루션들을 접목하고자 한 점이다. 오랜만에 사람들이 실제의 공간을 방문하여 전시 관람을 하기 때문에 무엇보다 제품과 사람과의 탠저블(Tangible)한 쌍방향의 커뮤니케이션이 일어날 수 있는 테크 솔루션이 필요했으며, 이때에 중요하게 다룬 점은 단순 와우 효과(Wowness)로 보여주기 식의 솔루션들이 아닌 진정성 있는 접근으로 기업의 비전과 메시지를 잘 전달해 줄 수 있는 체험 콘텐츠를 발굴하고자 한 것이 목표였다.

삼성전자는 'IFA 2022'에서 '스마트싱스(SmartThings)'를 통한 새로운 소비자 경험과 지속 가능한(Sustainability) 기술로 미래 라이프 스타일을 제시하고자 하는 전시목표를 가지고 있었다(삼성전자 반도체 뉴스룸 유튜브, 2022.9.4)

이 두 가지 주요한 기업 메시지인 SmartThings와 Sustainability을 입구부터 직관적으로 알 수 있도록 동작인식 센서와 터치스크린을 이용한 인터렉티브 체험 테크 솔루션을 도입하였다. 또한 전시공간 내부 Sustainability zone에서는 삼성전자의 친환경 제품 생애주기에 대한 진정성 있는 경험을 할 수 있도록 인터렉티브 솔루션에 실제 재생 소재를 적용하였고, 소비자들의 친환경 실천의 동참을 유도하는 버추얼 캠페인을 만들어 온라인 및 SNS에 공유되고 확산될 수 있도록 하였다.

이 외에도 공간과 솔루션, 그리고 이벤트 및 운영에 이르기까지 모든 관련 전문적인 팀들의 협업과 노력으로 기업이 전달하고자 하는 메시지가 명확하고 효과적으로 전달될 수 있도록 전략부터 기획, 그리고 제작과 실행 운영에 이르기까지 총체적으로 준비가 진행되었고 그 결과는 성공적이었다.

2019년 이후 3년 만에 개최되는 IFA 2022 전시에는 총 1856개 기업이 참석하였고 전체 방문객은 약 18만 명 정도 되었다. 이 중에서 삼성전자 부스 방문객은 총 약 13만 명 이상으로써, IFA 주최 측 추산 전체 방문객 중 약 80%에 해당하는 인원수였다.

이는 코로나19 이전 시기인 2018년 당시 하루에 약 2만 6000명 정도의 방문객이 있었던 시기와 거의 동일한 수준으로 회복된 방문수로 성공적이었다. 그뿐만 아니라 2022년 IFA 총미디어 브랜드 언급 버즈량으로써 삼성전자가 1위를 차지하였던 만큼 외부의 관심도에서도 괄목할 만한 성과를 이루었다.

이렇듯 삼성전자 글로벌 마케팅 전시 사업부에서는 오프라인으로 이루어지는 글로벌 전시 참여 재가동에 더욱 박차를 가하게 되었고, 이는 2023년까지 이어지고 있다. 2023년 9월에 개최된 IFA 2023에서는 코로나19가 완전히 종식되고 참여자가 보고 만지고 들을 수 있는 더욱 더 효과적인 인터렉티브 테크 기반 체험 솔루션을 업그레이드하여 선보였다.

IFA뿐 아니라 2023년 1월에 개최된 세계 최대 규모의 가전제품 박람회인 CES[1])도 3년 만에 다시 재가동되었고, 특히 2022년에 코로나19를 이유로 불참했던 글로벌 IT 기업들인 구글, 마이크로소프트, 아마존 등이 대거 참가하면서 전 세계 약 2000개 이상의 기업이 참가하는 대규모 전시 박람회로 개최

1) 미국 라스베이거스에서 해마다 열리는 세계 최대 규모의 가전제품 박람회.

되었다. 이는 2024년 CES까지 이어질 것으로 전망되며, 앞으로도 실제 오프라인 공간에서 이루어지는 효과적인 솔루션에 대한 기업들의 고민은 더욱 치열해질 것이라 전망한다.

데이터를 활용한 개인화 체험으로 고객 경험의 고도화 전망

앤데믹 시대로의 전환으로 코로나19로 인해 침체되었던 오프라인 공간이 실제적 체험을 원하는 사람들로 인해 다시 활성화됨으로써 여전히 중요시 되고 있는 오프라인 공간에서의 고객 경험과 체험형 테크 솔루션의 영향력에 대해 알 수 있었다. 그리고 기존보다 한층 진보된 디지털 체험과 콘텐츠로 기존의 공식을 깨고 변화를 시도하는 기업들은 소비자들의 공감과 흥미를 이끌며 성공적인 마케팅 전략을 이어가고 있는 것을 알 수 있었다. 그렇다면 어떻게 하면 소비자들의 체험을 고도화할 수 있을까. 우리는 경험과 체험의 주체가 되는 고객의 데이터에 집중해야 한다. 이미 빅데이터 분석과 인공지능 기술을 토대로 한 개인화 맞춤 서비스는 필수인 시대이며, 기업과 브랜드들은 오프라인 및 온라인상에서 고객 행동을 정밀하게 관찰할 수 있는 시스템으로 고객 데이터를 수집하고 개인에게 최적의 정보를 제공하며 맞춤형 판매로까지 이어질 수 있는 데이터 주도(Data-driven) 광고/마케팅 활동을 펼쳐나가고 있다.

이렇듯 인공지능 기술의 발전으로 AI 기반의 개인화가 시대적 흐름인 것은 분명하지만, 개인화보다 좀 더 입체적인 분석을 통해 이뤄지는 '초개인화'는 좀 더 다양한 경로로 데이터를 수집하여 예측적이고 최적의 맞춤형 서비스를 가능하게 해주는 방식이라 주목할 필요가 있다. 체험 솔루션에서도 기업이 고객 세그먼트로부터 개인들의 각기 다른 취향과 니즈의 발견을 토대로 적절하고 정확한 고객 체험 콘텐츠를 제공해 주는 것이 중요하므로, 초개인화 된 상호작용을 통해서 통합적 솔루션을 제시할 수 있도록 데이터를 활용하는 것이 필요하다. 실제로 개인화가 성숙화됨에 따라 기업의 매출에도 영향이 있다는 연구결과가 있으며, 이러한 맞춤형 마케팅 서비스를 위한 기술을 지속적으로 개발한다면 한층 발전된 형태의 맞춤형 고객 경험을 만들어나갈 수 있을 것이다.

이렇듯 앞으로도 새로운 기술의 등장과 발전은 더욱 빠른 속도로 계속될 것이다. 그에 따라 기업은 더욱 더 혁신적이고 민첩한 대응과 마케팅 전략 수립이 필요하며, 이때에 수많은 기술 자체보다 무엇을 왜 어떻게 누구에게 전달할 것인지 진정성 있게 접근하고 필요한 적절한 기술을 잘 응용했을 때 성공적인 디지털 마케팅을 이어나갈 수 있을 것이다.

참고문헌

김난도. 2023. 『트렌드 코리아 2023』. 미래의 창.

≪조선비즈≫. 2021.1.17. "황지영 노스캐롤리아대 교수, "리테일의 미래, 오프라인에 있다"".

코틀러, 필립·허마원 카타자야·이완 세티아완. 2021. 『필립 코틀러 마켓 5.0』. 이진원 번역. 더퀘스트.

21. 왜 유튜브인가

김 종 래 (디앤씨컴퍼니 부사장)

바야흐로 '유튜브' 전성시대다.

국내에서는 흔히 '너튜브'라고도 부르는 동영상 공유서비스 유튜브는 PR과 광고, 마케팅을 담당하는 사람들에게도 선택이 아닌 필수불가결한 플랫폼이 되었다.

세계가 코로나19 팬데믹의 힘든 시간을 겪는 동안 수많은 비즈니스의 흥망이 첨예하게 엇갈렸다. 여행사와 항공사들이 개점휴업 상태로 어려웠지만, 유튜브는 거의 모든 통계에서 증명이 될 만큼 트래픽이 폭발적으로 급증하면서 가장 강력한 소셜 미디어 플랫폼으로 굳건하게 성장해 왔다. 이미 세계에서 월 사용자 20억 명을 넘어섰고 국내에서도 유튜브 앱은 가장 많이 쓰고 있는 카카오톡의 이용자 수와 비슷한 수준까지 올라오면서 대중적으로 큰 인기를 누리고 있다. 지상파 3사는 물론 종합편성채널과 주요 언론사들까지도 앞다퉈 다채로운 유튜브 채널들을 개설해 활발하게 운영하고 있을 만큼 유튜브의 힘과 영향력은 나날이 커지고 있다. 넷플릭스, 웨이브, 티빙, 디즈니플러스, 쿠팡플레이 등 국내외 OTT 서비스들도 유튜브를 통해 자사 킬러 콘텐츠들을 앞다퉈 홍보하고 있다. 방송사와 OTT 사업자들은 롱폼 콘텐츠들의 시청률을 높이고 흥행시키기 위해 유튜브의 숏폼 콘텐츠를 올리며 홍보 채널로 예외 없이 활용하고 있다.

유튜브는 먹방, ASMR, 브이로그 등 새로운 장르의 개척자

2005년 2월 동영상 공유서비스로 시작된 유튜브는 2006년 10월 구글에 인수되었다. 지금에 와서 돌이켜 보면 구글의 유튜브 인수는 신의 한 수였다. 구글은 유튜브에 영상을 올려 공유하는 크리에이터들에게 조회수에 비례해 광고 수익을 나눠주고 있다. 이 수익 배분 협업이 유튜브의 핵심 비즈니스 모델이자 강력한 경쟁력의 원천이다. 교육부와 한국직업능력연구원이 발표한 『2022년 초중등 진로교육 현황조사』 결과에서 초등학생의 장래 희망으로 유튜브 크리에이터가 3위(6.1%), 의사는 4위(6.0%)로 나왔을 정도로 유튜버는 최고의 인기 직업이 되었다. 하지만 소수의 유튜버들이 엄청난 유명세에 큰 수익을 거두고 있는 반면 대다수 유튜버들은 거의 수익을 내지 못하고 있는 것도 엄연한 현실이다.

유튜브는 기능적으로도 끊임없이 진보하며 이용자 수를 늘려왔다. 유튜브는 틱톡(TikTok)에 맞서 최대 1분까지의 분량에 스마트폰으로 보기 편한 세로 크기의 숏폼을 올릴 수 있는 '쇼츠(Shorts)'를 선보여 빠른 인기몰이를 하고 있다. 생중계가 가능한 라이브 스트리밍 기능과 긴 영상을 체계적으로 나눠 보여줄 수 있는 챕터, 채널 운영자와 팬들 간의 소통력을 높여주는 커뮤니티 서비스 등 기능들을 속속 추가하고 변신을 거듭하면서 유튜브의 거침없는 세계 정복은 더 빠른 속도를 내고 있다. 아이러니하게 유튜브와 구글 서비스는 중국 내에서는 이용이 금지되어 원칙적으로 현지에서 접속 자체가 불가능하다. 이와 대조적으로 미국을 시작으로 유럽연합(EU), 캐나다, 일본까지 안보 우려로 중국 동영상 공유 플랫폼인 틱톡에 대한 규제와 금지가 확산되고 있다. 손 안의 모바일에서 펼쳐지고 있는 신냉전인 셈이다.

유튜브는 동영상 공유를 통해 새로운 문화 현상을 끊임없이 만들어내고 있다. 한국에서 번져 세계인들까지 한국어 그대로 알게 된 먹방을 비롯해 소리로 감성을 파고드는 ASMR, 다양한 시도를 공유하고 따라 하는 릴레이 챌린지, 일상을 그대로 보여주는 브이로그, 다양한 게임이나 제품들의 리뷰와 DIY 등 다양한 장르를 개척해 오고 있다. 특히, K팝 콘텐츠는 유튜브를 통해 신곡을 발표하는 게 정석이 되었고 조회수가 얼마나 빨리 늘어나느냐에 따라 흥행 여부가 판가름 나게 됐다. BTS, 블랙핑크, 뉴진스 등 한국의 아이돌들이 세계적인 스타덤에 오를 수 있는 것도 유튜브가 큰 힘이 되었다.

유튜브 PR 마케팅에 앞다퉈 뛰어들지만 차별화 쉽지 않아

유튜브에는 수많은 기업은 물론 거의 모든 정부부처와 공공기관이 브랜드 채널을 만들고 콘텐츠를 올리며 홍보 활동을 하고 있다. 수없이 많은 기업과 기관들의 홍보 마케팅 채널에 개인 크리에이터들의 활발한 활동까지 겹쳐 개별 채널 입장에서 보면 구독자와 조회수, 좋아요, 댓글을 이끌어내기가 만만치 않다. 일방적인 메시지를 담은 광고 콘텐츠는 예외 없이 외면 받게 마련이다. 유튜브 인기 콘텐츠들을 분석해 보면 나름대로의 경쟁력과 차별화 요소들을 찾아볼 수 있다.

가장 중요한 것은 영상 콘텐츠의 독창성이다. 독창적이어야만 사람들의 눈길을 끌 수 있다. 감동이나 코믹 등 콘텐츠 자체가 매력적인 힘을 갖고 있어야 한다. 이런 포인트를 살리지 못한 채 홍보 메시지만 강하게 드러나면 시청자들은 영상을 바로 끄거나 스킵하게 된다. 지자체 중에서 가장 구독자가 많은 충주시의 유튜브 채널인 '충TV'는 김선태 주무관의 B급 감성과 창의력 넘치는 기획 영상들로 지금까지 폭넓은 사랑을 받으며 충주 홍보의 주춧돌로 떠올랐다.

보건복지부의 유튜브 채널인 '복따리TV'는 지금까지 딱딱한 정책 홍보를 흥미로운 영상 시리즈로 만들어 공개하면서 높은 조회수를 기록해 오고 있다. 다양한 미디어 플랫폼을 동시에 활용해 소통하고 있는 노담(금연) 캠페인을 비롯해 아동학대 예방, 음주 폐해 예방 등 국민 눈높이에 맞는 유튜브 콘텐츠를 선보이고 있다. 이들 시리즈에 이어 최근에 올린 고독사 예방 캠페인 영상은 배우 임원희가 5060 남성을 대표하는 최고립 부장으로 출연해 미니 드라마와 같은 스토리텔링 공감형 콘텐츠로 중년 남성들이 고립과 고독사의 위험에 처해 있는 상황과 문제점을 자연스럽게 깨닫게 해준다. 현실에서 있을 법한 상황을 코믹하면서도 더 사실적으로 응집해 보여주는 극사실 콘텐츠를 이른바 '하이퍼 리얼리즘(Hyper Realism)'이라고 부른다. 임원희와 개그우먼 박소영의 찰떡같은 케미와 연기로 실제 우리 주변에서 일어나고 경험할 수 있는 고립과 고독사 문제를 되돌아보게 해준다. 이러한 하이퍼 리얼리즘을 대표하는 유튜브 채널로는 개그맨들이 뭉치고 출연해 큰 인기를 끌고 있는 '너덜트'와 '숏박스'가 있다. 이들 채널은 현실을 날카롭게 파고드는 유머와 웃음, 공감으로 채널 오픈 이후 올리는 영상마다 놀라운 조회수를 기록하면서 MZ세대들에게 큰 사랑을 받고 있다. SK텔레콤은 숏박스와의 협업으로 자사의 인공지능(AI) 서비스인 '에이닷'을 소개하는 시리즈 영상을 올려 소비자들의 호기심을 파고들기도 했다.

관광객 유치, 고독사 예방, 브랜딩과 매출 증대 등 유튜브 홍보활동 활발

문화체육관광부와 한국관광공사가 외국인 관광객 유치 홍보를 위해 운영하고 있는 유튜브 채널 '이매진 유어 코리아(Imagine Your Korea)'는 독특한 시리즈 콘텐츠로 대한민국을 감성적으로 알리는 데 지대한 역할을 하고 있다. 코로나 기간 동안 공개했던 '범 내려온다' 등 '필 더 리듬 오브 코리아(Feel the Rhythm Of Korea)' 시즌 1의 총 6편 유튜브 합산 조회수가 2억 9000만 회를, '머드맥스' 등 필 더 리듬 오브 코리아 시즌 2의 총 10편의 누적 조회수가 3억

1000만 회를 넘었다. 이어 '2023-2024 한국방문의 해' 홍보대사이자 한국관광 명예홍보대사인 배우 이정재가 출연해 '한국만의 역동적이고 독특한 K-컬처 체험에 도전해 보라'는 메시지를 담은 '챌린지 코리아(Challenge Korea)' 4편의 영상이 공개한 지 2개월 만에 조회수 5억 3000만 회를 돌파하며 빅히트했다.

챌린지 코리아 영상 4편의 제목은 '댄스(Dance Dance Dance)', '푸드(Battle of K-Food)', '포토 스폿(Shooting Star)', '퓨처(Hello Future)'로 각 영상별 조회수가 1억 회가 모두 넘는다. 각 영상에는 외국인들이 흥미로워할 한국의 관광 명소와 야경, 먹거리, 태권도, 댄스 등 다양한 문화와 체험이 자연스럽게 녹아 있는 게 강점이다. 이들 영상은 비트 넘치는 음악과 2분 안팎의 짧고 강렬한 편집으로 세계 젊은이들의 한국 여행 욕구를 자극함으로써 영상마다 평균 1000개의 긍정적인 댓글까지 올라왔다. 챌린지 코리아 영상에는 유튜브 광고도 어느 정도 집행했겠지만 세계 젊은이들에게 노출하기 위해 각 나라에서 TV광고를 집행하는 예산과 비교해 볼 때는 매우 경제적인 비용이면서도 더 빠르게 홍보 목적을 달성한 것이다.

맘스터치의 유튜브 광고 드라마 '엄마를 찾아서'는 아침 드라마의 막장 클리셰를 역이용하고 전속 모델인 송중기를 비롯해 조민수, 정웅인, 유재명, 박호산, 장영남, 염혜란 등 탄탄한 연기로 대중들에게 사랑받고 있는 배우들을 화려하게 캐스팅해 마치 영화를 보는 듯한 몰입감을 선사해 큰 화제를 모았다. 유튜브를 보는 사람들이 광고만 나오면 TV채널을 바꾸듯이 일반적인 광고는 스킵하거나 다른 채널로 바꿔 보게 마련이다. 이 광고는 반전에 반전, 출생의 비밀까지 활용한 B급 병맛 막장 드라마에 초호화 캐스팅으로 사람들의 눈길을 단번에 사로잡는 데 성공했다. 맘스터치는 유튜브에 전체 광고 예산의 80% 이상을 쏟아 부었고 그 결과 공개 한 달 만에 130만 뷰를 넘어섰다. 본 영상뿐 아니라 예고편과 메이킹 영상까지 큰 조회수를 올리고 입소문을 타면서 큰 화제를 모았다. 패스트푸드 소비량이 가장 높은 MZ세대를 타깃으로 한 '엄마를 찾아서'는 맘스터치의 브랜드 인지도를 높였고 매출 증대에까지 영향을 미쳤다. 2022년 한국기업평편연구소의 빅데이터 분석 결과 맘스터치는 국내 치킨 전문점 브랜드 지수 2위에 오르는 성과를 기록했다.

맘스터치가 기존 광고의 문법을 깨는 역발상으로 소비자들에게 다가가는 크리에이티브 전략을 썼다면, 큰 이슈를 활용해 어필하는 전략도 있다. 또 다른 치킨 브랜드인 '노랑통닭'은 2022년 최고의 이슈였던 제20대 대통령 선거를 패러디하고 배우 마동석을 모델로 기용해 '노랑통닭 바삭대표 선거' 캠페인을 펼쳤다. 다른 치킨 브랜드와 비교해 노랑통닭은 가마솥에 튀겨 남다르게 더 바삭한 맛이라는 특장점을 소비자들에게 전달하고 인지도를 높이기 위해 마동석 캐릭터를 5명의 출마 후보 페르소나로 재탄생시켰다. 노랑통닭 유니버스 세계관까지 반영한 유세 영상들을 보고 소비자들이 직접 투표하도록 유도한 것이다. 이 투표가 더 흥미로운 점은 유튜브 광고 상품 '트루뷰 인스트림'의 특성인 30초 이상 시청해야만 조회수가 집계된다는 것을 역이용해 시청자들이 스킵하지 않고 30초 이상 보면 자동 투표를 한 것으로 간주했다는 것이다. 유세 영상 캠페인 광고를 자연스럽게 더 많이 보도록 하는 장치가 되어 영상들의 조회수를 높이는 효과까지 거뒀다. 노랑통닭은 이 캠페인 실행 후 기존보다 매출이 17% 증가하고 브랜드 선호도가 7.78%가 높아졌다. 가맹점 600호점 달성이라는 목표도 7개월이나 앞당겼다.

구글에 이은 세계 2위 검색엔진 유튜브

유튜브는 영상을 공유하기 위한 플랫폼이지만 이미 구글, 네이버와 같은 포털처럼 검색엔진 역할까지도 톡톡히 해내고 있다. 세계적으로는 구글이 1위 검색엔진, 유튜브가 2위에 올라 있다. 노랑통닭의 경우 마동선 선거 유세 캠페인을 진행하는 동안 관련 검색어가 구글 9.1%, 네이버 16.6%, 유튜브 14.8%가 증가했다고 한다.

검색엔진으로 널리 쓰이고 있는 만큼 유튜브도 포털처럼 '검색엔진최적화

(SEO)'가 중요하다. 유튜브 플랫폼에서 타깃으로 삼은 사람들에게 브랜드를 알리고 제품의 특장점이나 캠페인하는 정책을 제대로 전달하고 공감하도록 만들려면 영상을 올릴 때나 올린 후 반응을 보면서 '메타데이터(metadate)'를 점검해야 봐야 한다. 유튜브 메타데이터를 보다 쉽게 설명하면 유튜브에 올리는 영상의 제목, 설명, 해시태그, 자막 등 네 가지 정보라고 할 수 있다. 가장 중요한 제목은 간결하고 직관적으로 알 수 있도록 작성하는 동시에 유튜브 이용자들이 많이 찾는 관련 검색 키워드가 들어가면 더 좋다. 설명은 제목을 보충해 주는 역할을 해주는데 여기에도 키워드를 적절하게 넣어야 노출이 더 잘 된다. 해시태그에도 정확한 키워드들을 넣어줘야 한다. 올리는 영상과 아무 관련이 없는 인기 키워드만 잔뜩 넣으면 유튜브 알고리즘에서 오히려 이상한 콘텐츠라고 판단해 걸러내게 된다. 제목과 설명이 검색에 더 유리하기 때문에 해시태그는 너무 많이 넣을 필요가 없다. 해시태그는 평균적으로 10~15개 정도 들어간다. 자막은 영상 내 자막이 아니라 유튜브가 자동 생성하거나 직접 업로드하는 다국어 등이다. 메타데이터를 정확하고 효과적으로 정리하면 유튜브 알고리즘을 통해 상위 노출 가능성이 커지고 SEO 측면에서도 유리해진다.

유튜브 콘텐츠는 영상이 기본이라 방대한 정보를 전달하는 데는 상대적으로 취약한 편이다. 기업이나 기관이 유튜브를 PR 플랫폼으로 활용할 때는 홍보하고자 하는 내용의 큰 흐름이나 방향, 취지를 타깃 대상들이 흥미를 갖고 영상을 끝까지 시청하고 공감하도록 기획하는 게 핵심이다. 전달하고자 하는 더 자세한 정보는 페이스북, 인스타그램, 블로그 등 다른 소셜 미디어 플랫폼을 유튜브와 연계하는 전략이 필요하다.

유튜브의 영상을 클릭해 보게 만드는 또다른 요소로는 '섬네일(thumbnail)'이 있다. 눈길을 끌 수 있는 이미지와 제목을 담는 섬네일의 중요성은 날이 갈수록 더 커지고 있다. 유튜브의 기능 중 하나인 재생목록도 카테고리를 잘 분류해 한 주제의 영상들을 묶어 시리즈로 이어 볼 수 있도록 하는 게 구독자 수와 조회수를 늘리는 데 도움을 준다.

유튜브는 PR과 마케팅, 광고가 혼재된 압도적 플랫폼

소셜 미디어를 활용한 PR마케팅은 페이스북, 인스타그램, 블로그 채널만으로 운영할 때보다 유튜브의 인기가 더 빠르게 커지면서 그 투입 비용도 크게 늘어나고 있다. 위에서 언급했던 몇몇 기관과 기업 사례들에서 엿볼 수 있듯이 초호화 캐스팅을 위한 출연료, 영화와 드라마 수준의 제작비부터 영상을 더 빨리 노출하기 위한 유튜브 광고와 이벤트 비용까지 유튜브를 활용한 홍보에도 기존 지상파 TV광고에 투입한 만큼 막대한 예산이 들어가는 사례가 늘고 있다.

유튜브를 통한 빠른 입소문을 위해 인플루언서 협업(Collaboration) 사례도 많아지고 있다. 유명 유튜버들이 샌드박스네트워크, 다이아TV, 트레져헌터 등 MCN(다중채널네트워크) 회사들과 잇따라 매니지먼트 계약을 하면서 이들과의 협업 비용도 빠르게 상승하고 있다. 그만큼 유튜브 제작비용은 늘어나면서 가성비 있는 유튜브 채널 운영과 콘텐츠 제작이 점점 더 힘들어지고 있는 추세다.

PR의 관점에서 보면 유튜브라는 플랫폼은 신문, 방송, 라디오, 잡지 등 기존 레거시 미디어보다 강력하고 압도적이다. 이른바 '떡상'한 콘텐츠 하나가 타깃 공중과의 긍정적인 상호 소통에 막대한 파급력을 가지기 때문이다. 하지만 유튜브는 PR이라는 속성도 갖고 있지만 제품의 인지도와 판매를 늘리기 위한 고객을 찾는 마케팅도 혼재되어 있다. 기업과 기관들이 유튜브 광고 비용을 들여 초기 노출을 극대화하는 경향이 커지고 있는 현상을 보면 광고로도 볼 수 있다. 구독과 좋아요, 알림 설정, 커뮤니티 기능으로 쌍방향 커뮤니케이션이 가능한 유튜브는 한 마디로 PR과 마케팅, 광고가 혼재되어 있는 복합 플랫폼이라고 할 수 있다. 게다가 유튜브는 홍미와 재미, 정보 검색 수단으로 애용하고 있는 사용자들에게는 PR과 마케팅, 광고 영상은 단 한 번도 원한 적이 없던 콘텐츠라는 본질을 갖고 있기도 하다. 유튜브 플랫폼이 갖고 있는 이러한 특성들을 감안해 독창적이고 차별화된 크리에이티브 전략과 기획, 적절한 예산 투입으로 목표로 삼은 PR 마케팅을 꾸준히 펼쳐나간다면 원하는 결과에 다다를 수 있다. “우리는 길을 찾을 것이다, 늘 그랬듯이”라는 영화 〈인터스텔라〉의 명대사처럼.

참고문헌

≪더피알≫. 2023.6.20. “MZ세대가 즐기는 동영상 트렌드는?”

≪동아일보≫. 2022.12.19. “초등생, 의사보다 유튜버 선호… 중학생 38% 희망 직업 없어.”

≪머니투데이≫. 2023.5.17. “유튜브 차단한 中, 틱톡 막으려는 美… 달라진 ‘앱 파워’”.

≪헤럴드경제≫. 2022.12.10. “K-팝, 다시 그리는 세계지도 [어떻게 보십니까 2023]”

김경달 외. 2022. 『디지털미디어 인사이트 2023』. 이은북.

보건복지부 복따리TV. www.youtube.com/@mohw_kr

한국관광공사 Imagine Your Korea 유튜브. www.youtube.com/@imagineyourkorea

SK텔레콤 유튜브. www.youtube.com/@SKtelecom

맘스터치 유튜브. https://www.youtube.com/@momstouch6549

노랑통닭 유튜브. https://www.youtube.com/@norang_tongdak

22. 메타버스와 NFT로 진화하는 콘텐츠

임 지 현 (카카오게임즈 부사장, 한국PR협회 부회장)

메타버스, 가상·증강현실, 블록체인·NFT, 숏폼 콘텐츠, 인공지능…. 최근 수년간 IT 트렌드의 변화를 이끌어온 키워드들이다. 언론 보도뿐만 아니라 수많은 세미나와 포럼들의 주제를 살펴보면 이와 같은 트렌드의 변화를 체감할 수 있다. 트렌드에 따라 특정 비즈니스 분야가 급성장하고, 각기 다른 분야에서 비즈니스 경쟁력이 강한 기업들의 가치가 급격하게 높아지기도 한다. 새로운 기술들은 계속 생겨나고, 이러한 기술의 활용에 대한 기대치와 실제 성과는 해마다 달라진다. 중요한 것은 이러한 큰 흐름들이 우리의 평범한 생활에, 그리고 일상의 커뮤니케이션에 어떤 변화를 가져오는가 하는 점이다.

IT 트렌드의 중심에 있는 기술들은 다양한 분야에서 유용하게 쓰이면서 우리 생활에 영향을 미친다. 더 많은 이들이 관심을 가지고, 사용해 보고, 연구할수록 기술을 활용한 서비스들도 진화한다. 제각기 다른 서비스와 콘텐츠들이 융복합하면서 새로운 트렌드를 만들어내기도 한다. 2020년 이후 많은 이들이 주목했었던 메타버스와 NFT는 이 글을 쓰고 있는 2023년 하반기 현재 다소 주춤해진 모습을 보이고 있지만, 한편에서는 그 확장 가능성에 대한 관심과 함께 다양한 시도가 지속될 것으로 보인다.

메타버스와 확장현실(Extended Reality: XR)

메타버스(metaverse)는 메타(meta)와 유니버스(universe)의 합성어로, '물리적 실재와 가상의 공간이 실감 기술을 통해 매개·결합되어 만들어진 융합된 세계'로 정의할 수 있다(한국지능정보사회진흥원, 2021). 코로나 팬데믹을 계기로 새로운 공간과 관계에 대한 요구가 강해지면서 이를 활용한 서비스 또한 급증했다. 메타버스 플랫폼에서 이용자와 크리에이터, 기업·기관·학교 등이 참여해 다수의 이용자가 동시에 커뮤니케이션하며 상호작용이 이루어지고, 나아가 이용자들 간에 NFT 아이템과 같은 재화의 거래가 이루어지기도 한다.

메타버스의 산업 분야별 대응을 살펴보면, IT 기업의 경우, 자체 제작이나 관련 기업 M&A를 통해 관련 장비나 기술을 개발하거나 플랫폼을 구축하고 있고, 게임 기업들도 테크 기업과의 M&A 및 메타버스 내 경제 시스템 구현 등을 통해 메타버스 비즈니스를 확장하고 있다. 엔터테인먼트·미디어 분야에서는 가상인간 제작 또는 NFT 활용을 통해 메타버스 생태계에 참여하고, 유통·소비재 분야에서는 메타버스 플랫폼을 활용해 소비자들의 디지털 고객 경험을 강화하며, 소비자가 가상에서 제품을 보다 현실감 있게 경험하도록 활용하는 사례가 늘고 있다(삼정KPMG, 2022).

메타버스의 대표적 사례로 빠지지 않고 언급되는 포트나이트(Fortnite)는 에픽게임즈의 3인칭 슈팅게임으로 출발했으나, 가장 주목할 만한 메타버스 플랫폼으로 성장하고 있다. 2020년, BTS가 새로운 뮤직비디오를 공개했던 장소는 다름 아닌 포트나이트였다. 포트나이트는 아리아나 그란데나 트래비스 스캇 등 세계적으로 유명한 뮤지션들의 메타버스 콘서트를 개최하며 단순히 콘서트를 시청하는 것을 넘어서 팬들이 아바타를 활용해 능동적으로 참여할 수 있는 장을 마련하고 있다. 시간과 공간의 제약이 없는 메타버스는 직접 만나기 힘든 국내외 뮤지션들의 공연을 즐길 수 있는 또 하나의 플랫폼으로 자리하고 있는 것이다.

메타버스를 활용한 이벤트는 기존 오프라인 행사에 비해 현장감은 덜하겠지만, 아바타를 통한 직접적인 커뮤니케이션과 이를 통한 교감, 팬 커뮤니티, 가상 아이템 판매 측면에서 차별화하며 문화예술 및 엔터테인먼트 분야에서 확산되고 있다. 직접 현장에 참여하는 느낌의 몰입감을 선사할 수 있고 팬들끼리 정보도 주고받으며 관련 아이템들을 거래할 수도 있어서 새로운 콘텐츠를 효과적으로 홍보하는 채널로 활용할 수 있다. 팬들과 아티스트들을 더욱 긴밀하게 연결시켜 주는 또 하나의 커뮤니티가 이루어지며, 그 활용 사례도 점점 늘어날 것이다.

IP를 가진 기업들이 메타버스 플랫폼과 협업하는 사례도 주목할 만하다. 2022년, 카카오엔터와 넵튠, 컬러버스 3사는 메타버스 사업 및 서비스 협업에 대한 업무 협약을 체결했는데, 이 협약을 통해 오픈형 3D 메타버스 플랫폼인 컬러버스에서 카카오엔터테인먼트가 보유한 웹툰, 웹소설 및 K팝 관련 IP를 연계해 서비스를 제공할 것으로 보인다.

흔히 메타버스하면 가상현실을 연상하지만, 증강현실(AR)도 메타버스로 분류할 수 있다. AR은 현실에 디지털 요소가 더해져 사물이 실제로 보이는 방식을 변화시키는 기술로, 특히 SNS에서의 활용이 증가하고 있다. 인스타그램이나 틱톡, 페이스북 등의 SNS에서는 수많은 사진 필터에 AR 기술이 사용되어 재미있고 임팩트 강한 게시물을 만드는 데 쓰이고 있다. 또한, 모바일 광고에 AR 카메라 효과를 추가해 광고 주목도를 높이고 캠페인 성과를 이끌어낸다. 사람들이 가상현실에서 제품을 사용해 보고 브랜드와 소통할 수 있도록 몰입도 높은 경험을 만들어내는 것이다.

더 나은 쇼핑 경험을 위해 AR을 활용하는 브랜드도 늘고 있다. 이케아는 보다 많은 소비자들이 가구를 구매하기 전, 다양한 스타일과 색상의 가구를 살펴보고 3D로 제품을 배치해 보면서 원하는 제품을 구매할 수 있도록 이케아 플레이스 앱을 출시하고, 기능을 계속 업그레이드하고 있다. 명품 브랜드 에르메스가 인스타그램을 통해 신상 스카프를 착용해 보는 AR 필터를 제공하고, 디올 뷰티가 오프라인 팝업스토어를 운영하면서 AR 효과를 적극적으로 활용해 특별한 고객 경험으로 인스타그램 등에서 화제가 된 부분은 벤치마킹할만한 케이스이다.

SNS 이용자들은 이제 AR 필터를 단순히 사용하는 것에 그치지 않고 직접 AR 필터를 제작하기도 한다. 메타 스파크 AR(Spark AR), 틱톡 이펙트 하우스(Effect House) 등 무료로 공개 중인 AR 제작 프로그램을 활용해 나만의 AR 필터를 제작해 크리에이터로 활동하며 브랜드와 협업하는 사례 또한 늘고 있다. 메타 코리아는 AR 콘텐츠 공모전을 개최, 더 많은 이들이 AR기술을 경험하고 배우며 크리에이터로서의 가능성을 타진해 볼 수 있도록 하고 있다.

국내에서 메타버스 관련 크리에이터들이 많이 활동하는 곳은 네이버제트의 메타버스 플랫폼 '제페토(ZEPETO)'다. 제페토의 이용자들은 누구나 아바타 아이템을 제작할 수 있고 판매할 수도 있다. 직접 아이템을 제작해 판매한 수익의 일부를 가상화폐로 받기도 한다. 제페토나 포트나이트처럼 메타버스 플랫폼의 대표 사례로 언급되는 로블록스의 경우에도 이용자가 직접 게임을 기획하고, 또 다른 이용자가 그 게임을 즐기면서 이용자 간에 소통이 활성화되고, 콘텐츠를 사고팔기도 한다.

버츄얼 휴먼과 버츄얼 프로덕션

메타버스 활성화와 더불어 가상인간(Virtual Human)을 제작해 활용하는 시도도 이어지고 있다. 로지, 한유아, 나수아 모두 활발하게 활동 중인 가상인간들의 이름이다. 이들은 메타버스에서만 활동하는 게 아니라 현실 세계와 연결되어 더욱 활발하게 활동 중이다. 20여 년 전 등장했던 사이버 가수 아담보다 훨씬 사람과 유사한 모습을 가지고 있는 이들은 AI 기술과 결합되어 더욱 다양한 분야에서 활용될 것으로 기대되고 있다.

넷마블과 카카오엔터테인먼트가 합작해 2023년 초 데뷔한 가상 아이돌 '메이브'는 현실 세계의 K팝 아이돌과 매우 유사한 모습을 보여주고 있다. AI로 만들어진 음성도 사람과 구분하기 힘들 만큼 높은 퀄리티를 보여주고 있는데, 그들의 데뷔곡 「판도라」는 뮤직비디오를 공개한 지 두 달도 지나지 않았을 때 2000만 뷰에 가까운 조회수를 기록하는 등 나름의 성과를 보여주며 호평을 얻고 있다. 메이브의 경우, 카카오엔터테인먼트와 넷마블의 자회사 넷마블에프엔씨가 함께 설립한 메타버스엔터테인먼트에서 준비한 프로젝트이다. 기존 아이돌의 홍보 수단으로 메타버스를 활용하는 것을 넘어서 현실의 아이돌을 육성하는 것과 같은 프로세스로 철저하게 준비했다는 점에서 더욱 차별화되는 가상인간이라 할 수 있다.

버추얼 휴먼 개발사 '온마인드'가 제작한 나수아(SUA)는 AI 음성기술을 적용한 가상인간으로 SK텔레콤의 AI 서비스 '에이닷(A.)' 광고모델을 비롯해 유니티 등 여러 브랜드의 모델과 앰버서더로 활동 중이다. 나수아는 3D로 제작되어 실사에 가까운 모습과 실시간 인터랙션 기술을 바탕으로 대중과 즉각 소통하며, 인플루언서 역할을 톡톡히 해내고 있다. 수아 외에도 많은 가상인간들이 광고모델 및 인플루언서 등으로 활동하고 있는 데 사생활 리스크가 없고, 타깃이 선호하는 이미지로 프로필을 설정할 수 있는 등의 장점이 있어 광고주의 선호도가 증가하고 있다.

가상인간은 물론 배경 요소들까지 3D로 실감나게 구현하는 가상 제작 분야도 나날이 발전하고 있다. 영화·방송·광고 등의 제작을 위해 제작 인력이 촬영지로 이동해야 하는 현장 로케이션의 제약도 새로운 기술의 힘으로 극복할 수 있게 되었다. LED 월을 활용하여 마치 다른 장소에 있는 것과 같은 환경을 만들 수 있는 버추얼 프로덕션 기술로 촬영지의 시간과 공간을 원하는 대로 바꾸는 일이 가능해졌다(한국방송통신전파진흥원, 2021).

팬데믹 기간 동안 사회적 거리두기에 따라서 각종 PR 이벤트는 취소되거나 온라인으로 개최되었다. 이러한 사회적 분위기에 새로운 제품이나 서비스의 출시를 알리는 온라인 쇼케이스 역시 최근 수년 동안 활성화 되었는데, 버추얼 프로덕션은 온라인 쇼케이스 개최 시 사전 제작 프로세스의 한 축을 담당하고 있기도 하다. 현실과 구분하기 힘들 정도의 정교함으로 무장한 버추얼 휴먼과 버추얼 프로덕션은 지금 이 시간에도 그 영역을 확장하고 있다.

NFT로 소유하는 콘텐츠

메타버스가 부상하면서 NFT도 함께 관심을 받으며 성장해 왔다. NFT(Non-Fungible Token, 대체 불가능 토큰)는 블록체인 기술이 활용된 대체·분할·복제가 불가능한 고유한 특성을 지닌 디지털 인증서로, 디지털 자산의 소유권을 증명하는 용도로 사용되고 있다. 디지털 세상에서 희소성이라는 가치를 기반으로 투자가 이루어지고 있는 NFT를 실물 경제에 접목하려는 시도는 계속되고 있다. 좋아하는 예술 작품이나 스포츠 경기, 드라마 장면 등의 콘텐츠를 소유하는 방법의 하나로 NFT를 활용하고, NFT 기반의 서비스에서 팬 커뮤니티가 만들어지고 있다.

NBA Top Shot은 스포츠팬들이 농구경기의 비디오 클립을 사고팔고 거래할 수 있는 NFT 서비스로, 선수들의 경기 장면들을 나만의 컬렉션으로 소유할 수 있다. 모멘트는 NBA Top Shot에서 NFT로 판매되는 비디오 하이라이트 클립인데, 기존의 스포츠 트레이딩 카드와 마찬가지로 희소성에 따라 가치가 달라진다. 비디오 클립이 희귀할수록 수집품으로서의 잠재적 가치가 높아지는 것이다(Forbes Advisor, 2023).

카카오VX는 2023년 7월, NFT를 기반으로 한 골프 팬 커뮤니티 플랫폼 '버디스쿼드'의 베타 버전을 출시했다. 버디스쿼드에선 프로 골프선수들의 모습을 NFT로 제공하고 있는데, 이용자들은 '응원 톡'과 '하트 보내기', '후원 보내기' 등의 콘텐츠를 통해 좋아하는 선수들을 응원하며 팬심을 전달할 수 있고, 팬들이 열심히 응원할수록 해당 선수의 순위는 올라가게 된다. 그 보상으로 이용자들은 포인트를 받기도 한다. 현재는 베타 버전이지만, 향후 프로선수와 팬들이 소통할 수 있는 소셜 콘텐츠를 추가해 서비스할 예정이다.

스타벅스는 2022년 8월 웹 3.0기술을 활용한 고객 충성도 제고 프로그램 '스타벅스 오디세이'를 발표했다. 기존의 리워드 프로그램을 넘어서 스타벅스만의 새로운 온오프라인 경험을 웹3 커뮤니티에서 제공하겠다는 각오를 보이고 있다. 이용자들은 인터랙티브 게임이나 커피와 스타벅스에 대한 지식을 쌓는 도전 등으로 구성된 '저니(journey)'라는 활동에 참여하고, 미션을 완수하면 '저니 스탬프(stamp)'라는 NFT를 보상으로 지급받게 된다. 2023년 3월, 스타벅스 오디세이는 첫 번째 한정판 NFT '사이렌 컬렉션'을 판매했는데 판매 시작 18분 만에 매진되기도 했다. 미션 완수 보상이나 구매를 통해 쌓은 스탬프들을 활용해 이후 한정판이나 콜라보 제품에 대한 구매권을 증정하고 특별 이벤트를 개최하는 등 스타벅스 오디세이만의 혜택을 계속 강화해 나갈 것으로 보인다. 이 프로그램은 단순히 NFT를 도입한 새로운 서비스가 아니라 기존 스타벅스 고객과 파트너들을 연결하는 리워드 프로그램과의 연동으로 더욱 특별한 느낌을 줄 듯 하다.

가수 싸이의 회사 피네이션은 2022년 10월, NFT 기반의 팬 커뮤니티인 soPSYety(쏘싸이어티)를 론칭하고, 첫번째 NFT로 PSYger(싸이거)를 발행했다. 싸이거는 각기 다른 모습을 지닌 총 5200개의 PFP(Profile Picture) NFT로 발행되어 NFT 보유자는 향후 개최되는 모든 '싸이 흠뻑쇼'와 '싸이 올나잇스탠드' 콘서트의 티켓 2매씩을 선예매 할 수 있다. 또한, 싸이거 NFT 보유자가 기존에 개최된 콘서트 티켓 인증을 하면 선예매 권리도 2배로 늘려준다. soPSYety는 팬, 아티스트 그리고 커뮤니티의 파트너들이 새로운 방식으로 함께 소통하며 다양한 혜택과 기회를 만들 수 있는 커뮤니티로 끊임없이 진화하는 것을 목표로 한다고 밝히고 있다.

NFT는 세상에서 유일무이한 원본을 본인만 가질 수 있는 특별함을 주면서 인간의 수집욕구를 자극하고 있다. 엔터테인먼트업계에서 발행하는 NFT 포토카드나 디지털 굿즈는 팬들을 보다 끈끈하게 결속시키고, 더욱 열성적인 팬덤을 형성하는 데 중요한 역할을 하고 있다. 자신이 투자한 NFT의 가치가 상승할 거라는 기대감도 NFT에 대한 관심이 높아지는 데에 일조하고 있다(삼정인사이트, 2022).

대중화를 위한 과제들

메타버스와 NFT와 같이 새로운 기술이 결합된 제품과 서비스들은 앞으로도 다양한 분야에서 나타나며 진화를 거듭할 것이다. 이전에 접하지 못했던 새로움의 가치만으로는 소비자들의 마음을 오래 잡아두기는 힘들다. 인상적인 고객 경험을 만들어낼 차별화된 콘텐츠를 기획하고, 고객이 참여할 수 있는 커뮤니티를 구축하는 게 중요하다. 소비자이면서 크리에이터인 이용자들이 중심이 되는 생태계가 이용자 친화적으로 조성되어야 한다. 이용자들이 직접 콘텐츠를 제작하고, 이를 활발하게 공유하며, 거래도 이루어지면서 본인의 창작물에 대한 보상을 얻을 수 있을 때 커뮤니티는 더욱 활성화될 것이다. 좋아하는 것을 즐기고, 가치를 공유하면서 돈을 버는 커뮤니티를 원하는 이들이 갈수록 많아지고 있기 때문이다.

'어떤 가치를 줄 수 있을까? 어떤 고객 경험을 전달하고자 하는가? 어떤 방식으로 고객 친화적인 서비스를 제공할 것인가? 어떻게 연결할 것인가? 누구와 협업할 것인가?' 서비스와 브랜드를 위한 커뮤니케이션의 여정에서 이러한 질문은 계속 이어질 것이다. 이에 대한 답을 찾으려면 현실과 가상세계를 연결하며 넘나드는 서비스, 차별화된 콘텐츠와 팬덤을 만들어내는 커뮤니티, 브랜드 철학과 가치를 담는 스토리텔링, 동종/이종 산업 간의 콜라보레이션, 독창적인 상품과 콘텐츠의 한정 판매, 진정성이 느껴지는 심리스(seamless) 커뮤니케이션 등이 실마리가 되어줄 것이다.

참고문헌

메타. 2021.6. 「AR/VR: 새로운 차원의 세상을 열다」

삼정경제연구원. 2022.7. "메타버스 시대, 기업은 무엇을 준비해야 하는가". ≪인사이트≫, 81호 ,

콘텐츠진흥원. 2022.12. 콘텐츠산업 2022 결산과 2023 전망 세미나 자료집.

______. 2023.6. 『2022년 하반기 및 연간 콘텐츠 산업 동향 분석 보고서』.

≪한국경제신문≫. 2023.3.16. "걸그룹 메이브, K팝-메타버스 가능성 입증했다…외신 호평."

한국방송통신전파진흥원, 2021.7. ≪Media Issue&Trend≫, No.45.

한국지능정보사회진흥원. 2021.3. 『스페셜리포트-메타버스가 다시 오고 있다』.

______. 2021.9. "리부트 메타버스, 2.0시대로의 진화". ≪ICT이슈 블렌더≫, 5호.

www.fortnite.com/

www.facebook.com/

www.ikea.com/

https://app.zepeto.me

www.forbes.com/

www.kakaovx.com/

www.starbucks.com/

https://sopsyety.io

23. 생성형 AI 시대에 PR 커뮤니케이션의 방향성

김 윤 경 (팬덤퍼널 대표)

인공지능(AI)은 현재 우리 사회의 거의 모든 분야에 영향을 미치고 있다. 특히 생성형 AI는 새로운 콘텐츠와 아이디어를 만들 수 있는 AI의 일종으로, 대화, 이야기, 이미지, 동영상, 음악 등 다양한 형태의 콘텐츠를 생성할 수 있다. 생성형 AI는 콘텐츠 제작 외에도 디지털 이미지의 품질을 개선하고, 동영상을 편집하며, 제조용 프로토타입을 빠르게 제작하고, 가상 데이터 세트로 데이터를 보강하는 등의 작업에도 사용된다.

생성형 AI는 PR 커뮤니케이션에도 큰 영향과 변화를 가져올 것으로 예상된다. PR 커뮤니케이션은 기업이나 조직의 목적과 가치를 대중에게 전달하고, 관계를 구축하고, 신뢰와 평판을 얻기 위한 활동이다. PR 커뮤니케이션은 콘텐츠와 스토리텔링을 중심으로 하기 때문에, 생성형 AI가 콘텐츠와 스토리텔링을 자동화하고 최적화할 수 있다면, PR 커뮤니케이션의 효율성과 효과성을 높일 수 있다.

그렇다면 PR 커뮤니케이션에 생성형 AI를 어떻게 활용할 수 있을까? 이를 위해서는 생성형 AI의 장점과 한계를 인식하고, PR 커뮤니케이션의 본질과 미래를 재정립하는 것이 필요하다. 이 글에서는 생성형 AI가 PR 커뮤니케이션에 미치는 영향과 변화와 생성형 AI 시대의 PR 커뮤니케이션의 본질과 미래에 대해 이슈나 사례 중심으로 살펴보겠다.

생성형 AI가 PR 커뮤니케이션에 미치는 영향과 변화

생성형 AI는 PR 커뮤니케이션에 다양한 영향과 변화를 가져올 수 있다. 여기서는 그 중에서도 다음 세 가지 측면에 초점을 맞춰보겠다.

콘텐츠 제작

PR 커뮤니케이션의 핵심은 콘텐츠이다. 콘텐츠는 기업이나 조직의 목적과 가치를 대중에게 전달하고, 관계를 구축하고, 신뢰와 평판을 얻기 위한 수단이다. 콘텐츠는 텍스트, 이미지, 동영상, 음성, 음악 등 다양한 형태로 제작될 수 있다. 생성형 AI는 이러한 콘텐츠를 자동으로 생성하거나 개선할 수 있는 능력을 가지고 있다.

예를 들어, 생성형 AI는 텍스트 콘텐츠를 생성하기 위해 대규모 언어 모델(LLM)을 사용할 수 있다. LLM은 인터넷 규모의 데이터로 사전 훈련된 모델로, 특정 주제나 목적에 맞게 텍스트를 생성할 수 있다. 예를 들어, LLM은 PR 보도자료, 뉴스 기사, 블로그 게시물, 소셜 미디어 포스트 등을 생성할 수 있다. LLM은 또한 텍스트 요약, 번역, 검색 최적화 등의 작업에도 사용될 수 있다.

생성형 AI는 이미지 콘텐츠를 생성하기 위해 생성적 적대 신경망(GAN)을 사용할 수 있다. GAN은 두 개의 신경망이 서로 경쟁하면서 학습하는 모델로, 새로운 이미지를 생성하거나 기존 이미지를 개선할 수 있다. 예를 들어, GAN은 로고, 포스터, 인물 사진 등을 생성할 수 있다. GAN은 또한 이미지 품질 개선, 스타일 전송, 이미지 완성 등의 작업에도 사용될 수 있다.

생성형 AI는 동영상 콘텐츠를 생성하기 위해 비디오 생성 모델(VGM)을 사용할 수 있다. VGM은 이미지와 동영상으로부터 시간적인 연속성과 공간적인 일관성을 학습하는 모델로, 새로운 동영상을 생성하거나 기존 동영상을 개선할 수 있다. 예를 들어, VGM은 광고, 애니메이션, 인터뷰 등을 생성할 수 있다. VGM은 또한 동영상 편집, 슬로우 모션, 초해상도 등의 작업에도 사용될 수 있다.

생성형 AI는 음성 및 음악 콘텐츠를 생성하기 위해 음성 합성 모델(TTS)과 음악 생성 모델(MGM)을 사용할 수 있습니다. TTS는 텍스트를 자연스러운 음성으로 변환하는 모델로, 다양한 언어와 목소리를 지원한다. 예를 들어, TTS는 팟캐스트, 오디오북, 음성 안내 등을 생성할 수 있다. MGM은 음악의 구조와 스타일을 학습하는 모델로, 새로운 음악을 생성하거나 기존 음악을 개선할 수 있다. 예를 들어, MGM은 배경음악, 장르변환, 작곡 등을 생성할 수 있다.

이러한 콘텐츠 제작 방법들은 PR 커뮤니케이션에 다음과 같은 이점을 가져올 수 있다.

콘텐츠 제작의 비용과 시간을 절약할 수 있다. 생성형 AI는 인간의 창의력과 노력을 대체하는 것이 아니라, 보조하고 증강하는 역할을 한다. 생성형 AI는 인간이 하기 어려운 대량의 콘텐츠를 빠르고 저렴하게 생성할 수 있다. 예를 들어, LLM은 한 번에 여러 언어로 텍스트를 번역하거나, GAN은 고품질의 이미지를 쉽게 생성하거나, VGM은 복잡한 동영상 편집을 간단하게 수행할 수 있다. 이렇게 하면 PR 커뮤니케이션의 콘텐츠 제작 과정이 단축되고, 비용이 절감될 수 있다.

콘텐츠 제작의 다양성과 품질을 향상시킬 수 있다. 생성형 AI는 인간의 창의력과 노력을 확장하고 발전시키는 역할을 한다. 생성형 AI는 인간이 생각하지 못한 새로운 콘텐츠와 아이디어를 제안하거나, 기존의 콘텐츠와 아이디어를 개선하거나, 다른 콘텐츠와 아이디어를 결합하거나, 다른 형태로 변환할 수 있다. 예를 들어, LLM은 텍스트의 스타일과 톤을 바꾸거나, GAN은 이미지의 스타일과 컬러를 바꾸거나, VGM은 동영상의 장면과 배경을 바꾸거나, TTS와 MGM은 텍스트와 음악을 결합할 수 있다. 이렇게 하면 PR 커뮤니케이션의 콘텐츠 제작 결과물이 다양하고 높은 품질을 제공할 수 있다.

타기팅 및 맞춤화

PR 커뮤니케이션의 또 다른 핵심은 타기팅과 맞춤화이다. 타기팅은 기업이나 조직이 자신의 목적과 가치에 공감하고 관심을 가질 수 있는 오디언스를 선정하는 과정이다. 맞춤화는 기업이나 조직이 선정한 청중에게 최적화된 콘텐츠와 메시지를 전달하는 과정이다. 타기팅과 맞춤화는 PR 커뮤니케이션의 효율성과 효과성을 높이기 위한 필수적인 작업이다. 생성형 AI는 이러한 타기팅과 맞춤화를 자동화하고 최적화할 수 있는 능력을 가지고 있다.

예를 들어, 생성형 AI는 타기팅을 위해 클러스터링 모델(CM)을 사용할 수 있다. CM은 데이터를 유사한 특성을 가진 그룹으로 나누는 모델로, 대중의 성별, 나이, 지역, 관심사, 성향 등을 분석하여 세분화할 수 있다. 예를 들어, CM은 기업이나 조직의 목적과 가치에 공감하고 관심을 가질 수 있는 대중의 프로파일을 만들고, 그들에게 적합한 채널과 플랫폼을 추천할 수 있다.

생성형 AI는 맞춤화를 위해 조건부 생성 모델(CGM)을 사용할 수 있다. CGM은 특정 조건에 따라 콘텐츠와 메시지를 생성하는 모델로, 대중의 성별, 나이, 지역, 관심사, 성향 등을 반영하여 최적화할 수 있다. 예를 들어, CGM은 기업이나 조직의 목적과 가치를 대중에게 맞춤형으로 전달하기 위해, 콘텐츠와 메시지의 언어, 스타일, 톤, 감성, 구조 등을 조절할 수 있다.

이러한 타기팅과 맞춤화 방법들은 PR 커뮤니케이션에 다음과 같은 이점을 가져올 수 있다.

오디언스의 관심과 만족도를 높일 수 있다. 생성형 AI는 대중의 특성과 선호를 정확하게 파악하고, 그에 맞는 콘텐츠와 메시지를 제공할 수 있다. 이렇게 하면 대중은 기업이나 조직에 대해 더 잘 이해하고, 더 쉽게 공감하고, 더 강하게 연결될 수 있다. 예를 들어, CM은 대중의 관심사와 성향에 따라 적절한 주제와 이슈를 선정하고, CGM은 대중의 언어와 감성에 따라 적절한 표현과 이미지를 선택할 수 있다.

기업이나 조직의 신뢰와 평판을 향상시킬 수 있다. 생성형 AI는 대중의 요구와 기대를 충족하고, 그들에게 가치와 의미를 전달할 수 있다. 이렇게 하면 대중은 기업이나 조직에 대해 더 긍정적인 인식과 평가를 가지고, 더 오래 기억하고, 더 적극적으로 홍보할 수 있다. 예를 들어, CM은 대중의 문제와 해결책을 제시하고, CGM은 대중의 감동과 행복을 유발할 수 있다.

분석 및 평가

PR 커뮤니케이션의 마지막 핵심은 분석과 평가이다. 분석은 PR 커뮤니케이션의 과정과 결과를 정량적이고 정성적으로 측정하고 해석하는 과정이다. 평가는 PR 커뮤니케이션의 목표와 성과를 비교하고 평가하는 과정이다. 분석과 평가는 PR 커뮤니케이션의 효율성과 효과성을 검증하고 개선하기 위한 필수적인 작업이다. 생성형 AI는 이러한 분석과 평가를 자동화하고 최적화할 수 있는 능력을 가지고 있다.

예를 들어, 생성형 AI는 분석을 위해 감정 분석 모델(SAM)과 자연어 처리 모델(NLP)을 사용할 수 있다. SAM은 텍스트나 음성에서 감정을 인식하고 분류하는 모델로, 대중의 반응과 태도를 파악할 수 있다. NLP는 텍스트나 음성에서 의미와 관계를 추출하고 분석하는 모델로, 대중의 의견과 피드백을 파악할 수 있다. 예를 들어, SAM은 대중의 감정을 긍정적, 부정적, 중립적으로 구분하고, NLP는 대중의 콘텐츠와 메시지에 대한 평가와 건의사항을 추출할 수 있다.

생성형 AI는 평가를 위해 강화 학습 모델(RLM)과 최적화 모델(OM)을 사용할 수 있다. RLM은 행동과 보상의 상호작용을 통해 학습하는 모델로, PR 커뮤니케이션의 목표와 성과를 비교하고 평가할 수 있다. OM은 목적함수를 최대화하거나 최소화하는 모델로, PR 커뮤니케이션의 과정과 결과를 개선할 수 있다. 예를 들어, RLM은 PR 커뮤니케이션의 콘텐츠와 메시지가 대중에게 얼마나 잘 전달되고, 얼마나 큰 영향을 미치는지 측정하고, OM은 PR 커뮤니케이션의 콘텐츠와 메시지를 더 효과적으로 만들기 위해 수정하고 조정할 수 있다.

이러한 분석과 평가 방법들은 PR 커뮤니케이션에 다음과 같은 이점을 가져올 수 있다.

PR 커뮤니케이션의 성공 여부와 문제점을 파악할 수 있다. 생성형 AI는 PR 커뮤니케이션의 과정과 결과를 정량적이고 정성적으로 측정하고 해석할 수 있다. 이렇게 하면 PR 커뮤니케이션의 목표와 성과가 얼마나 달성되었는지 확인하고, PR 커뮤니케이션의 강점과 약점을 발견하고, PR 커뮤니케이션의 위기와 기회를 인식할 수 있다. 예를 들어, SAM은 대중의 감정 변화와 만족도를 측정하고, NLP는 대중의 의견과 피드백을 분석하고, RLM은 PR 커뮤니케이션의 목표 달성도와 성과 지표를 평가할 수 있다.

PR 커뮤니케이션의 전략과 방법을 개선할 수 있다. 생성형 AI는 PR 커뮤니케이션의 과정과 결과를 개선하기 위해 최적화하고 조정할 수 있다. 이렇게 하면 PR 커뮤니케이션의 효율성과 효과성을 높일 수 있다. 예를 들어, OM은 PR 커뮤니케이션의 콘텐츠와 메시지를 더 맞춤형으로 만들기 위해 수정하고 조정하고, PR 커뮤니케이션의 채널과 플랫폼을 더 적절한 것으로 바꾸기 위해 추천하고 선택할 수 있다.

생성형 AI 시대의 PR 커뮤니케이션의 본질과 미래

생성형 AI와 PR 커뮤니케이션의 협업 방법 및 활용방안을 살펴보았다. 그렇다면 생성형 AI 시대의 PR 커뮤니케이션의 본질과 미래는 어떻게 될까? 이를 위해서 다음 세 가지 측면에 초점을 맞춰보겠다.

PR 커뮤니케이션의 목적

생성형 AI 시대에도 PR 커뮤니케이션의 목적은 변하지 않는다. PR 커뮤니케이션의 목적은 기업이나 조직이 자신의 목적과 가치를 대중에게 전달하고, 관계를 구축하고, 신뢰와 평판을 얻기 위한 것이다. 생성형 AI는 이러한 목적을 달성하기 위한 수단일 뿐이다. 생성형 AI가 PR 커뮤니케이션을 대체하는 것이 아니라, 보조하고 증강하는 것이다. 생성형 AI는 PR 커뮤니케이션의 효율성과 효과성을 높여주지만, PR 커뮤니케이션의 의미와 책임을 결정하는 것은 인간이다.

PR 커뮤니케이션의 가치

생성형 AI 시대에 PR 커뮤니케이션의 가치는 더욱 중요해진다. PR 커뮤니케이션의 가치는 기업이나 조직이 대중에게 제공하는 가치와 의미이다. 생성형 AI는 콘텐츠와 메시지를 자동으로 생성하고 최적화할 수 있지만, 그것들이 대중에게 어떤 가치와 의미를 전달하는지는 인간이 결정해야 한다. 생성형 AI는 PR 커뮤니케이션의 형식과 방식을 바꿀 수 있지만, 그것들이 대중에게 어떤 영향과 변화를 불러오는지는 인간이 평가해야 한다. 생성형 AI는 PR 커뮤니케이션의 다양성과 품질을 향상시킬 수 있지만, 그것들이 대중에게 어떤 감정과 반응을 유발하는지는 인간이 관리해야 한다.

PR 커뮤니케이션의 가치를 높이기 위해서는 다음과 같은 방법들을 사용할 수 있다.

대중에게 유용하고 유익한 콘텐츠와 메시지를 제공한다. 예를 들어, 기업이나 조직은 대중의 문제와 해결책을 제시하고, 대중의 필요와 요구를 충족하고, 대중의 지식과 인식을 향상시키는 콘텐츠와 메시지를 제공할 수 있다.

대중에게 독특하고 차별화된 콘텐츠와 메시지를 제공한다. 예를 들어, 기업이나 조직은 대중의 호기심과 관심을 끌고, 대중의 기억과 인상을 남기고, 대중의 선택과 선호를 바꾸는 콘텐츠와 메시지를 제공할 수 있다.

대중에게 감동적이고 감성적인 콘텐츠와 메시지를 제공한다. 예를 들어, 기업이나 조직은 대중의 감정과 공감을 자극하고, 대중의 행복과 만족을 증대하고, 대중의 연결과 소속감을 강화하는 콘텐츠와 메시지를 제공할 수 있다.

PR 커뮤니케이션의 도전

생성형 AI 시대에 PR 커뮤니케이션의 도전은 더욱 복잡해진다. PR 커뮤니케이션의 도전은 기업이나 조직이 대중과의 관계를 유지하고 개선하기 위해 직면하는 문제와 난관이다. 생성형 AI는 콘텐츠와 메시지를 자동으로 생성하고 최적화할 수 있지만, 그것들이 윤리적이고 사회적으로 적절한지는 인간이 검증해야 한다. 생성형 AI는 콘텐츠와 메시지를 빠르고 저렴하게 제공할 수 있지만, 그것들이 진실하고 정확한지는 인간이 확인해야 한다. 생성형 AI는 콘텐츠와 메시지를 다양하고 품질 있게 만들 수 있지만, 그것들이 창의적이고 독창적인지는 인간이 판단해야 한다.

PR 커뮤니케이션의 도전을 극복하기 위해서는 다음과 같은 방법들을 사용할 수 있다.

윤리적이고 사회적으로 적절한 콘텐츠와 메시지를 제공해야 한다. 예를 들어, 기업이나 조직은 콘텐츠와 메시지가 대중의 권리와 이익을 침해하지 않고, 대중의 다양성과 포용성을 존중하고, 대중의 가치와 기대에 부합하는지 확인하고, 콘텐츠와 메시지가 윤리적이고 사회적으로 문제가 없는지 검증하고, 부정적인 영향을 미치지 않도록 관리해야 한다.

진실하고 정확한 콘텐츠와 메시지를 제공한다. 예를 들어, 기업이나 조직은 콘텐츠와 메시지가 대중의 신뢰와 신뢰성을 높이고, 대중의 오해와 혼란을 방지하고, 대중의 지식과 인식을 향상시키는지 확인하고, 콘텐츠와 메시지가 진실하고 정확한 정보와 근거를 바탕으로 하는지 확인하고, 진실하고 정확하게 전달되도록 관리한다.

창의적이고 독창적인 콘텐츠와 메시지를 제공한다. 예를 들어, 기업이나 조직은 콘텐츠와 메시지가 대중의 호기심과 관심을 끌고, 대중의 기억과 인상을 남기고, 대중의 선택과 선호를 바꾸는지 확인하고, 콘텐츠와 메시지가 창의적이고 독창적인 아이디어와 표현을 사용하는지 확인하고, 창의적이고 독창적으로 제작되도록 관리한다.

지금까지 생성형 AI 시대가 PR 커뮤니케이션에 미치는 영향과 미래 방향성에 대해서 살펴보았다. 생성형 AI는 PR 커뮤니케이션의 효율성과 효과성을 높여주지만, 결국 PR 커뮤니케이션의 의미와 책임을 결정하는 것은 인간이다. 또한, 생성형 AI는 PR 커뮤니케이션의 다양성과 품질을 향상시킬 수 있지만, 그것들이 대중에게 어떤 감정과 반응을 유발하는지는 인간이 관리해야 한다. 그리고 생성형 AI는 콘텐츠와 메시지를 다양하고 품질 있게 만들 수 있지만, 그것들이 창의적이고 독창적인지는 인간이 판단해야 한다.

PR의 핵심 가치인 윤리적이고, 진실함을 잃지 않되, 창의적이고 독창적인 부분에서 생성형 AI 기술을 활용할 수 있다면 분명 생성형 AI는 PR 커뮤니케이션의 엄청난 효율화를 가져다 줄 것이다. 지금까지 인류는 그래왔던 것처럼 더 현명하고 지혜롭게 생성형 AI와 함께 하는 PR 커뮤니케이션 시대를 열어갈 준비가 필요한 시점이라고 생각한다.

24. 챗GPT가 이끄는 AI 세계

김 묘 영 (바이스 버사 디자인 스튜디오 대표)

AI시대, PR 커뮤니케이션의 미래

인공지능(AI: Artificial Intelligence)은 인간의 학습능력, 추론능력, 지각능력을 인공적으로 구현하려는 컴퓨터 과학 분야 중 하나로(이건한, 2020.6.14) 인간의 지능적인 기능을 모방하거나 강화하는 기술이다. 최근 몇십 년 동안 급격한 발전을 이룬 AI 기술은 우리의 일상과 산업에 혁명을 일으키며 우리의 삶에 빠르게 녹아들고 있다.

글로벌 경영 컨설팅 회사 맥킨지 & 컴퍼니(McKinsey & Company)에서 2023년 4월 중순에 실시한 현장 설문조사 결과에 따르면, 전체 응답자의 79%는 직장에서 또는 직장 밖에서 AI에 어느 정도 노출되었다고 답변하였고, 22%는 자신의 업무에서 정기적으로 AI를 사용하고 있다고 답변하였다(Michael Chui et al., 2023.8.1).

다양한 AI 서비스들은 이미 우리의 삶에 의미 있는 변화를 가져오고 있으며, 그 가운데에서도 가장 주목받고 있는 자연어 처리 기술 기반의 챗GPT와 같은 서비스는 PR 커뮤니케이션에도 큰 영향을 미칠 것으로 예상한다.

챗GPT: PR 커뮤니케이션의 새로운 도구

챗GPT(chatGPT)는 Chat과 Generative Pre-trained Transformer(GPT)의 합성어로 오픈 AI(Open AI)가 개발한 대화형 인공지능이다(Vincent, 2022.12.5). 기계 학습과((Machine Learning) 딥 러닝(Deep Learning), 자연어 처리 기술을 결합하여 대화형 인터페이스에 최적화한 모델로, 다양한 텍스트 데이터를 이해하고 생성할 수 있다.

2022년 11월 30일에 프로토타입을 선보인 챗GPT는 2023년 1월, 당시 데이터 기준으로 가장 빠르게 사용자 1억 명을 달성하였다(Ortiz, 2023.2.2일). 2023년 2월에는 월 사용료 20달러의 프리미엄 서비스 챗GPT 플러스를 출시하였고(≪OpenAI≫, 2023.2.2), 2023년 3월 14일에는 GPT-4를 출시하며 빠르게 성장하고 있다(≪OpenAI≫, 2023.3.14).

챗GPT는 대화와 그 문맥을 기억하여 사용자와 자연스러운 대화를 수행할 수 있기 때문에 질문을 통한 업무 지원, 브레인스토밍, 언어 번역, 초안 작성, 데이터 분석 및 시각화 등 다양한 분야에서 유용하게 활용할 수 있다. PR 커뮤니케이션 담당자들은 챗GPT를 활용하면 보다 효과적인 커뮤니케이션 전략을 구축하는 데 도움을 받을 수 있을 것이다.

챗GPT 활용 방법

그렇다면 챗GPT를 실무에서 어떻게 활용할 수 있을까? 아래 12가지 활용 방법을 통해 살펴보자.

- 보도자료 작성: 챗GPT를 활용하면 자연스럽고 효과적인 보도 자료를 보다 빠르게 작성하여 미디어와 대중들에게 전달할 수 있다.
- 아이디어 도출: 챗GPT를 활용하여 새로운 콘텐츠 주제와 아이디어를 발굴

하고, 독창적인 PR 캠페인을 기획하는 데 도움을 받을 수 있다.

- 소셜 미디어 콘텐츠 제작: 챗GPT를 활용하여 타깃 그룹 및 상황 맞춤형 소셜 미디어 홍보 콘텐츠를 제작할 수 있다.
- 미디어 매체 분석: 챗GPT를 이용하여 뉴스 기사와 블로그 등 다양한 매체의 내용을 분석하고, 특정 키워드나 브랜드에 대한 언급을 파악하여 PR 전략 수립에 도움을 받을 수 있다.
- 감성 분석: 챗GPT를 사용하여 브랜드와 제품에 대한 감성 분석을 수행하고, 인사이트를 도출하여 PR 전략에 반영할 수 있다.
- 데이터 분석 및 시각화: 챗GPT4의 코드 인터프리터(Code Interprete)를 사용한다면 TXT, PDF, DOC, DOCX, JPEG, PNG, MP4, AVI, CSV, JSON, XML, XLS, XLSX, CPP, PY, HTML, PDF, DB, SQLite 등 다양한 파일을 직접 업로드하여 데이터를 분석하고 시각화해 보면서 효과적인 PR 전략을 구축할 수 있다.
- 글로벌 커뮤니케이션: 챗GPT를 활용하여 다양한 언어로 콘텐츠를 번역하거나, 글로벌 시장에 맞춘 PR 커뮤니케이션 전략을 개발할 수도 있다.
- 브랜드 이름과 슬로건 개발: 챗GPT를 활용하여 브랜드의 이름과 슬로건을 개발함으로써 마케팅 메시지를 더욱 강화할 수 있다.
- 예상 질문과 대답: 챗GPT 사용 시 역할을 부여한 후 이용자별로 다양한 예상 질문을 준비하고, 질문에 대한 답변을 미리 준비해 놓는다면, 상황별로 더 나은 커뮤니케이션을 빠르게 제공할 수 있을 것이다.
- 위기 대응과 평판 관리: 위기 상황에서 챗GPT를 활용하면 효과적인 평판 관리를 위한 메시지를 보다 빠르게 작성할 수 있고, 소셜 미디어 등의 매체에 신속하게 대응할 수 있다.
- 고객 응답 자동화: 챗GPT를 활용하여 고객들의 질문에 실시간으로, 자동으로 응답하는 서비스를 제공할 수 있다.
- 기타: 챗GPT4의 플러그인을 활용하여 각 분야에 적합한 정보를 얻거나,

플러그인을 개발하여 마케팅 전략 중 하나로 활용할 수 있다.

AI와 PR 커뮤니케이션의 융합 및 미래 전망

오픈 AI가 챗GPT의 API를 공개함에 따라 여러 기업에서 챗GPT를 다양한 서비스에 활용하고 있는 가운데, 쇼핑 플랫폼 '쇼피파이(Shopify)'는 새로운 쇼핑 어시스턴트(shopping assistant) 기능을 강화하여 고객의 요청에 따라 개인 맞춤형 추천을 제공하고 있으며, 글로벌 CRM 솔루션 '세일즈포스(Salesforce)'는 '아인슈타인 GPT'라는 생성형 AI CRM 플랫폼을 출시하여 영업, 서비스, 마케팅 등 고객 관리 업무 시스템에 AI가 생성한 콘텐츠를 제공할 예정이라고 한다.[1)]

또한, 기업들은 오픈 AI가 2023년 3월 1일 새롭게 공개한 위스퍼(Whisper)의 API를 활용하여[2)] 채팅뿐만 아니라 음성-텍스트 기능도 함께 활용할 수 있게 되었다. 국내에서 가장 빠르게 성장하고 있는 '스픽(Speak)'이라는 영어 공부 앱은 이미 위스퍼의 API를 적용하여 모든 레벨에서 인간 수준의 정확도를 가진 대화 연습과 정확한 피드백을 제공하고 있다.[3)]

다양한 분야에서 많은 잠재력을 가지고 있는 챗GPT와 같은 AI 기술은 지속적인 발전을 통해 PR 커뮤니케이션에 더욱 중요한 역할을 맡을 것으로 예상한다. 기술의 발전으로 적용 범위는 점점 더 확장될 것이며, 미디어 생태계 역시 이에 맞춰 다양한 융합 서비스 사례로 발전해 나갈 것으로 전망한다.

---

1) "기업 비즈니스에 챗GPT를 어떻게 활용하고 있나?" – 국내외 주요 기업의 챗GPT 비즈니스 활용 사례 분석 http://digitaltransformation.co.kr/(검색일 : 2023.8.8)
2) Torres, Jennifer(2023년 3월 3일). "Developers Can Now Access OpenAI's ChatGPT and Whisper APIs". ≪CMSWire.com≫(검색일: 2023.3.6)
3) 같은 글. http://digitaltransformation.co.kr/(검색일 : 2023.8.8)

주의할 점과 윤리적 고려 사항

그러나 챗GPT와 같은 AI 기술은 주의해야 할 점들도 분명히 존재한다.

- 편향과 공정성: 챗GPT는 학습 데이터에 의존하여 자연어 처리를 수행하기 때문에 충분한 분량의 다양한 데이터를 사용하여 모델을 학습시켜야 한다. 이 과정에서 챗GPT는 학습 데이터에 포함된 편향을 반영할 수 있기 때문에 데이터의 품질과 다양성을 유지하고 편향을 최소화하면서 모델의 성능과 공정성을 향상시킬 필요가 있다.
- 모니터링 및 보완: 챗GPT는 훈련 데이터의 영향을 받으므로 모델의 결과가 항상 정확한 것은 아니다. 그렇기 때문에 전문가가 직접 사용자가 생성한 결과를 검토 및 모니터링하면서 오류를 감지하고 수정하는 과정이 반드시 필요하다.
- 의사 결정의 투명성: 챗GPT와 같은 AI 모델은 의사 결정 과정이 불분명할 수 있다. 기업과 사용자는 AI 모델의 작동 원리를 이해하고, 결과를 올바르게 해석하고 설명할 수 있도록 투명성을 유지해야 한다.
- 데이터 보안과 개인 정보 보호: 챗GPT와 같은 AI 모델은 민감한 정보를 처리할 수 있으므로 데이터 보안과 개인 정보 보호에 최선을 다해야 한다. 항상 데이터를 적절히 암호화하고 안전한 저장 방법을 사용하여 정보 누출에 대비해야 한다.
- 악용 방지: 자연스러운 대화가 가능한 챗GPT 모델을 악용한 범죄나 사회적으로 해가 되는 일이 발생할 수 있다. 이를 방지하기 위한 적절한 규제 및 제재가 필요할 것이다.

PR 커뮤니케이션 담당자들은 AI 기술을 활용함에 있어 이러한 점들을 유의하여, 기술의 발전과 함께 더욱 강화되어야 할 윤리적인 가이드라인과 규제

체계를 구축하고, 이해관계자들과의 지속적인 토의와 대화를 통해 적절한 사용방법과 접근법을 고민할 필요가 있을 것으로 예상한다.

챗GPT를 시작으로 AI 기술은 그 어느 시대보다 빠르게 진화하고 있다. 우리는 이제 이러한 새로운 기술을 능동적으로 활용하여 변화하는 환경에 대응해야 할 필요가 있다. 이러한 기술들은 우리의 삶을 더 편리하게 해주고, 더 나은 커뮤니케이션 전략과 효과적인 소통을 가능하게 하겠지만, 위에서 언급한 바와 같은 다양한 윤리적인 문제 또한 발생할 수 있음을 염두에 두어야 한다.

앞으로 이러한 기술들의 등장에 유연하게 대처함으로써 PR 커뮤니케이션의 효율성과 효과를 극대화할 수 있는 새로운 시대를 맞이하길 바란다.

참고문헌

이건한. 2020.6.14. "민간이 '인공지능 뉴딜'에 뛰어든 이유". ≪블로터≫.

Chui, Michael, Lareina Yee, Bryce Hall, Alex Singla, and Alexander Sukharevsky. 2023.8.1. "The state of AI in 2023:Generative AI's breakout year." *Quantum Black, AI by McKinsey.*

OpenAI. 2023.2.2. "Introducing ChatGPT Plus." openai.com

______. 2023.3.14. "GPT-4." openai.com

Ortiz, Sabrina. 2023.2.2. "What is ChatGPT and why does it matter? Here's what you need to know." *ZDNET.*

Vincent, James. 2022.12.5. "AI-generated answers temporarily banned on coding Q&A site Stack Overflow." *The Verge* .

25. 챗GPT를 활용한 브랜드의 메시지 하우스 개발

이 중 대 (메시지 하우스 대표)

2023년 한 해 챗GPT로 대표되는 인공지능(AI)에 대한 관심이 매우 높아졌다. 인공지능은 무한한 응용 분야를 가지고 있으며, 다른 많은 산업과 마찬가지로 PR 및 디지털 마케팅도 인공지능에 의해 재창조되고 있다. 어떤 사람들은 인공지능이라고 하면 제임스 카메론(James Cameron)의 유명한 영화 〈터미네이터 2〉에서처럼 세상을 정복하려는 킬러 로봇의 이미지를 떠올린다. 하지만 오늘날의 인공지능은 그런 것과는 거리가 멀다. 세 가지 유형의 인공지능을 살펴봄으로써 각 인공지능이 무엇을 하는지 더 잘 이해할 수 있다.

세 가지 인공지능 개념 이해하기

첫 번째, 협의 인공지능(Narrow Artificial Intelligence)이 있다. 협의 인공지능은 기계가 한 가지 작업을 인간보다 더 잘 수행하도록 설계된 경우로, 현재 우리가 사용하는 인공지능이 이에 해당한다. 여기에는 디지털 지원, 소셜 미디어의 알고리즘 피드, 생성형 AI가 포함된다. 협의 인공지능은 패턴을 파악하고 통계적 예측을 하기 위해 많은 데이터에 대한 학습이 필요하지만, 지식을 다른 작업으로 이전할 수는 없다.

두 번째, AI가 자신의 노하우를 인간이 할 수 있는 것과 유사한 새로운 작업에 적용할 수 있는 경우 이를 범용 인공지능(General Artificial Intelligence)이라고 한다. 범용인공지능은 영화 〈Her〉에서 스칼렛 요한슨이 연기한 운영 체제나 〈스타워즈〉의 R2-D2 또는 C-3PO와 같이 공상과학 서적, 영화, TV에서 가장 친숙하게 접할 수 있는 인공지능이다.

세 번째, 스펙트럼의 가장 먼 끝에는 슈퍼 인공지능(superintelligence)이라는 것이 있는데, 그 이름조차 무섭게 들린다. 슈퍼 인공지능은 특이점(singularity)이라고도 불리는데, 기계의 지능이 인류의 집단 지능을 넘어서는 것을 말한다. 슈퍼 인공지능이 언제, 어떻게 발생할지는 아무도 모르지만, 그렇기 때문에 항상 사람을 우선시하는 지침과 규정을 개발하는 것이 중요하다.

현재로서는 협의 인공지능, 인공지능이 하는 일, 인공지능의 한계, 인공지능이 비즈니스 목표 달성에 어떻게 도움이 될 수 있는지를 파악하는 데 초점을 맞춤이 필요하다. 많은 비즈니스 리더들과 커뮤니케이터들은 AI 글쓰기 또는 디자인 앱으로 크리에이티브 부서를 보완하는 데 사용하고 있다.

커뮤니케이터가 알아야 하는 네 가지 AI 개념

AI 도구와 이를 브랜드 커뮤니케이션에 활용하는 방법에 대해 자세히 알아보기 전에 몇 가지 주요 AI 개념을 이해하는 것이 좋다. 자연어 처리(Natural Language Processing: NLP), 컴퓨터 비전(computer vision), 멀티모달 학습(multimodal learning), 생성형 AI(generative AI)의 네 가지 개념을 살펴보겠다.

생성형 AI는 기계가 서면 요청에 따라 독창적인 무언가를 생성할 수 있을 때 어떤 일이 일어나는지를 설명한다. 간단히 생각하면 프롬프트 생성이라고 할 수 있다. 사용자가 원하는 것을 설명하면 AI가 이를 실현하는 것이다. 어떻게 그렇게 할 수 있을까? 생성형 AI는 자연어 처리(NLP)를 사용하여 단어 간의 연결을 '이해'하기 때문에 다음에 나올 내용을 예측할 수 있다. 사람처럼 들리는 결과를 제공하려면, 방대한 양의 데이터로 NLP를 학습시켜야 하는데, 이때 대규모 언어 모델(Large Language Model: LLM)이 필요하다. LLM은 웹사이트, 디지털 서적, 소셜 미디어 게시물, 블로그, 언론 매체, 위키피디아 및 기타 여러 공개 온라인 텍스트 소스에서 데이터를 읽거나 처리한다. NLP가 학습을 마치면 그 지식을 바탕으로 문장이나 단락에서 다음에 나올 내용을 잘 추측하여 사용자에게 의미 있는 언어적 응답을 만들어낼 수 있다.

NLP를 통해 기계가 단어를 이해할 수 있는 것과 마찬가지로 컴퓨터 비전(computer vision)은 AI가 세상을 보는 방식에 관한 것으로, 사람과는 매우 다른 방식으로 세상을 본다. 사람은 의자를 보면 덮개가 씌워져 있든, 나무로 만들어졌든, 심지어 거꾸로 되어 있든 상관없이 의자임을 알 수 있다. 기계는 사람과 같은 추론 능력을 가지고 있지 않기 때문에, 의자를 구별하기 위해 다양한 모양과 크기의 다양한 이미지를 학습시켜야 하며, 이는 AI의 실수로 이어질 수 있다.

최근까지 NLP와 컴퓨터 비전은 별개의 영역으로 운영되었지만, 멀티모달 학습(multimodal learning)의 획기적인 발전으로 기계가 여러 데이터 유형을 결합하여 창의적인 결과를 생성할 수 있게 되었다. 이제 텍스트에서 이미지로 디자인할 수 있는 길이 열렸으며, 곧 비디오, 음악, 합성 음성, 3D 장면 등을 제작하는 방식도 변화할 것이다.

궁극적으로 모든 것은 프롬프트의 품질과 기계가 이해할 수 있는 언어로 원하는 것을 표현하는 것으로 귀결되므로, 프롬프트 엔지니어링은 커뮤니케이터가 갖추어야 할 기술이라 할 수 있다.

목적에 맞는 프롬프트 만들기

인공지능은 예측에 관한 것이며, 많은 경우 예측이 정말 좋아지고 있다. 하지만, 인공지능은 직관력이 없고 사람의 마음을 읽을 수 없다. 따라서 원하는 것을 얻으려면 기계가 이해할 수 있는 자세한 지침을 준비해야 한다. 이를 프롬프트 엔지니어링(prompt engineering)이라고 하며, 새로운 마케팅 및 커뮤니케이션 기술로 자리 잡고 있다. 프롬프트 엔지니어링은 AI가 원하는 크리에이티브 결과물에 대한 매개변수를 알 수 있도록 입력으로 언어를 전략적으로 사용하는 것이다. 사용하는 기호가 단어라는 점을 제외하면, 여러 면에서 코딩과 매우 유사하다.

생성형 AI는 사용자의 프롬프트에 포함된 내용만 응답할 수 있다. 그렇기 때문에 길이와 형식, 어조, 도달하려는 대상, 누구의 관점에서 작성했는지 등의 세부 사항을 지정하여 설명적이고 구체적으로 작성해야 한다. 출력물에 글머리 기호나 헤더를 넣으려면 그렇게 요청하면 된다. 이미지 생성도 마찬가지이다. 머릿속에 그리는 이미지를 글로 설명하고, 그려주어야 한다.

프롬프트 엔지니어링에는 많은 시행착오가 수반되며, 여러분은 기계에게 속삭이는 인공지능이 될 수 있는 방법을 찾아야 한다. 궁극적으로 여러분과 여러분의 팀은 사용 중인 새로운 생성 AI 도구를 테스트하여 프롬프트에 어떻게 반응하는지 확인해야 하며, 이를 과학적인 방식으로 접근하는 것이 좋다. 어떤 유형의 프롬프트가 더 나은 결과를 제공하는지 결정하기 위해 어떤 것이 효과적인지 기록하고 평가해야 한다. 그런 다음 자신만의 모범 사례를 적용하고 개발해야 한다. 다른 기술과 마찬가지로 AI 도구에 프롬프트를 입력하는 데 더 많은 시간을 투자할수록 실력이 향상된다.

메시지 하우스 개발에 챗GPT 활용하기

PR 업무에서 실제적으로 챗GPT를 활용할 수 있는 부분을 소개하겠다. 메시지 하우스는 중심 주제 또는 핵심 아이디어를 중심으로 주요 메시지를 구성하고 구조화하는 데 사용되는 커뮤니케이션 도구이다. 계층적 형식으로 제시된 메시지를 시각적으로 표현한 것으로, 조직의 커뮤니케이션 노력이 명확하고 일관되며 전체 비즈니스 목표와 일치하도록 보장한다.

전통적으로 메시지 하우스는 PR, 마케팅, 브랜딩 관련 커뮤니케이터들이 시대를 초월하여 활용하는 메시지 개발 도구이다. 새로운 제품이나 서비스를 마케팅할 계획이든, 브랜드의 가치 제안을 미디어 출판물과 공유할 계획이든, 신입사원에게 회사의 가치에 익숙해지도록 할 계획이든, 메시지 하우스는 효율적인 프레임워크로 시작할 수 있다.

여러분의 회사가 다양한 언론 PR활동을 진행해 왔다면, 챗GPT 도움을 받아 자사만의 메시지 하우스를 빠른 시간 내에 정리할 수 있다. 이를 위해서는 챗GPT에게 메시지 하우스 개념을 학습시키고, 메시지 하우스의 세 가지 구성요소에 대해서도 정보를 제공해야 한다. 관련 프롬프트를 간략하게 정리하자면 다음과 같다.

〈프롬프트 1〉: 메시지 하우스 개념 및 구성 요소 관련 기본 정보 제공하기

⊡ 안녕하세요. 저는 애플 관련 메시지 하우스를 정리하고자 합니다. 당신은 메시지 개발전략가라고 생각해 주세요. 이미 알고 계시겠지만, 메시지 하우스는 브랜드를 구축하고 확립하는 과정에서 필요한 메시지 개발 도구입니다. 메시지 하우스는 다음과 같이 세 가지 구성 요소가 있는데요.

- 지붕: 지붕은 전체 브랜드 메시지를 요약하여, 커뮤니케이션의 본질을 포착하는 간결하고 기억에 남는 진술을 제공합니다. 지붕에 담기는 메인 메시지는 비즈니스의 목적을 한 문장으로 표현하는 것입니다. 여기에는 주요 목표, 사명, 비전이 포함됩니다. 전체 메시지를 요약하여, 커뮤니케이션의 본질을 포착하는 간결하고 기억에 남는 진술을 제공합니다.
- 기둥: 기둥은 핵심 메시지를 강화하는 지원 포인트 또는 핵심 속성입니다. 여기에 담기는 핵심 메시지는 메인 메시지를 강화하는 지원 진술이라 할 수 있습니다. 비즈니스에 대한 중요한 고유한 판매 포인트와 가치를 강조하면서 메인 메시지를 확장할 수 있는 기회로 활용해야 합니다.

▸ 기반: 기반은 지지 기둥을 뒷받침하는 증거 또는 증명 포인트를 나타냅니다. 여기에는 메시지에 신뢰성을 부여하는 특정 사실, 예, 통계, 또는 제3자의 증언이 포함됩니다. 메인 메시지와 핵심 메시지에서 주장하는 내용을 뒷받침하는 사실적인 증거 모음이라 할 수 있습니다.

그럼, 애플 메시지 하우스 관련 프롬프트를 계속 요청 드리겠습니다.

첫 번째 프롬프트에 대한 챗GPT의 답변 내용

⊡ 애플의 외부 커뮤니케이션을 메시지 하우스 구조로 정리해 주세요.

챗GPT 답변

애플의 외부 커뮤니케이션을 위한 메시지 하우스:

▸ 기초(핵심 메시지):
"연결된 세상을 위한 혁신적인 기술과 디자인"

▸ 기둥(지원 메시지):
"혁명적인 제품": 각 산업을 재정의한 iPhone, iPad, Mac과 같은 획기적인 제품을 만들어온 애플의 역사를 강조합니다.
"우아한 디자인": 사용자 경험을 향상시키는 매끄럽고 미학적으로 만족스러운 디자인에 대한 애플의 노력을 강조합니다.
"사용자 중심 경험": 직관적이고 사용자 친화적인 인터페이스와 기능을 제공하려는 애플의 헌신을 보여줍니다.
"원활한 생태계": 애플 장치와 서비스의 통합을 강조하여 원활하고 상호 연결된 사용자 경험을 제공합니다.

▸ 벽(증거 및 입증 포인트):
만족한 고객의 사용후기: 애플 제품 및 서비스를 통해 혜택을 받은 사용자의 피드백 및 사용후기를 공유합니다.
수상 및 표창: 혁신, 디자인 및 사용자 경험에 대해 애플이 받은 표창 및 상을 인용합니다.

시장 리더십: 글로벌 기술 리더로서 애플의 위치를 보여주기 위해 시장 점유율 및 판매 수치를 제시합니다.
제품 성능 지표: 애플 제품의 우수한 성능을 보여주는 성능 지표 및 벤치마크를 공유합니다.

▸ 지붕(요약 메시지):
"애플: 기술을 재정의하고 연결성과 혁신을 위한 새로운 표준을 설정합니다."
메시지 하우스 구조를 활용함으로써 애플의 외부 커뮤니케이션은 애플의 핵심 가치, 강점 및 성과를 일관되고 효과적으로 전달할 수 있습니다. 기초는 애플의 가장 중요한 목적을 요약하고 기둥은 이 목적을 지원하는 핵심 측면을 나타냅니다. 벽은 이러한 기둥을 뒷받침하는 증거를 제공하고 지붕은 간결하고 기억에 남는 성명으로 애플의 메시지를 요약합니다. 이 메시지 하우스는 애플이 명확하고 응집력 있는 커뮤니케이션 전략을 유지하여 브랜드 아이덴티티를 강화하고 대상 고객 사이에서 평판을 높이는 데 도움이 됩니다.

〈프롬프트 2〉: 애플의 대외 메시지 요약 요청하기

⊡ 애플의 외부 커뮤니케이션을 메시지 하우스의 구조로 정리해 주세요. 메인 메시지 1개와 핵심 메시지 3개를 작성해 주세요.

〈프롬프트 3〉: 기둥 메시지별 지원 사실에 대한 정보 요청하기

⊡ 애플이 혁신적인 제품이라는 핵심 메시지를 뒷받침하는 사실 세 가지만 제시해 주세요.
애플의 핵심 메시지인 우아한 디자인을 뒷받침하는 사실 세 가지를 알려주세요.
애플의 사용자 중심 경험 메시지를 뒷받침하는 세 가지 사실은 무엇인가요?

〈그림 1〉 챗GPT의 도움을 받아 정리한 애플의 메시지 하우스

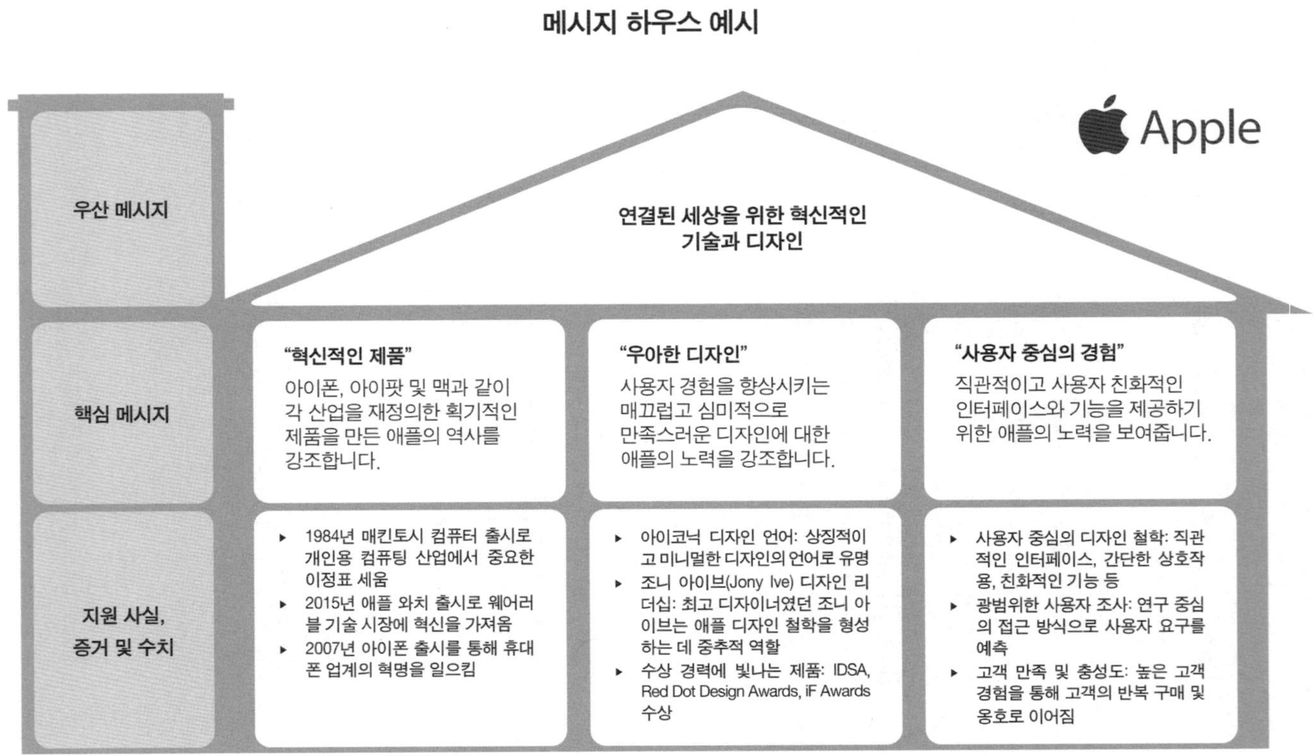

〈그림 1〉은 상기 프롬프트를 통해 챗GPT가 제공한 메시지와 정보들을 정리한 메시지 하우스이다.

챗GPT의 도움을 받아 정리한 애플의 메시지 하우스 내용이 어떻게 느껴지는가? 일반적으로 웹서치를 통해 상기와 같은 자료를 작성하기 위해서는 애플의 과거 기사, 현재 홈페이지, 유튜브 영상 등 다양한 텍스트 자료와 비주얼 자료에 담긴 자료들을 살펴보고, 분석하는 시간이 많이 소요된다. 챗GPT는 그런 시간을 혁신적으로 줄여주는 내 업무의 스마트한 비서 혹은 지원자라 할 수 있다.

AI와 글쓰기

여러분들도 익히 예상하듯이, 챗GPT에게 프롬프트를 입력하기만 하면 순식간에 멋진 카피가 완성되거나, 메시지 하우스가 구성되는 것은 절대 아니다. 그러나 스마트하게 프롬프트를 작성하면, 여러분들이 원하는 결과물을 빠른 시간 내에 얻을 수 있다.

다만, 몇 가지 커뮤니케이터로서 유념해야 할 사항들이 있다. 앞선 글쓰기 예에서, 애플의 대외 커뮤니케이션 관련 메시지 하우스를 정리해 봤다. 프롬프트를 통해 첫 번째, 결과물이 나오면 면밀히 검토하여 관련 사항들이 정확한지 확인 과정이 꼭 필요하다. 모든 내용이 사실에 근거하고 있으며 단순히 지어낸 것이 아닌지 확인이 필요하다. 바로 이때 여러분의 전문적인 팩트 체크 기술이 필요하다. 두 번째, 앞선 과정을 마치면, 글의 의도를 검토해야 한다. 관련 메시지들이 단순히 사실들을 정리한 자료인가? 아니면, 관련 카피가 고객의 행동을 유도하고 있는가, 아니면 다소 일반적이고 지루하거나 불쾌감을 주거나 지나치게 편향되어 있지는 않은가? 기준에 부합하지 않는다면 프롬프트를 조정하거나 다듬어서 메시지의 톤&매너에 변화를 줄 수 있다.

챗GPT는 스마트하게 활용한다면, 기자의 잠재적인 질문을 예상하고 이에 대응하는 방법, 요점과 핵심 메시지를 생산하는 방법, PR 캠페인과 관련된 정보와 인사이트를 수집하는 방법에 있어 기존 업무를 간소화하고, 투입 시간을 줄일 수 있다.

AI 이슈, 위험 및 정책

생성형 AI는 다른 기술과 마찬가지로 장단점이 있으며, 마케팅 믹스에 AI를 추가하기 전에 장단점을 평가하고 관리해야 한다. 알고리즘을 학습시키는 데 사용되는 데이터부터 살펴보자. 인종 차별적이거나 유해한 콘텐츠를 내보내는 경우 브랜드에 어떤 영향을 미칠까? 입력한 회사 고유의 데이터는 어떻게 되나? 이 데이터가 기계 학습에 사용되지 않고 경쟁사의 손에 넘어가지 않을 것이라는 보장이 있는가?

편향성은 또 다른 우려 사항이며 다양한 형태로 나타난다. 다양한 사례로 학습되지 않은 데이터의 편향성이 사람의 삶에 악영향을 미칠 수도 있고, 알고리즘 자체에 내장된 편향성일 수도 있다. 편견을 줄이고 완화하는 방법을 찾아야 하며, 그렇지 않으면 잘못된 결정을 내려 고객이나 브랜드에 피해를 줄 수 있다.

고려해야 할 다른 문제로는 데이터 보호, 고객과 직원이 공유하는 데이터 보호를 포함한 개인정보 보호가 있다. 그리고 투명성과 AI 사용 방법을 공개하는 방법도 고려해야 한다. 고객이 결과에 만족하지 못하거나 궁금해하는 경우 기계가 왜 그런 결정을 내렸는지 설명하거나 소통하는 것도 고려해야 할 사항 중 하나이다. 그리고 저작권과 소유권 문제도 있는데, 특히 창작물이 아티스트나 디자이너의 작품과 닮은 경우 더욱 그렇다. 또한, 생성형 AI는 무언가를 만들어내는 경향이 있기 때문에, 콘텐츠가 사실에 근거하고 잘못된 정보나 거짓말을 퍼뜨리지 않도록 가드레일을 설정해야 할 것이다.

그렇기 때문에 전사적인 정책을 개발하여 AI 사용 방식을 정립하는 것이 필수적이다. 회사의 법무, 데이터 과학, IT, 재무, 운영, 마케팅 및 커뮤니케이션 팀이 함께 모여 이러한 지침을 수립하고 기계보다 사람을 우선시하는 위기 대응 전략을 고민하고 준비할 필요가 있다.

26. K-콘텐츠의 성공, 그리고 미래

한 광 섭 (한국PR협회 명예회장)

2023년 8월 11일 상암월드컵경기장. 전 세계 153개국에서 참가한 4만 3000여 명의 스카우트 단원들이 폐영식에 이어진 K-팝 콘서트에 열광하고 있었다. 준비 부족과 형편없는 운영으로 혹평 속에 어렵게 치러낸 '2023 새만금 세계 스카우트 잼보리 대회'의 실패를 그나마 만회해 준 것은 K-팝 아이돌 그룹의 피날레 공연이었다. 한껏 들뜬 밝은 모습으로 함께 노래하고 즐기는 모습은[1] 아이러니하게도 K-콘텐츠의 힘과 역량을 보여주는 상징적인 장면으로 기록되었다. 이들은 K-팝 공연을 관람하기 위해 한국을 찾은 관객이 아니라 잼버리대회에 참가한 153개국의 청소년이다. 이런 청소년들이 이렇게 국적과 언어를 가리지 않고 K-팝 아이돌 그룹의 노래를 떼창으로 함께 하고, 놀랍도록 정교한 안무를 따라 하는 것은 그만큼 K-콘텐츠의 선두 주자이자, 한류의 첨병인 K-팝이 전 세계에 널리 퍼져 있음을 의미한다. 아울러 미래의 주역인 이들의 이런 열광적인 호응은 K-팝 나아가 K-컬쳐의 밝은 미래를 상징하는 모습이기도 하다.

---

1) https://www.chosun.com/national/national_general/2023/08/11/JJNKRA6PNZAIBP6SQQGLFB4HN/

K-컬쳐 그 절정의 순간들

2021년에 4월 25일 제93회 아카데미 시상식. 한국 배우 윤여정이 수상자로 무대에 올랐다. 한국 배우로서는 최초의 아카데미상 수상이다. 한국 이민 가족의 아메리칸드림을 다룬 영화 〈미나리〉로 배우 윤여정이 여우조연상을 받은 것이다. 제작자는 브래드 피트지만 한국어로 된 영화이고 한국 가족에 관한 이야기이다. 같은 해에 K-팝 그룹 블랙핑크가 전 세계 아티스트 최초로 유튜브 구독자 7000만 명을 돌파했고, 드라마 〈오징어 게임〉이 넷플릭스 창립 이래 전 세계 최다 가구 시청을 기록했다(양수영·이성민, 2022.3.23: 4). 드라마 〈오징어 게임〉은 총 94개국에서 OTT 플랫폼인 넷플릭스 오늘의 톱텐 1위를 기록했고 약 9억 달러 이상의 경제적 효과를 거두었다.[2] 넷플릭스에선 그동안 꽤 많은 한국 작품들이 전 세계적인 호응을 받아왔는데 〈오징어 게임〉에서 그 정점을 찍은 것이다.

"자막의 장벽, 장벽도 아니죠. 1인치 정도 되는 그 장벽을 뛰어넘으면 훨씬 더 많은 영화를 만날 수 있습니다".[3] 2020년 1월 5일 골든글로브 시상식. 한국 영화 최초로 외국어영화상을 수상한 영화 〈기생충〉의 봉준호 감독의 수상 소감이다. 배타적인 영어권 국가의 영화시장에 던지는 묵직한 메시지이다(한국콘텐츠진흥원, 2020: 3). 그리고 그 1인치의 장벽은 마침내 무너졌다. 2020년 2월 9일 그동안 외국 영화에 대해 인색했던 기존 관행을 깨고 한국 영화 〈기생충〉이 아카데미 사상 최초로 작품상을 받은 것이다. 2019년부터 5월 12일 제72회 칸 국제영화제에서 사상 두 번째로 심사위원 전원일치로 황금종려상을 받은 이래 진행되었던 아카데미 프로젝트의 성공적인 완결이다. 2019년은 한국 영화가 100주년을 맞는 기념비적인 해였다. 그리고 마침내 실제 기념비

2) https://www.ddaily.co.kr/page/view/2023081111380074427

3) https://www.hani.co.kr/arti/culture/culture_general/923295.html

가 생겨났다. 한국 영화 〈기생충〉이 세계적인 권위를 인정받고 있는 칸 영화제와 아카데미상을 동시에 석권한 쾌거를 이룬 것이다. 같은 영화가 두 영화제의 작품상을 동시에 석권한 것은 1955년 이후 처음이다.[4)]

2018년 BTS가 케이팝 그룹 최초로 「페이크러브(Fake love)」라는 곡으로 빌보드 핫 100 첫 10위권에 진입했으며(양수영·이성민, 2022.3.23: 4), 2020년 「다이너마이트(Dynamite)」가 3주 동안 빌보드 차트 1위, 2021년에는 「버터(Butter)」가 10주 동안 1위를 기록한 것을 비롯해 두 해 동안 총 6곡이 1위를 차지하는 성과를 과시했고,[5)] 현재 세계를 대표하는 팝그룹으로 확고한 위치를 차지하고 있다.

K-컬쳐의 진화와 그 배경

K-컬쳐로도 불리는 한류는 크게 4단계로 분류된다(전창영, 2022.12.26: 3~5). 제1기는 1995년부터 2002년까지로 중화권과 일본, 동남아 지역 중심으로 한류에 관심이 높아진 시점으로 한류에 대한 가능성을 확인할 수 있었던 시기이다. 제2기는 2003년부터 2009년까지로 〈겨울연가〉,〈대장금〉 등을 중심으로 한류가 본격적인 사회현상으로 주목받은 시기이자 한국 콘텐츠가 전반적으로 해외 진출을 본격화한 시기이다. 제3기는 2010년부터 2017년까지로 중국 내 한한령으로 한류 확산이 침체를 겪었으며, 뉴미디어로 인해 기존 아시아 중심으로 소비되던 한류가 전 세계로 퍼지는 계기를 마련한 시기이다. 한류 제4기는 2018년부터 현재까지로 한류 콘텐츠가 글로벌 흥행하면서 전 세계

4) 칸영화제 황금종려상과 아카데미 작품상을 동시에 거머쥔 영화는 미국 델버트 맨 감독의 로맨스 영화 〈마티〉 이후 한 번도 없었다. 1955년 황금종려상 수상 이듬해 아카데미 작품상까지 차지했다.(https://www.joongang.co.kr/article/23681342)

5) Billboard https://www.billboard.com › artist › bts

적으로 열풍이 정착되는 시기, 온라인 플랫폼 중심으로 전 세계적 유통이 강화되며 한류의 글로벌 확산이 본격화되는 시기이다.

위에서 살펴본 것처럼 K-콘텐츠의 각 분야를 대표할 수 있는 영화 〈기생충〉, 케이팝 BTS 그리고 넷플릭스 드라마 〈오징어 게임〉이 우연인지 필연인지 전 세계의 주목을 받고 성과를 올린 시기가 상당히 유사하다. 즉 이 기념비적인 K-콘텐츠의 성공이 전부 한류 4기로 분류되는 시기에 이루어졌다는 점에서 이전의 한류와는 다른 분명한 차별점을 가지고 있다고 하겠다. 다시 말해 한국을 대표하는 영화, 드라마, 음악이 동시에 최고 수준의 성공을 거두게 된 데에는 작품 자체뿐만 아니라 그것을 둘러싼 다양한 환경이 큰 동력이 되었을 가능성이 있다.

그럼 무엇이 이런 성과를 내는 데 큰 뒷받침이 되었을까?

우선 한류 3기와 4기에 걸쳐 소셜 미디어와 유튜브 및 OTT 넷플릭스를 위시한 스트리밍 서비스의 글로벌 확산이 급격히 진행되었다는 점에 주목할 필요가 있다. 이전 같으면 공연이나 상영, 또는 음반이나 DVD 등의 오프라인 활동이나 매체를 통해 각 시장에 일일이 진출해서 하나하나 알려야 하는 물리적인 품이 많이 들었을 것이다. 그러나 인터넷 보급에 따른 소셜 미디어 활성화, 넷플릭스 같은 전 세계를 망라하는 OTT 플랫폼 같은 인프라들이 일상화됨으로써 그동안 필요했던 엄청난 물리적인 노력이 대거 생략된 것이다.

소셜 미디어가 텍스트에서 동영상 기반으로 전환되면서 유튜브가 매달 20억 명 이상이 사용하는 글로벌 대세 OTT 플랫폼으로 자리 잡았다. 한편, 2007년부터 스트리밍 서비스를 시작한 넷플릭스는 전 세계 190개국에 서비스하는 글로벌 기업으로 성장했다. 글로벌 음원 플랫폼 전 세계 1위 기업(35%, 2021년 1월 기준) 스포티파이 또한 2011년 미국 진출을 기반으로 세계 184개국에서 서비스를 제공 중이다. 온라인 플랫폼의 복수 국가 동시 서비스, 다국적 자막 및 번역 제공 등으로 여러 국가로 콘텐츠를 유통하는 것이 쉬워진 환경 변화는 한류 콘텐츠의 글로벌 확산에 큰 역할을 했다. 글로벌 콘텐츠 수급 경쟁이 심화되면서 아시아권 등에서 입지가 높은 K-콘텐츠에 대한 글로벌 플랫폼의 투자가 확대되고 있는 것도 K-콘텐츠의 미래를 밝게 하는 요인이다(양수영·이성민, 2022.3.23: 4). BTS는 누구보다 먼저 이러한 환경 변화를 인식하고 활용한 것으로 알려져 있다. 작품성과 세계관에 더해 글로벌 팬들과 소셜 미디어를 통해 일상을 꾸준히 소통함으로써 전 세계적인 조직을 가진 '아미'라는 막강한 팬클럽을 창출했고, '아미'는 강력한 팬덤으로 빌보드를 포함한 수많은 차트는 물론 공연에 이르기까지 BTS를 강력히 지원하고 있다. 거기에 아이돌 육성 시스템에서 비롯된 가창력과 칼각 군무와 같은 K-팝 특유의 모습들도 전 세계 팬들을 열광시키는 요소이다.

두 번째는 경쟁력 있는 K-콘텐츠가 세상에 나올 수 있게 하고, 앞에서 서술한 두드러진 성과를 가능하게 한 자본의 힘이다. CJ E&M은 봉준호 감독의 〈기생충〉 제작비는 물론 〈설국열차〉 제작비 4000만 달러도 전액 투자했다. 이 영화는 미국에서도 큰 관심을 모아 봉준호 감독을 미국 영화계에 알리는데 일조한 것으로 평가되고 있다(한국콘텐츠진흥원, 2020: 2). 또 그의 전작인 〈살인의 추억〉, 〈마더〉와 같은 영화의 제작을 지원했고, 아카데미 수상을 위해 영화예술아카데미(AMPAS) 회원 8000명을 대상으로 한 홍보전에 100억 원 이상을 투자했을 것으로 추정하고 있다(곽영신·류웅재, 2022: 327~328). 오징어 게임은 또 어떤가? 황동혁 감독은 2009년에 〈오징어 게임〉의 각본을 써 놓고도 십년 넘게 투자를 얻지 못했다. 제작을 할 수 없었다. 황 감독은 자신의 스토리를 여러 한국 프로덕션 그룹과 배우들에게 판매하는 것을 시도했지만 너무 터무니없고 비현실적이라는 답을 들었다.[6] 그러던 것이 전 세계적으로 통용될 만한 또는 각 지역의 독특한 창의적인 콘텐츠를 찾고 지원하는 OTT 넷플릭스를 만나 제작 및 전 세계를 대상으로 한 배급이 가능해졌다. 넷플릭스

6) Yoon, Dasl; Martin, Timothy W. 2021.10.2. "Netflix's 'Squid Game' Is the Dystopian Hit No One Wanted—Until Everyone Did". *The Wall Street Journal*.

는 총 제작비 253억 원을 투자해 9억 9110만 달러의 경제적 가치를 창출했으니 비용 대비 시청율 지표에서 무려 47.1배의 성과를 거둔 것이다(김지현, 2021). 황 감독은 투자를 받았으나 창의력은 그대로 살릴 수 있었다. 우리나라 방송 시스템에서 가지고 있던 표현의 제약과 예산의 제약 등을 뛰어넘어 창의적인 작품성을 살릴 수 있는 글로벌 OTT의 제작 시스템과 전 세계 동시 배포도 가능하고 방영 지역의 언어를 지원하는 넷플릭스의 유통 시스템이야말로 〈오징어 게임〉의 큰 성공 요인인 것은 두말할 필요가 없다. 지난 10년 동안 방송 및 영화계에서 일어난 변화 중에 가장 큰 변화로 꼽히는 "스트리밍 서비스의 보편화"는 외국어로 제작된 콘텐츠를 세계 최대 콘텐츠 시장인 미국(영어권) 관객이 더 쉽게 접할 수 있는 역할을 했다(한국콘텐츠진흥원, 2020: 10)는 점에서 K-콘텐츠 성공의 든든한 후원군이라고 할 수 있다.

K-콘텐츠 성공의 마케팅적 의미와 미래

한류 4기에 BTS, 〈기생충〉, 〈오징어 게임〉이 이룩한 괄목할 만한 성과는 한편으로는 한류 1기에서 3기에 이르기까지 축적된 K-콘텐츠의 성과를 기반으로 드디어 K-콘텐츠가 작품성과 흥행성 그리고 지속가능성을 글로벌 수준에서 인증받았음을 의미한다. 근래에 유행처럼 번지는 ESG에 대한 인증이나, 이미 평가 지표로 많이 사용되어 온 '브랜드 가치 순위', '존경받는 브랜드 순위', '가장 혁신적인 기업 순위'와 같은 기업 분야의 글로벌 척도가 있듯이 콘텐츠 산업에서도 이러한 글로벌 척도가 존재한다면 음악의 빌보드, 영화의 칸영화제, 아카데미영화제, 드라마의 에미상 같은 것들일 것이다. 이러한 글로벌 척도에서 최고의 자리에 오르는 것, 그것도 기념비적인 최초이자 최고에 오르는 것은 K-콘텐츠가 전 세계적으로 널리 인정받고 있음을 의미하며 작품성과 흥행성을 보장한다. K-콘텐츠가 이런 글로벌 인증을 통해 어떤 시기적 현상이 아니라 '글로벌의 일상'으로 점차 발전하는 변곡점을 넘고 있다고 할 수 있다.

K-콘텐츠가 이러한 성과를 통한 인증을 바탕으로 어떻게 나아가야 하는가? 어떻게 하면 제2의 〈기생충〉 같은 K-무비가 탄생할 것인가? 가장 기본적으로는 보편성 안에서 특수성을 갖춘 대중적인 영화가 만들어져야 하며, 국내외 관객을 통해 검증되어야 함을 지적하고 있다. 〈기생충〉이 사람들로부터 호평받는 이유로 "동시대성"을 들고 있는데 한국에서 받아들여지는 이야기인 동시에 전 세계의 현실을 드러내기 때문이다. 또한, 아카데미 수상을 위해서는 최소 10만 달러 이상의 PR 캠페인이 필요한데 이는 '오스카 레이스' 불리는 오스카 캠페인이 8000명 이상의 회원을 대상으로 이루어지기 때문이다. 다시 말하면 대기업 자본의 지원이 큰 역할을 할 수 있다는 것을 의미한다. CJ E&M의 봉준호 감독 지원이 결실을 이룬 것이 그것을 증거하고 있다(한국콘텐츠진흥원, 2020: 11~12). K-콘텐츠(한류)의 To-be 모습으로 한국만의 것으로 '진출', '점유' 등 공격적인 의미를 갖는 한류가 아니라 모두가 함께 누리는 세계 속의 문화, 즐거움으로의 한류(다양성), 국가 산업이라는 정부 시각이 아닌 문화, 경제적 관점의 민간 시각의 한류, 대표 수출상품으로서 매출 증대, 진출 확대, 국가 이미지 강화라는 외연 확대 정책이 아닌 건강한 생태계, 강력하고 창의적 콘텐츠, 제한적이나 효율적 정부 지원을 통한 미래를 향한 한류를 제시한 연구도 있다(백승혁·양수영, 2018: 10). 또한 신한류가 갖추어야 할 덕목으로 이문화 감수성을 든 연구도 있다. 가장 한국적인 것이 가장 세계적인 것이라는 문구는 때로는 한국의 우수성에만 매몰되게 하는 함정으로 작동하며 우리에게 익숙한 것에서 벗어나 상호 이해와 상호 존중의 지평으로 나갈 때 이문화 감수성이 증대되며 한류가 시장 상품이 아닌 지구적 문화 현상으로 내공을 다져 갈 것이라는 주장이다(박소정, 2019: 20~23). K-콘텐츠와 K-팝은 세계적인 트렌드를 넘어 각 분야에서 하나의 장르로 자리 잡았다. 문화경쟁력의 핵심은 결국 체험을 이끌어내는 힘에 있으며 K-콘텐츠는 K-푸드가 보여준 것처럼 문화적 호감을 기꺼이 경험으로 이끄는 힘이 있다. 짜파구리와 불닭

볶음면, 핫플레이스로서 서울방문 체험과 같은 것들이다. 문화 콘텐츠는 경험을 이끄는 촉매이고 경험이 반복되면 일상이 된다(김교석, 2023). 영국 BBC는 "한국의 음악, 영화, 드라마는 전 세계 문화계를 강타한 새로운 물결이다. BTS, 블랙핑크는 전 세계가 아는 뮤지션이 되었다. 〈기생충〉과 〈미나리〉는 오스카를 거머쥐면서 헐리우드에 신선한 충격을 더했다. 또한 〈오징어 게임〉의 놀라운 흥행은 전 세계에 퍼져 있는 '한국 문화의 영향력'을 다시 한번 입증한 결과"라고 평가했다(김지현, 2021 재인용).

이러한 연구와 평가, 여론을 종합하면 결국은 "세계인의 일상 속 문화로서의 한류 확산"이라는 신한류 확산 전략 추진 로드맵의 비전으로 요약된다(백승혁·양수영, 2018: 23). 또한 "세계인이 매년 2~3편의 한국 영화를 보고, 매달 1~2번씩 한국 음식을 먹고, 매주 1~2편의 한국 드라마를 보고, 매일 1~2곡의 한국 음악을 들으며 일상에서 한국 문화를 즐기게 하는 것"이라는 1995년부터 품어온 CJ그룹의 꿈 또한 K-콘텐츠가 앞으로 도달할 지점을 분명하게 제시하고 있다.[7] 일찍이 김구 선생은 나의 소원에서 "오직 한없이 가지고 싶은 것은 문화의 힘"이라면서 "우리나라가 남의 것을 모방하는 나라가 되지 말고, 높고 새로운 문화의 근원이 되고, 목표가 되고, 모범이 되길 원한다"고 역설했다.[8] 이러한 문화강국의 꿈이 지금 한창 진행 중이다. 이제 K-컬처를 전 세계에 어떻게 알려 전 세계인의 삶에 자연스러운 일상으로 스며들게 할지 우리 PR인들도 다시 한번 생각을 가다듬고 새로운 장을 펼쳐야 할 시점에 와 있다.

---

7) https://cjnews.cj.net/cj-CJ 문화 사업의 태동… K컬처 세계화의 출발점에 서다 [1]

8) http://www.shinailbo.co.kr/news/articleView.html?idxno=1558721

참고문헌

곽영신·류웅재. 2022.「사회비판적 K-콘텐츠는 세상을 바꿀 수 있는가?」. ≪한국언론학보≫, 66권 6호.

김교석. 2023. "경험 전달로 문화까지 전파하는 K-콘텐츠". ≪한국콘텐츠진흥원 N콘텐츠≫, Vol.28.

김지현. 2021.『〈기생충〉부터 〈오징어게임〉까지, 한국의 문화 콘텐츠 '소프트파워' 격상』. 영화진흥위원회.

박소정. 2019. "신한류가 갖추어야 할 덕목, 이문화 감수성". ≪한국콘텐츠진흥원 잡지 N콘텐츠≫.

백승혁·양수영. 2018. "한류의 지속과 새로운 가치 창출을 위한 정책 패러다임의 전환". ≪Kocca Focus≫, 125호.

양수영·이성민. 2022.3.23. "한류의 발전 과정과 향후 전망". ≪Kocca Focus≫, 통권 138호.

전창영. 2022.12.26. "빅데이터로 본 한류 30년". ≪Kocca Focus≫, 통권 146호.

한국콘텐츠진흥원. 2020. ≪미국 콘텐츠 산업 동향≫, 2호.

≪디지털데일리≫. 2023.8.11. "[취재수첩] 오징어게임 영광 뒤 그림자… 韓 콘텐츠 제작 구조는 붕괴 중".

≪조선일보≫. 2023.8.12. "4만 잼버리 대원들 K팝 떼창… "아쉬움 있지만 우린 매 순간 즐겨"".

≪중앙일보≫. 2020.2.14. "봉준호 칸·아카데미 동시 석권 보인다… 1955년 딱 한번 수상."

≪한겨레≫. 2020.1.6. "한국 최초 골든글로브 〈기생충〉 '이제 아카데미다'".

27. 전 세계 시청자가 <오징어 게임>을 본 이유

넷플릭스 오리지널 시리즈, 〈오징어 게임〉이 이뤄낸 성과

김 영 섭 (타이거 스튜디오 대표)

넷플릭스 오리지널 시리즈 〈오징어 게임〉은 셀 수 없이 많은 기록들을 가지고 있다. 전 세계 넷플릭스 조회수, 시청 시간, 시청 가구 순위 모두 1위이다. 또한, 넷플릭스가 정식으로 서비스되고 있는 모든 94개 국가에서 모두 1위를 달성한 최초의 작품이다. 이는 단순히 비영어권 콘텐츠로 국한되는 것이 아닌, 영어권 콘텐츠까지도 모두 포함한 집계이다. 넷플릭스에서 〈오징어 게임〉을 공개한 이후 넷플릭스의 시가총액은 약 24조가 증가했고 OTT 플랫폼에서 중요한 지표로 사용되는 순가입자 수도 해당 분기에 엄청난 증가세를 보여줬다. 넷플릭스 회사의 관점에서도 긍정적인 청신호를 보여주었다.

〈오징어 게임〉은 대한민국의 모든 콘텐츠 종류들을 통틀어 가장 유명하고 가장 많이 시청된 콘텐츠이다. 〈오징어 게임〉에서 파생된 수많은 영향력들은 단순한 시청자들의 관심을 넘어서서 모티브로 한 2차 창작물, 상품과 이벤트들이 등장했다. 〈오징어 게임〉은 넷플릭스에 한국 콘텐츠의 새로운 가능성을 보여줬고, 넷플릭스는 〈오징어 게임〉으로 전 세계 사람들에게 한국 콘텐츠를 보여줬다. 또한, 기존 비영어권 콘텐츠가 영어권 시청자들에게 어필되기 쉽지 않다는 인식을 깨뜨리고 좋은 콘텐츠는 언어를 뛰어넘는다는 것을 엄청난 성과로 증명해냈다. 하지만 〈오징어 게임〉 콘텐츠의 퀄리티 외에도 코비드

19의 팬데믹 상황에서 더 많은 사람들이 OTT 플랫폼을 이용한 점이 〈오징어 게임〉 성공의 부수적 요인이 되었다는 점도 간과할 수는 없다.

비영어권 콘텐츠로서의 한계와 극복

다른 비영어권 콘텐츠들과는 달리, 〈오징어 게임〉은 다양한 문화권과 연령대의 시청자들에게 쉽게 공감되고 이해될 수 있는 요소들로 구성되어 있다. 한국의 전통 게임들을 기반으로 이야기가 진행되지만, 드라마 전반 배경의 사회적 계급과 빈부 격차에서의 갈등, 격렬한 생존 경쟁 등 전 세계 사람들이 공통적으로 공감하고 감정 이입할 수 있는 내용이었다. 또한 시각적인 연출이나 명확한 등장인물과 갈등구조들은 쉽게 이해할 수 있도록 도와주는 장치로서 역할한다. 〈오징어 게임〉은 그 어떤 콘텐츠들보다 한국적이면서도 인간 보편적인 주제를 지닌 작품이다.

하지만 이러한 장점에도 불구하고, 자막 있는 영어권 콘텐츠에 익숙한 비영어권 시청자들과는 달리 자막은 영어권 국가 시청자들에게 가장 큰 장애물이다. 자막에 익숙한 비영어권 문화의 시청자들과는 달리 영어권 국가 시청자들은 영화나 드라마를 보고 듣지, 보고 들으며 읽지 않는다. 예를 들어, 영어권 시청자들은 콘텐츠의 대화와 스토리를 파악하기 위해서 소리를 듣는 것에 익숙하기 때문에 눈으로 처음부터 끝까지 읽어야만 내용을 이해할 수 있는 자막에 익숙하지 않았다. 봉준호 감독이 과거 인터뷰에서 자막은 '1인치의 장벽'이라고 얘기했던 것처럼 영어권 시청자들은 자막에 익숙하지 않을 뿐만 아니라 언어적 장벽으로써 작용한다. 하지만, 넷플릭스의 다양한 비영어권 콘텐츠들은 기존 자막에 거부감을 가지고 있던 영어권 시청자들을 인식을 조금씩 바꿔놓았다. 영화, TV 등 기존 매체에서는 전복시킬 수 없었던 비영어권 콘텐츠에 대한 인식을 파괴적으로 혁신한 것이다. 〈오징어 게임〉 이전의 수많은 비영어권 넷플릭스 콘텐츠들이 없었더라면, 〈오징어 게임〉을 아무리 홍보하더라도 기존 시청 습관을 가진 영어권 시청자들은 외면했을 것이다.

언어, 문화적으로 파편화된 전 세계 시청자들을 하나로 묶은 넷플릭스

넷플릭스 이전에 극장이 있었고, TV가 있었다. 넷플릭스 이전의 매체들은 각 국가의 키 플레이어들을 통하지 않고서는 콘텐츠 배급이 불가능했다. 제작사와 시청자 사이에는 수많은 유통 과정이 있었기 때문이다. 배급사, 방송사, 극장 등 수 많은 이해관계자들에게 콘텐츠가 성공할 것이라는 여러 소구점들을 제시하고 설득하지 못한다면 아무리 잘 만들어진 콘텐츠라도 시청자들에게 선보일 수 없다는 절대적인 한계를 가졌었다. 그런 배경 탓에 특히 비영어권 영화나 드라마는 시청자들에게 선보일 수 있는 기회를 얻는 것조차 힘들었다. 또한 극장과 TV는 물리적으로 제한된 상영 스케줄로 인해서 콘텐츠의 다양성이 부족하다는 측면과 시청자의 선택 폭이 제한된다는 점에서 분명한 한계가 있었다. 극장과 TV가 가지고 있는 매력적인 측면이 분명히 존재하긴 하나, 경직된 유통 구조가 새로운 콘텐츠의 부상을 막았다.

하지만 넷플릭스는 다르다. 넷플릭스는 단일 사업자로는 가장 많은 국가들에서 서비스하는 글로벌 OTT 플랫폼으로 전 세계 시청자를 하나의 문화권 혹은 집단으로 아우를 수 있는 영향력을 가지고 있다. 기존 극장이나 TV의 경우에는 유통되는 콘텐츠가 해당 문화권의 주 언어가 아닐 경우에는 절대적으로 불리했다. 하지만 넷플릭스는 지속적으로 비영어권 콘텐츠들을 영어권 시청자들에게 노출하여 새로운 시청 습관을 만들어냈고 이는 비영어권 콘텐츠가 전 세계적으로 유통할 때 더욱 더 큰 파급력을 지닐 수 있는 전초 상황을 만들었다. 넷플릭스는 전 세계 사람들에게 같은 날짜에 동시에 동일한 콘텐츠를 유통할 수 있는 플랫폼을 지니고 있고 이미 유료로 구독하고 있는 수많은 사람들이 있었기 때문에 여러 이해관계자들과 타협할 필요가 없었다. 또한, 물리적인 상영 제약이 없기 때문에 시청자들에게 더 다양한 선택지들을 제공할 수 있다. 기존 유통 과정과는 달리 가능한 한 모든 언어의 자막과 더빙들을 준비함으로써 소외되는 국가 없이 어느 지역, 어느 언어로나 콘텐츠를 즐길 수 있는 조건을 철저하게 준비했다. 〈오징어 게임〉도 마찬가지였다. 같은 날 동시에 공개되고 시청자들의 선호도 데이터를 분석하여 〈오징어 게임〉이 넷플릭스 최초 화면의 최상단에 노출되도록 하였다. 대한민국의 시청자와 미국의 시청자는 언어만 다를 뿐 같은 콘텐츠 카탈로그를 보게 되는 것이다. 하지만 만약 〈오징어 게임〉이 넷플릭스가 아닌, 기존 극장에서 유통되었다면 과연 이러한 엄청난 성과를 거둘 수 있었을까? 혹은 TV에서 유통되었다면 과연 이러한 성과를 거둘 수 있었을까? 아니, 그 이전에 영어권 극장이나 TV에서 시청자들에게 선보일 수 있는 기회를 얻을 수 있었을까?

봐야만 하는 이유를 제시한 넷플릭스(FOMO 효과)

개그콘서트가 대세였던 시절, 월요일 아침 직장과 학교에서는 모든 사람들이 일요일 저녁에 방영되었던 개그 콘서트에 대해서 이야기를 했다. 일요일 저녁에 하는 개그 콘서트를 보지 않으면 대화에 전혀 참여할 수 없었던 것이다. 대화에 참여하기 위해서라도 개그콘서트를 꼭 봐야 했고 이러한 이유는 더 많은 시청자들을 끌어모을 수 있는 원동력이 되었다. 콘텐츠가 가지고 있는 태생적인 특성 이외에 사회적인 이유를 통해서 시청하도록 만든 것이다. 그 당시에는 명시적으로 명명되지는 않았지만 개그콘서트는 FOMO(Fear of Missing Out: 뒤처지고 싶지 않은 심리)를 간접적으로 활용하게 된 셈이다. 다양한 언론이나 소셜 미디어 등을 통해 단일한 문화권역으로 묶인 전 세계의 시청자들은 단순히 자국의 시청 패턴에 종속되는 것이 아니라 타 국가와 외국의 유명인들의 영향을 받게 된다. 기존 매체들이 하나의 국가에서만 적극적인 영향력을 발휘했다면 넷플릭스는 하나의 행성, 즉 지구 전반에서 적극적인 영향력을 발휘하고 있다고 해도 과언이 아니다. 단순히 자국의 사람들과 비교해서 뒤처지는 게 아닌, 타 문화권과 외국의 사람들과 비교하고 뒤처지지 않고 싶다는 생각을 가지게 되는 것이다.

넷플릭스는 각 국가의 협력사 및 언론들을 통해서 단일화된 전 세계 시장의 소비자들과 적극적인 상호작용을 하며 자사 오리지널 콘텐츠들을 노출시킨다. 〈오징어 게임〉의 경우에도 마찬가지로 뒤처지고 싶지 않은 사람들의 심리를 적극적으로 활용한 바 있다. 한국뿐만 아니라 전 세계적으로 인기를 끌고 있다는 언론 기사들과 소셜 미디어에 올라온 유명인들의 시청 인증샷들은 나만 빼고 전 세계 모든 사람들이 보고 있다라는 인식을 주기에 충분했고, 지금 당장 〈오징어 게임〉 시청을 시작해야겠다는 생각으로 이어지게 되었다. 그뿐만 아니라, 〈오징어 게임〉 유행 과정에서 나왔던 패러디 및 2차 창작들은 자발적이면서도 효과적으로 새로운 시청층들을 지속적으로 유입했다. 콘텐츠를 봐야만 알고 이해할 수 있는 패러디들은 사람들에게 봐야만 하는 또 다른 이유가 되었기 때문에 넷플릭스 또한 자체적으로 2차 창작물 및 바이럴될 수 있는 포인트들을 적극적으로 활용했다. 여러 모바일 게임제작사들이 〈오징어 게임〉에 나왔던 게임들을 기반으로 모바일 게임을 만들었고 한 동안 모바일 앱 스토어의 게임 부문 랭킹에서 상위권에 자리할 정도의 인기를 끌었다. 이러한 사회 전반 다양한 영역에서의 직간접적인 콘텐츠 노출은 시청자들에게 단순히 '재미있으니 보세요'라는 일차원적인 접근이 아닌 여러 레이어들의 설득 구조들로 넷플릭스 구독과 〈오징어 게임〉 시청을 유도했다.

K 콘텐츠 세계화의 가능성과 기회

넷플릭스는 자사의 오리지널 콘텐츠가 다양한 소구점들로 최대한 오랫동안 그리고 충분히 강렬하게 이야깃거리가 되도록 전략적으로 기획하고 준비한다. 활용할 수 있는 광고 구좌, 소셜 미디어, 언론매체들을 활용해서 해당 콘텐츠의 등장인물, 장르, 스토리, 비하인드 등을 꾸준히 노출시키며 시청자들에게 봐야만 하는 이유들을 제시하고 납득시킨다. 넷플릭스의 직접적인 경쟁사라고 인식될 수 있는 전통적인 TV 광고를 통해서도 넷플릭스에서 새롭게 공개될 콘텐츠들을 시청자들에게 선보인다. 또한, 각 국가와 문화권, 그리고 해당 콘텐츠의 특색을 활용한 마케팅 및 홍보 전략들로 초기 반짝 흥행으로 그치지 않고 장기적인 트렌드가 되도록 구성한다.

〈오징어 게임〉은 비서구권이자 비영어권인 한국의 콘텐츠가 충분히 전 세계 시청자들을 스크린 앞에 앉힐 수 있다는 것을 증명했다. 또한, 기존 한국의 콘텐츠를 즐겼던 특정 시청층뿐만 아니라 영어권 시청자들을 포함하여 대중적으로 어필될 수 있다는 사실도 보여줬다. 이는 기존 할리우드 제작 체제에만 종속되어 있었던 영어권 콘텐츠에서 벗어나 추가적인 제작 체제의 도입으로 보다 더 안정적인 콘텐츠 수급 체계를 만들어내고 있다. 넷플릭스의 입장에서 할리우드의 파업이 있더라도 새로운 콘텐츠를 지속적으로 수급할 수 있는 시장으로 보다 안정적인 플랫폼 운영을 가능케 한다.

또한 넷플릭스 입장에서 한국 콘텐츠는 기존 넷플릭스 오리지널 시리즈들에 비해서 현저하게 적은 편당 제작비로 제작되었고 비용 대비 엄청난 효율을 보여줬다. 이는 결국 한국 콘텐츠 제작에 필요한 비용은 상대적으로 적지만, 높은 퀄리티와 좋은 성과를 낼 수 있다는 가능성을 보여주었다. 어떤 콘텐츠가 인기가 많을지 예측하기 어려운 업계의 특성상, 더 적은 제작비용은 곧 더 다양하고 많은 숫자의 콘텐츠를 제작할 수 있다는 의미다. 〈오징어 게임〉은 그 자체만으로도 훌륭한 작품이지만, 한국 콘텐츠의 가능성을 증명했을 뿐만 아니라, 넷플릭스와 이외 타 플랫폼들이 글로벌 시장에서의 성공을 위해서 한국 콘텐츠에 적극적으로 관심을 가지고 투자해야 할 이유를 만들었다. 넷플릭스의 입장에서는 시청자들에게 더 다양하고 많은 콘텐츠들을 선보일 수 있는 기회인 셈이다. 그리고 자연스럽게 한국의 콘텐츠는 전 세계의 시청자들에게 선보일 수 있는 토대를 마련하게 되었다.

넷플릭스는 매년 한국 콘텐츠를 더 많이 제작하기 위해서 점점 더 공격적인 투자 계획을 밝히고 있고, 국내외 타 OTT 플랫폼 사들 또한 한국의 콘텐츠 제작 시장에 적극적으로 뛰어들고 있다. 비용구조 및 퀄리티를 고려하였을 때, 〈오징어 게임〉을 선두로 한 한국 콘텐츠는 글로벌 OTT 플랫폼들에게 새롭고 매력적인 돌파구가 된 것이다. 또한, 한국 콘텐츠 제작사들과 해외 플랫폼들의 글로벌 협업 사례들은 그 자체로 한국 콘텐츠의 홍보 지렛대가 되어가고 있다.

28. 놀면 뭐하니? 부캐의 탄생

기술과 문화 그리고 PR 커뮤니케이션

황 유 선 (글램잇 대표)

"당신의 부캐[1]는 무엇인가요?"
심심치 않게 들을 수 있는 흔한 질문이다. 부캐 하나 없어서 우물쭈물 대답 못하는 사람이라면 의욕 없고 나태한 삶의 태도를 지녔는지 의심하는 눈초리로부터 자유롭지 못하다. 하루가 바빠서 고단한 마당에 도대체 부캐의 어떤 매력이 우리의 시간과 열정을 사로잡은 것일까.

부캐여, 시대의 부름에 응답하라

직장에서 쓰는 SNS 계정과 사적으로 사용하는 SNS 계정을 구분해 사용할 필요성을 당연하게 인식하는 사람들이 늘고 있다. 이미 회사의 부장님, 팀장님은 모르는 나만의 은밀한 SNS 계정을 지닌 젊은이들이 다수다. 직장에서 받는 스트레스와 감시를 퇴근 이후 개인적인 시간에까지 끌어오고 싶지 않아서

1) 온라인 게임에서 사용되던 표현으로 원래의 캐릭터가 아니라 추가로 만든 캐릭터, 즉 부캐릭터를 줄여서 부르는 말이다. 이 표현이 일상생활 속에 확대돼 사용되면서 평소 본인의 모습과 다른 모습이나 캐릭터로 자신을 표출하며 활동하는 것을 의미한다.

다. 이미 오래전부터 직장 생활을 충실하게 수행해 온 기성세대들이라고 해서 이런 바람이 없지는 않았을 것이다. 하지만 그들이 갓 사회에 진출했을 때는 자신만의 끼를 투영할 SNS도 없었고 사회 통념상 두 개의 캐릭터로 살아간다는 것이 왠지 모르게 께름칙하기도 했다.

기술의 발달이 가져온 우리의 현실은 철저한 감시 공동체에 갇힌 일꾼과 닮았다. 언제 어디에서 누구의 부름에도 즉각 소통하는 일이 가능해졌기 때문이다. 시공간을 초월한 업무의 연장이 우리의 숨을 턱 막히도록 만든다. 부캐는 이런 환경에서 필연적으로, 그러면서도 비교적 쉽게 고안해 낼 수 있었던 우리들의 도피처다.

자아 해방의 탈출구로 찾아온 부캐

문화적으로 풍성한 시대를 살아가는 현대인들은 자신의 공식적인 직업에만 몰두하며 만족을 느끼기 어렵다. 퇴근 후 다른 취미를 찾기도 하고 파트타임 잡을 수행하며 보람을 맛보기도 한다.

대학병원에서 근무하는 의사가 여자 프로복싱 라이트급 챔피언에 등극했다(한예슬, 2023)는 뉴스가 포털에서 화제가 됐고, 골프와 축구 그리고 배구에서 스타의 반열에 오른 선수들도 운동을 하지 않을 때는 그림을 그리거나 노래를 하고 유튜버로서 전혀 다른 일에 몰두하는 모습이 공개됐다(홍석준, 2022). 평소에는 IT 업계에서 직장생활을 하고 있지만 에어비앤비 슈퍼 호스트 일을 겸해 적지 않은 부수입을 올리는 경우도 있다(류석우, 2023). 직장인들의 부캐 활약상에는 정해진 경계선이 없다. 광고회사 마케팅 담당자가 전통주 콘텐츠를 발굴하는 일을 하기도 하고, 하나가 아니라 여러 개의 부캐를 설정해 놓고 다양한 사람들과 만나면서 사업 아이디어를 발굴하는 사례가 적지 않다(손성원, 2022).

부캐는 확실히 본캐보다 부담이 덜하다. 좀 서툴러도 자신에게 당장 큰 손실을 미치지 않는다. 오히려, 색다른 일을 시도했다는 점에서 높은 점수를 받는다. 원한다면 익명성을 보장받을 수도 있으며 정해진 시간에 구애받지 않아도 되니 자유롭다. 그러다 보니 적어도 부캐로 지내는 동안만큼은 심리적으로 안정된다. 부캐란 자발적으로 생성해 낸 나의 정체성이고 여차하면 없애버릴 수도 있다.

부캐의 삶은 훨씬 재미있고 부캐로 활약하는 동안에는 시간 가는 줄 모른다. 이런 유연한 분위기를 만끽하는 동안 어쩌면 부캐를 통해 나의 본성이 더 잘 드러날 수도 있다. 지난 2020년 학생복 브랜드 (주)형지엘리트가 초중고생을 대상으로 부캐에 대해 묻는 설문조사를 실시했다. 청소년들은 '표현의 자유'와 '다양한 경험'이 가능하고 '스트레스 해소'와 '새로운 자아 발견'을 할 수 있다는 점에서 부캐를 긍정적으로 인식하는 것이 확인됐다. 다양한 사례와 조사에서 드러나듯, 부캐란 지금 현재 나의 모습으로부터 더 넓은 세상을 향해 뻗어 갈 수 있는 무한한 기회를 제공한다. 자아 해방의 열쇠를 쥔 부캐를 향해 가식적인 가면이라며 '멀티 페르소나(multi-persona)'의 부작용을 우려할 이유는 사라졌다.

부캐가 선물한 또 다른 자아

부캐가 확장되면서 자아에 대한 새로운 물음이 수면 위로 떠올랐다. 과연 직장, 학교, 각종 공식적인 모임에서 드러나는 나의 태도, 그리고 명함에 인쇄된 직함이 진정 나의 정체성인가 하는 의구심이다. 기왕 정해진 나의 사회적 위치에 맞추어 삶의 방향을 설정하고 별로 튀지 않는 모습으로 고분고분하게 살아가는 것이 사회구성원의 순리라는 고정관념은 이미 사라진 지 오래다. 지금 나에게 월급을 주는 현재의 직업이 나의 적성이 아니라는 생각을 하루에도 수십 번 하고, 이보다 더 잘할 수 있는 일이 분명히 있으리라는 확신도 차오른다. 그럼에도, 별 들썩임 없이 정해진 자아의 모습으로 살아왔던 것은 지금까지 나의 새로운 자아를 표출할 기회가 없었기 때문이다. 우리들은 현실의 지루한 나의 모습에서 재미난 캐릭터로 새롭게 변신할 계기를 여태껏 기다려왔다.

직업이 주는 무게감을 덜고 자신의 역량을 공유하는 것이 점차 보편적인 일상으로 확산되고 있다. 변호사인데 소설가로 등단하고, 영업사원이 성악을 하며 무대에 서기도 한다. 도시의 팍팍한 직장 생활을 하고 있다가도 주말이 되면 시골로 달려가 농작물을 키우는 농부로 변신한다. 아이들을 키우며 바쁘게 사는 주부가 온라인 공간에서는 마케터로 맹활약하며 인지도를 높인다. 이 정도 부캐 활동이라면 취미 수준에 머문다. 부캐 활동으로 의미 있는 수익을 내지 못하거나 심지어 비용을 들여야 하더라도 이들이 부캐로 인해 받는 보상은 크다. 온전히 자신이 하고 싶은 일에만 몰두하며 맛보는 성취감과 활력, 그리고 솔직한 내 모습과의 소통만으로도 상당한 위안이다. 그래서 지금의 자신과 다른 내 모습을 찾아 부캐로 향하는 욕구는 커져만 간다.

부캐를 운영하는 사람 중에 기회를 잘 만나 제대로 실력을 발휘하는 경우에는 부캐가 본캐보다 더 큰 영향력을 펼치면서 부와 명예를 쌓기도 한다. 직장에서 퇴근 후 4년 넘게 꾸준히 인스타툰[2)]을 그려오다 마침내 무명작가에서 명실상부 인기 작가로 성공한 '김뱁새 작가' 사례가 대표적이다. 또 경력 30년 넘는 탤런트 정태우는 아내의 출장 때마다 아이들 끼니를 챙겨야 하는 상황에서 간편식을 만들다 자신의 사업적 수완을 발견하고 사업가로 나서기도 했다(김수영, 2022). 의대생 시절 취미로 작곡을 하며 인터넷 카페 활동도 꾸준히 이어가다가 마침내 가수 아이유의 앨범 타이틀곡 '라일락'을 음원차트 1위로 올려놓으면서 아예 유명 작곡가로 활동하는 닥터조 역시 부캐와 본캐가 뒤바뀐 경우다(이용익, 2021).

---

2) 인스타그램(Instagram)과 웹툰(Webtoon)의 합성어로 인스타그램에서 연재되고 있는 웹툰을 말하는데, 툰스타그램(Toonstagram)이라고도 불리지만 발음하기 쉬운 인스타툰(Instatoon)이 더 많이 사용되고 있다(출처: PR용어사전).

마침 코로나19로 인해 재택근무와 탄력근무가 확산되자 직장인들 사이에서는 자신의 재능을 부캐 삼아 활동하면서 월급 이외의 추가 수입을 올리는 사례가 늘었다. 퇴근 후에 피아노 레슨을 하거나 사진 기술을 강의하기도 하고 중국어 강사로 활동하는 식이다. 예전부터 존재했던 'N잡러' 생활과 별반 다를 바 없다고 할 수도 있지만 이제는 단순히 생계에 보탬을 주려는 목적이 아니라 직장에서 받은 스트레스 해소와 자아 만족감 추구가 주된 의도라는 점에서 다르다. 하루 중 내가 가장 많은 시간을 할애하는 나의 주된 타이틀인 본캐와 명확히 구분되는, 그리고 본캐로서의 시간이 종료되면 곧바로 나의 또 다른 모습으로 변신하는 부캐의 시간은 점차 더 소중하게 인식되는 중이다. 실제로 직장인 대다수가 부캐를 원하고 있는 것으로 조사됐다(사람인, 2021). 이들은 세컨드 잡의 능력자로서 부캐를 설정하려는 성향이 강했다. 또한 자기만족을 느끼고 나와 다른 자아를 실현하며 스트레스를 해소하기 위해 부캐가 필요하다고 했다.

부캐의 활약이 이 정도라면 애초에 부캐로 설정한 자아가 본인의 진정한 자아였을지도 모른다. 우리 사회가 정해놓은 틀 안에서 최선을 다해 잣대에 끼워 맞춘 삶을 살아오다가 조금 늦게 자아를 확인했을 가능성도 크다. 내 안에 조용히 웅크리고 앉아 머물다가 언제라도 튀어나올 준비를 하고 있는 '내 안의 또 다른 나'는 허상이 아니라 엄연한 실체다. 자아는 유동성 있는 존재임을 기억해야 한다. 나의 또 다른 실체적 자아를 확인하는 길은 부캐로부터 시작된다. 제한 없는 환경을 만끽하며 부캐로 활동하다가 나의 숨어 있는 잠재력이 발휘되는 일이야말로 은근히 기대해 봄직한 당연한 결과다. 즉, 부캐는 사회의 견고한 틀 사이를 비집고 자라나는 우리 모두의 가능성이다.

부캐로 인해 누리는 안식

본캐를 수행할 때는 하나의 실수로 인해 그동안 쌓아온 경력을 망치는 낭패에 직면할 수 있다. 혹은 본캐로 무장한 다른 이들과의 치열한 경쟁에서 도태되어 실패자로 낙인찍힐 위험도 언제나 도사린다. 본캐로 살아갈 때 우리가 경험하는 스트레스와 우울감은 피해 가기 힘들다. 바로 이 지점에서 부캐는 우리가 현실에서 경험하는 온갖 부정적인 경험을 상쇄하는 편안한 안식처가 된다. 비록 내 부캐가 좀 부실해서 누가 뭐라고 지적하더라도 그건 어디까지나 부캐이기 때문에 내 심기는 자유롭다. 그러니 부캐 안에서 나의 자존감은 당당히 지켜진다. 그뿐 아니라 열정적인 부캐 활동은 본캐에서 미처 채우지 못한 내면의 공허함까지도 메워준다. 그렇게 해서 부캐 덕에 강화된 자존감이 나의 본캐 활동에 긍정적인 힘으로 작용하는 선순환이 창조된다. 결국, 부캐는 우리 일상의 삶을 훨씬 풍요롭고 만족스러우며 건강하게 유지해 주는 새로운 자아다.

지금의 우리는 백 살 넘어 살아가야 할지도 모른다. 그것이 축복인지, 아니면 어쩔 수 없이 짊어지고 살아내야 하는 굴레인지 아직 섣불리 판단을 내릴 수는 없다. 분명한 사실은 '인생은 길다'는 것이다. 부캐를 통해 미처 못 이룬 꿈을 실현하고 차마 시도하지 못한 일에 용기 내어 도전하며 몇 개인지 모를 무한한 내 자아를 찾아 탐험하는 과정은 내가 마땅히 누려야 할 내 인생의 또 한 단면이다.

참고문헌

김수영. 2022.9.11. "사업가 변신한 정태우… 14시간 곰탕 끓인 이유[본캐부캐]". ≪한국경제≫.

류석우. 2023.7.27. "'부캐'로 제2의 연봉 만들다… 에어비앤비 슈퍼호스트 최인욱". ≪한겨레21≫.

사람인. 2021. "부캐 열풍… 직장인 10명중 7명, '부캐' 갖고싶어." https://www.saramin.co.kr/zf_user/help/live/view?idx=108245&listType=news(검색일: 2023.8.1).

손성원. 2022.8.11. "MZ 세대가 '부캐'로 자아 지키는 법". ≪한국일보≫.

이용익. 2021.8.20. “방시혁 ‘재능 있네’ 칭찬 한마디에… 작곡가는 본캐 됐고 의사는 부캐 됐죠”. ≪매일경제≫.

한예슬. 2023.7.17. “‘술 때문에 복싱 시작’ 한국챔피언 등극한 여의사 매운 주먹”. ≪중앙일보≫.

홍석준. 2022.12.21. “화가·래퍼 그리고 유튜버… 스타들의‘부캐’”. ≪연합뉴스TV≫.

29. '누리호와 나로호 사이'… 메시지로 본 한화의 우주 PR/브랜딩 전략

정 세 진 (한화에어로스페이스 전략부문 커뮤니케이션실장)

누리호 3차 발사 성공, "한화는 대표 민간 우주기업으로"

2023년 5월 25일, 아파트 15층 높이인 47.2m의 한국형발사체 누리호(KSLV-2)가 대한민국 최남단에 위치한 전남 고흥군 나로도에서 굉음을 내며 솟아올랐다. 현장에 있던 한국항공우주연구원(항우연) 및 협력업체 300여 곳의 직원들, 멀리서 지켜보던 주민과 관광객의 감탄과 환호가 쏟아졌다.

대한민국이 전 세계에서 7번째로 실용위성을 우주 궤도로 보낼 능력을 갖췄다는 사실에 앞서, 1990년대부터 시작된 대한민국 우주 과학자들의 30여 년 집념과 노력이 결코 헛되지 않았다는 점이 푸른 하늘에 하얀 연기를 남기며 사라지는 독자기술로 만든 누리호 이미지로 증명됐다.

누리호 발사의 성공은 분명 항우연 엔지니어들에게 그 공로가 온전히 돌아가야 한다. 하지만 발사체 국산화에 참여한 수많은 민간기업, 그중에서도 누리호의 심장 역할을 하는 핵심 부품인 75t 액체연료 엔진을 공급한 한화에어로스페이스 역시 대한민국을 대표하는 민간 우주기업의 정체성을 확고히 하는 계기가 됐다.[1)]

한화는 누리호의 1~3차 발사 전후 2개월간 누리호와 관련된 소셜데이터를 분석해 한국인의 우주에 대한 인식을 추적해 왔다. 분석 결과 우주산업에 대한 언급이 지속적으로 증가한 가운데 '대표 우주기업'으로서 한화의 언급량은 2023년 4~6월에 경쟁사를 제치고 가장 높은 순위를 차지했다.[2)]

하지만 대한민국 대표 우주기업의 이미지는 단순히 누리호 발사 성공 혹은 2022년 말에 누리호 사업의 컨트롤 타워 역할인 '체계종합사업자'로 선정됐기 때문만은 아니다.

한화는 이미 그룹 차원에서 수년 전부터 대한민국에서도 민간 주도의 우주시대가 필연적으로 올 것이라는 판단 아래 사업 빌드업을 위한 중장기적인 PR/브랜드 메시지 전략을 지속적으로 펼쳐왔다.

실종된 대한민국 우주커뮤니케이션…"한화는 우주사업 진출 선언"

한화는 2021년부터 본격적으로 우주사업을 미래 성장동력으로 삼고 적극적인 투자에 나서고 있다. 우주산업의 불모지인 한국에서 글로벌 경쟁력을 갖춘 국내 대표 인공위성 기업인'세트렉아이'의 지분 인수, 그룹 계열사들의 우주사업 협의체 '스페이스 허브'가 출범한 것이다.

합병 전의 (구)한화에어로스페이스는 국내산 전투기 엔진을 공급하고, GE와 P&W 등에 엔진 부품을 공급하는 회사였다. 이런 기업이 갑자기 "엔지니어들과 우주로 가는 지름길을 찾겠다"며 우주 사업 진출을 선언하자 국내 여론의 반응은 반신반의했다.

당시 미국에서는 일론 머스크의 '스페이스X', 제프 베이조스의 '블루오리진' 등이 서로 경쟁하면서 민간 기업의 우주 개척 스토리가 외신을 통해 흘러나왔

---

1) 한화에어로스페이스의 홈페이지 페이지뷰는 누리호 3차 발사 다음날인 2023년 5월 26일에 전날보다 2배가량 증가한 1만 건을 넘어서면서 누리호 성공 이후 높아진 관심을 반영했다.
2) 분석 대상은 뉴스, 카페, 커뮤니티, 블로그, 인스타그램, 트위터 등이다.

다. 하지만 국내에서는 여전히 2013년 나로호 실패의 기억, 새롭게 시작되는 누리호 사업에 대한 기대와 우려가 뒤섞여 있던 시점이다. '한국이 과연 우주 시대의 주인공이 될 수 있을까'라는 질문부터 '한화가 왜 갑자기 우주 사업에 나설까'라는 의심 어린 시선이 공존했다.

사실 한국의 지난 30여 년의 우주 개척사를 보면 이런 시선은 무리가 아니었다.

1992년의 '우리별 1호'는 영국 서리대학(University of Surrey)의 기술적 도움을 받았다는 이유로 '남의 별'이라는 비아냥거림에 시달렸다. 나로호 역시 러시아의 기술을 활용했다는 기술 국적 논란, 도전 자체보다는 성공과 실패에 초점을 맞춘 언론보도가 쏟아지면서 대한민국의 과학 투자에 대한 동력을 떨어뜨리는 부정적인 사례가 됐다는 평가도 나왔다.

우주에 대한 도전이 오직 성공인지 아닌지, 그리고 대한민국 기술인지 아닌지에 대해서만 관심이 집중되면서 우리가 왜 우주에 관심을 가져야 되는지, 우리에게 실질적으로 도움이 되는 것은 무엇인지에 대한 근본적인 질문과 답변을 찾기 위한 대국민 우주 커뮤니케이션은 실종된 셈이다.

'지구를 향한 기술': why에서 시작한 첫 번째 메시지

한화는 이런 상황에서 2021년 8월, 누리호 1차 발사를 앞두고 첫 번째 디지털 광고인 〈한화 우주사업 비전〉편을 공개했다.

영상 도입부에는 탐사 현장에서나 들릴법한 무전소리와 공허하게 울리는 공기 소리, 그리고 미국항공우주국(NASA, 나사)의 촬영 이미지를 사용한 지구와 우주정거장 등의 모습이 등장하면서 다음과 같은 메시지가 흘러나온다.

> "우리의 우주사업이 향하는 곳은 지구, 지구의 자연재해를 우주의 시력으로 관측, 대비하는 기술, 전 인류, 전 지구를 하나로 연결하여 삶의 질과 안전을 지

속시키는 기술, 지구의 자원 고갈과 에너지 문제 해결을 위해 우주 자원을 채굴해 오는 기술, 우주를 향하는 기술이 아닌 지구를 향하는 기술을 연구합니다. 지구의 난제를 해결하기 위한 솔루션이 되는 우주, 지속가능한 내일을 위한 한화의 우주 비전입니다."

당시 우주개발 선두에 선 해외 기업들이 우주 관광, 더 나아가 화성을 인간이 살 수 있게 환경을 바꾸는 '테라포밍(Terraforming)'을 통해 제2의 지구를 만들겠다며 우주개발의 이유를 설명할 때 한화가 던진 메시지는 간단명료했다. '우주가 아닌 지구를 위한 기술을 연구'하겠다는 것이다. 한화는 처음부터 기업 홍보를 전면에 내세우기보다는 '우리가 왜 우주로 가야 하는지'에 대한 이유(why)로 메시지를 차별화했다.

한화에어로스페이스 최고경영자(CEO) 역시 언론 인터뷰 및 포럼 참석 등 다양한 미디어 플랫폼을 통해 민간 기업이 우주 사업에 나서야 하는 이유에 대해 "당장은 큰 수익을 내기 힘들기 때문에 인내와 끈기, 확신이 없으면 우주 사업을 할 수 없다", "정부 중심의 우주 개발을 넘어 민간 기업 중심의 우주 생태계 구축을 서둘러야 한다"며 동일한 메시지를 전달했다(≪한국경제신문≫ 2022.5.26).

한화의 첫 번째 메시지는 창업 초기에 화약사업을 시작하면서 '중요한 일이기 때문에 누군가는 해야 하지만, 당장의 이익이 되지 않아 아무도 하지 않을 때, 우리가 먼저 하겠다는' 한화그룹의 사업보국의 정체성과도 일맥상통한다. 우주사업의 메시지 역시 지속가능한 지구를 위해 중요한 만큼 당장의 이익이 나지 않더라도 우리가 먼저 하겠다는, 70년을 관통하는 그룹의 철학과 맞닿아 있다.

한화는 2022년 3월부터는 흑백텔레비전에서 1969년 아폴로11가 발사되는 장면을 지켜보는 아이의 모습을 첫 장면으로 하는 〈대한민국 우주 꿈나무〉 편을 TV와 디지털 광고로 집행했다.

"우리는 아폴로의 달 착륙을 보며 꿈을 키웠지만, 너희는 누리호를 보며 우주의 꿈을 키우게 될 거야. 우리는 700km까지 날아가지만, 너희는 달까지 화성까지 날아가겠지. 우리가 백지에서 깨우친 경험들이 교과서가 되어줄 테니, 다른 나라 기술을 너희가 빌려오는 일은 이제 없을 거야. 독자 위성을 띄우고, 독자 항로를 개척하고, 더 많은 독자 기술들을 이뤄낼 테니, 그 때의 대한민국에는 하늘의 별처럼 무수히 많은 과학자와 엔지니어들이 태어날 거야. 그래서 우리는 우주로 가는 거란다."

한화의 두 번째 메인 메시지에는 '아폴로 세대'가 '누리호 키즈'에게 던지는 희망과 기대가 담겨 있다. 누리호를 만드는 우리 세대가 쌓은 기술 위에서 다음 세대는 우주를 향한 더 큰 꿈을 꾸라는 것이다.

2022년 말 디지털 광고를 통해 전달된 '대한민국의 우주 생태계 조성을 위해 기술도 인재도 한화가 앞장서 키워내겠다'는 메시지도 단순히 광고 구호에 그치지 않았다.

한화 스페이스 허브는 2021년에 한국판 나사 학교인 '우주의 조약돌'이라는 중학생 대상의 우주인재 육성 프로그램을 시작했다. KAIST와는 국내 최대 규모의 우주연구센터를 공동 설립해 대학의 우주인재 연구 역량 강화 프로그램을 진행했다. 광고의 담긴 메시지가 힘을 가질 수 있었던 것도 단순히 외부에 보여주기 위한 PR/브랜딩 차원을 넘어 실질적인 활동과 함께 진행되었기 때문이다.

한화가 우주사업 빌드업을 위해 진행한 WHY를 내세운 PR/브랜드 전략은 새로운 것은 아니다. 미국 나사는 국력 증강을 위해 우주개발이 필요하다는 메시지 중심의 PR활동으로 초기 미국의 우주 프로그램을 진행하는 핵심 동력으로 삼았다.

특히 1957년 소련의 스푸트니크 위성 발사 충격에 맞서기 위해 나사는 냉전이라는 정치 상황을 효과적으로 활용했다. 동서냉전 상황 속에서 국력 증강의 정치적 프레임을 각인시키면서 일반 국민과 정치권의 아낌없는 인적·물적 자원을 이끌어낸 것이다.

최근에도 미국의 우주기업들을 중심으로 '뉴스페이스 시대'라는 트렌드에 맞춰 기업들이 우주를 활용한 다양한 이벤트와 PR활동으로 극적인 효과를 내고 있다. 2018년에는 스페이스X가 우주복을 입은 마네킹인 스타맨을 테슬라의 로드스터 운전석에 앉혀서 자사의 팰컨헤비 발사체에 실은 뒤 우주로 쏘아올리는 극적인 이벤트를 진행하기도 했다. 하지만 한국에서 민간기업이 우주에 대한 메시지를 담은 광고 캠페인을 지속적으로 전달하고, 우주인재 육성을 위해 실질적인 프로그램을 운영하는 사례는 흔치 않았다.

'우주 유니폼'과 '우주열차'로 브랜드 접점 확대

한화는 2023년 5월 3차 누리호 발사를 앞두고는 우주사업에 대한 회사의 열정과 중장기 사업 비전을 노출하는 데 집중했다. 2022년 말에 누리호 체계종합사업자로서 선정되면서 여론의 관심을 받았지만 3차까지는 여전히 300여 개 참여기업 중 하나로서 누리호의 성공을 기원하는 민간 업체로서 자리하겠다는 내부적인 방향성도 있었다.

대신 한화는 누리호 발사에 참여하는 자사 엔지니어들의 이야기에 집중했다. "발사가 이뤄지는 전남 고흥에 머물면서 임신한 아내조차 제대로 못 챙겼지만 누리호 성공에 기여한 것을 알아주는 아이들이 고맙다"는 엔지니어의 인터뷰(≪조선일보≫, 2023.5.26)는 어떠한 기술 홍보보다도 한화의 우주에 대한 열정을 실감나게 전달했다.

한화에어로스페이스는 3차 발사를 앞두고 우주사업을 통한 지속 가능성을 강조하는 원형과 우주산업에 앞장서 도전하겠다는 방패형의 엠블럼 2종을 개발해 공개하기도 했다. 이 엠블럼은 평창 올림픽 유니폼을 디자인한 송자인 디자이너와 함께 제작한 항공점퍼 스타일의 우주 유니폼에도 적용됐다. 우주

유니폼은 누리호 발사 당일 한화의 엔지니어들이 미디어 인터뷰를 진행하면서 착용했다.

3차 발사 성공 이후에도 한화는 우주에 대한 국민적 관심을 지속시키기 위한 다양한 활동을 진행하고 있다. 2023년 8월에는 코레일관광개발과 함께 국내 최초로 서울에서 전남 고흥으로 가는 '우주열차 프로그램'을 진행했다. 열차 공간 한 차량을 꾸며 과학 유튜버와 항우연의 연구원을 초청해 우주열차에 탑승한 초중생을 위한 우주 인문학 강연을 진행하는 이벤트를 진행했다.

본격적인 우주사업 추진을 위한 채용 브랜딩도 진행 중이다. 2023년 7월 말부터 한화에어로스페이스와 한화시스템은 '스페이스 허브' 브랜드를 기반으로 '스페이스 허브 크루' 채용에 나섰다. 국내외에서 신입은 물론 경력자까지 과감하게 발탁해 대한민국의 대표 우주기업으로서의 인재 육성에 나선다는 긍정적인 이미지를 확보하고, 실질적인 비즈니스를 위한 인재 확보의 단계로 나아가기 위해서다.

우주 인력이 절대적으로 부족한 한국에서 최고의 인력을 발굴하고 육성하는 단계를 넘어 직접 채용하면서 대한민국에 체계적인 우주 인력 인프라를 갖추겠다는 회사의 기존 메시지를 하나씩 구체화하고 있는 것이다.

한화의 우주 메시지, Why에서 HOW로 진화 중

한화는 앞으로 진행하게 될 누리호 추가 발사, 그리고 본격적인 사업화를 위한 미래의 발사체를 우주로 쏘아 올릴 수 있는 힘은 '엔진의 연료가 아닌 국민의 관심과 응원'이라고 생각한다. 왜 우주로 가야 하는지에 대한 공감대가 형성되지 않으면 정부는 물론 기업 역시 사업 동력을 잃을 수밖에 없다. PR/브랜드는 이 국민적인 공감대를 만드는 핵심적인 수단이다.

한화는 지속가능한 우주사업을 위해 '왜 우리가 우주로 가야 하는지'와 '왜 국민의 관심이 필요한지'에 대한 메시지를 좀 더 구체화해서 다양한 채널로 소구할 계획이다.

기존의 메시지가 지구를 위한 기술, 다음 세대를 위한 준비라는 대의명분을 중심으로 이뤄졌다면 이제는 실질적인 우주 경제를 구현해 개인에게 도움을 주고 긍정적인 변화를 이끌어 낼 수 있다는 좀 더 구체화된 메시지 개발이 필요하다. 첨단 과학기술을 통한 안보, 에너지나 환경과 같은 지구 위기 상황을 극복, 새로운 경제성장 동력 등의 담론과 대의명분이 사업화로 이뤄지면서 '우주 경제가 개인에게 도움을 준다'는 메시지화 작업이 진행될 것이다.

한화시스템이 진출한 우주인터넷 사업은 우주라는 공간이 단순히 호기심과 미지의 영역이 아닌 연결과 소통의 수단으로 실질적인 인류의 삶에 도움을 줄 수 있다는 관점을 보여주는 구체적인 사례이자 PR/브랜딩의 좋은 소재로 활용할 수 있다.

더 이상 우주사업은 과거 냉전시대의 미소가 경쟁하는 '레이싱 프레임'에 얽매일 필요도 없다. 위성을 통해 확보한 데이터는 서로 나눠야 가치가 커지고, 국경 없는 우주공간에서는 협력을 통해 서로의 이익을 극대화해야 한다는 이야기를 우리는 대중과 공유할 것이다.

참고문헌

≪주간조선≫. 2023.6.4. "누리호 성공을 위해서 기억해야 할 우주 스토리텔링". (weekly.chosun.com/news/articleView.html?idxno=26743)

≪중앙일보≫, 2023.6.15. "우주는 최후의 프론티어, 우리의 미래를 키워야". (n.news.naver.com/article/025/0003286994)

한국과학창의재단. 2022.11.29. "우주개발 분야의 대국민 인식 제고를 위한 커뮤니케이션의 필요성". ≪현장인사이트≫.

30. 오픈런, 줄서기를 문화로 만들다

이상우 (프레인앤리 연구소장)

오픈런 시대에 살고 있는 우리

2023년 7월 12일. 신세계 그룹 정용진 부회장의 SNS 스레드(Threads)에 "이렇게 같이 먹어"라는 멘트와 함께 당시 품절 대란의 두 주인공 농심 먹태깡과 아사히 생맥주 캔을 함께 찍은 사진이 올라왔다. 6월 26일 출시한 농심 먹태깡, 7월 11일 정식 출시한 아사히 생맥주 캔은 필자가 이 글을 쓰고 있는 8월 초까지도 구하기 힘든 희귀템이다. 어렵게 득템한 품절템 인증샷은 요즘 인스타그램 피드나 스토리에서 자주 접하게 된다.

베이글 열풍을 몰고 온 런던 베이글 뮤지엄, 미국 3대 버거 입성으로 난리가 났던 파이브가이즈, 월별 스케쥴이 공유될 만큼 성지가 되어버린 여의도 더현대 서울 팝업스토어, 일부러 찾아가지 않아도 먹고 살기 위해 오전 11시 반부터 점심 먹기 위해 식당으로 달려가는 직장인들까지. 우리는 지금 '오픈런'의 시대에 살고 있다고 해도 과언이 아니다.

오픈런 현상은 점점 고도화되고 있다. 최근 먹태깡, 연세우유 생크림빵 등 품절 대란의 중심에 있는 GS25, CU 등 편의점 업계는 편의점 어플에 재고찾기(재고조회), 편픽(예약 후 픽업) 등 다양한 서비스를 도입해 소비자들이 품절템을 잘(?) 살 수 있도록 하고 있다. 유명 맛집 등 핫플레이스(핫플) 예약은 캐치테이블, 테이블링과 같은 예약, 줄서기 앱이 이미 보편화되어 있다. 피케팅('피가 튈 정도로 힘든 티케팅'이라는 뜻의 신조어)으로 유명한 공연예매의 경우, 네이버앱에서 티켓 예매처별 서버 시간을 제공한 지 이미 오래되었다.

국내 첫 아이폰 출시, 오픈런의 원조

오픈런(Open Run)[1]은 원래 상연 기간을 미리 확정하는 '리미티드 런(Limited Run)'과 반대되는 개념으로, 공연이 끝나는 날짜를 지정하지 않고 계속 공연하는 것을 말한다. 미국 브로드웨이 뮤지컬이 보통 오픈런으로 상연된다. 우리가 흔히 말하는 '오픈런'은 일종의 한국식 영어 표현으로, 매장 문이 열리자마자(open) 달려가(run) 구매하는 행위를 말한다. 영어 표현으로는 러쉬(rush)나 쇼핑프렌지(shopping frenzy)가 많이 쓰이는데, 미국의 추수감사절 다음날 시작되는 블랙프라이데이(Black Friday), 영국의 크리스마스 다음 날 시작되는 박싱데이(Boxing Day)에 백화점이나 마트의 오픈 시간에 사람들이 달려 들어가는 모습 때문에 붙여진 이름이다.

필자가 기억하는 오픈런의 원조는 2009년 11월 28일, 국내 첫 아이폰 출시 행사가 아닐까 한다. 당시 KT가 국내 최초로 아이폰을 출시하면서 준비한 개통행사에 100여 명이 추운 날씨에도 불구하고 밤새워 줄을 서서 기다렸다. 당시 연합뉴스 기사 제목은 "'아이폰' 향한 줄서기 진풍경"(≪연합뉴스≫, 2009.11.28). 당시에는 오픈런이란 표현은 없었고, '밤샘 줄서기'였다. 우리나라에서 물건을 구매하기 위한 '오픈런'이란 단어가 본격적으로 쓰이기 시작한 것은 코로나19 대유행이 한창이던 2020년 5월경, 닌텐도 스위치 동물의 숲 에디

1) 오픈런[Open Run]. 네이버 지식백과 매일경제용어사전

선 출시와 샤넬을 중심으로 한 명품의 급격한 가격 인상 즈음으로 추정된다(네이버 뉴스 검색 기준).

코로나19 팬데믹과 오픈런 대유행

당시만 해도 실제로 착용(사용)하려고 하는 소비자('실착러')와 새 제품에 웃돈을 얹어 판매하려는 '리셀러'(reseller 재판매상)가 제품을 구매하기 위해서, 또는 가격 인상 전 미리 구매하기 위해서 오픈런을 하는 경우가 대부분이었다. 샤넬 등 명품 오픈런, 명품과 협업하거나 리미티드 에디션 운동화 같은 한정판 오픈런을 거쳐 최근에는 '인기 있는, 희소성 있는, 수집벽을 자극하는, 되팔아 돈이 되는' 아이템 전반으로 퍼져나가고 있다. 물건뿐만 아니다. 유명 맛집 등 핫플레이스에서 길게 대기하다 입장하는, 경험의 오픈런도 있다. 줄서기 대행 알바도 생겼다. 밤새며 대신 자리를 맡아주기도 하고, 아예 1등 자리를 판매하기도 한다(≪중앙일보≫, 2022.3.31).

이러한 오픈런 현상을 서울대학교 소비트렌드 분석센터『트렌드 코리아 2022』에서는 '득템력(Gotcha Power)'이라는 트렌드로 해석했다. 산업화 시대에 재력 과시를 위한 사치품(초고가 브랜드) 소비(보이는 잉크 전략)에서, 지불 능력을 넘어 돈으로도 구하기 어려운 제품(희소 명품, 한정판, 희귀품)을 누가 득템하느냐(흐릿한 잉크 전략)가 구별짓기의 수단이 되고 있다는 것이다. 이러한 사회적 현상에 코로나19 팬데믹 '보복 소비', '플렉스 문화', '리셀 마켓', 그리고 한정된 물량만을 판매해 소비자들이 더 갖고 하는 심리를 이용한 '헝거마케팅' 등이 복합적으로 작용해 나타난 현상이 결국 지금의 '오픈런'인 것이다.

오픈런은 주로 인스타그램과 같은 SNS를 통해 공유되고 확산한다. SNS상에 매일 공유되는 신상, 핫플, 희귀템 등을 쫓아가지 않으면 나만 뒤처지는 것 같은 불안감, 즉 포모(FOMO) 현상이 요즘 젊은 세대의 성향과 맞닿아 오픈런은 누구나 한 번쯤 해보고 싶고, 인증하며 자랑하고 싶은 트렌드가 되어버렸다. 뒤처지지 않고 싶고, 다른 사람들이 하는 것은 나도 하고, 나도 알아야 하는 마음이 본능 속에 있다. 나 혼자 모르면 소외감을 느끼고, 사회성이 부족한 사람, 잘 어울리지 못하는 사람처럼 느껴진다. 이러한 심리를 일컫는 말이 FOMO(fearing of missing out, 유행에 뒤처지는 것에 대한 공포심리, 소외되는 것에 대한 불안감) 증후군[2)]이다.

오픈런, 부정적으로만 바라볼 것인가?: 줄서기를 즐기는 문화의 탄생

득템력, 보복 소비, 플렉스, 리셀 마켓, 헝거 마케팅 등이 복합적으로 작용해 생겨난 오픈런 문화. 솔직히 기성세대가 바라보는 오픈런에 대한 시선이 그리 곱지만은 않다. 하지만 오픈런 현상이 가져온 순기능도 분명히 있다. 바로 줄서기를 즐기는 문화의 탄생이다.

필자가 마흔이 되었을 때 당시 일곱 살이었던 첫째와 단둘이 일본의 도쿄 디즈니랜드에 2박 3일 여행을 다녀온 적이 있다. 오픈 전에 수십 미터의 입장 대기 줄을 서고, 인기 어트랙션을 타기 위해 서둘러 달려보기도 하고, 기본 2시간씩 줄서기를 반복, 때론 졸려서 잠든 아이를 안고 2시간을 줄서기도 했다. 그렇게 사흘을 달리고 나니 다시는 안 와야겠다는 생각이 들었다. (결국 둘째가 일곱 살 되었을 때 온 가족이 다시 한번 가기는 했지만…) 필자도 결국 '인기 어트랙션 탑승 경험'을 득템하기 위해 오픈런을 했던 것이다.

줄서기가 당연했던 테마파크: 줄서기를 즐겁게 만든 '언러닝'

디즈니랜드 얘기를 꺼낸 이유는 '놀이기구를 타기 위해 줄서기가 필수'였던

2) 김규민, "FOMO 증후군에 대하여", ≪정신건강칼럼≫, 서울아산병원, 스트레스심리상담센터

테마파크가 다양한 방법으로 '줄서기'에 대한 통념을 바꿔놓고 있어서이다. 디즈니랜드는 '디즈니 지니(Disney Genie)' 서비스를 도입해 줄을 서지 않고도 예약한 시간에 바로 탑승할 수 있고, 레스토랑도 예약하는 등의 서비스를 제공하고 있다. '매직키(Magic Key)'라는 서비스는 공연에 직접 참여하는 등의 재미 요소를 제공한다. 물론 추가 비용을 지불해야 한다. 우리나라의 롯데월드, 에버랜드도 유사한 서비스를 도입했고 놀이공원에서 무조건 줄을 서야 한다는 생각은 바뀐 지 오래다.

미국 실리콘밸리에서 경영코치 겸 교수로 활동하고 있는 배리 오라일리(Barry O'Reilly)는 『언러닝(Unlearning): 죽은 지식을 살아 있는 지식으로 바꾸는 가장 빠른 방법』이란 저서에서 디즈니 사례를 다뤘다. '놀이공원은 놀이기구를 타러 가는 곳'이라는 통념에 오랫동안 갇혀 있던 디즈니가 변화를 위해 시도했던 프로젝트를 언러닝의 예시로 든 것이다. '언러닝'은 학습해소(學習解消), 폐기학습(學習廢棄) 등으로 해석할 수 있는데, 배우고(learn), 비우고(unlearn), 재학습(relearn)을 통해 변화를 추구하라고 조언한다.

'놀이기구를 타기 위해선 줄을 서서 기다려야 한다'는 통념을 버리고, 줄서기 앱이나 예약제를 도입하는 것, 줄서는 스트레스를 줄이기 위해 기다리는 시간에 즐길 만한 퍼레이드나 공연 같은 이벤트를 기획하는 것 등이 디즈니랜드가 언러닝을 통해 얻어낸 수확이라고 할 수 있겠다.

오픈런을 예측하고 준비하라

오픈런 현상을 사회적 관점에서 고찰해 보았으니, 이제 PR 관점에서 바라보는 오픈런에 관해서도 이야기해 보면 좋을 듯하다. 커뮤니케이션을 본업으로 삼고 있는 필자 입장에서 오픈런은 신기한 사회현상이면서도, 오픈런을 어떻게 커뮤니케이션 하는지에 대해서도 관심이 많다.

오픈런의 중심에는 오픈런이 일어나기를 바라는 기업과 브랜드가 존재한다. 수많은 마케터와 기획 담당자들은 오픈런 하는 소비자들의 취향과 트렌드를 연구하고 고민하고 있을 것이다. 오픈런은 그들의 철저한 준비와 계획에서 출발한다. 소개하는 팝업스토어마다 연일 수백 명의 오픈런으로 성공 신화를 써 내려가고 있는 여의도 더현대 서울 지하 2층 '크리에이티브 그라운드'. 이들은 오픈런을 이끌어낼 새로운 브랜드를 발굴하기 위해 치열하게 손품과 발품을 판다고 한다.

핵심은 '광신도'급 충성 고객이 빠른 속도로 늘어나는 브랜드를 찾는 것. 감도 높은 국내 브랜드가 몰려 있는 플랫폼에서 주목할 만한 브랜드를 찾고, 해당 브랜드의 SNS 살펴보고, 마지막으로 브랜드가 운영하는 이커머스 자사몰을 통해 브랜드의 성장 역량을 엿본다. 그리고 마지막 단계로 업계 사람들을 대상으로 한 평판 조회, 발품을 팔아 팝업스토어 제안을 한다. 팝업스토어에 인스타그램에 올릴 만한 포토 스팟을 마련해 '사진 맛집'으로 소문내기도 필수이다(≪중앙일보≫, 2022.10.16).

필자가 몸담은 커뮤니케이션 전략연구소 '프레인앤리'의 모회사인 '프레인글로벌'의 창업자 여준영 회장의 롱블랙 인터뷰(여준영, 2022.7.26) 중 일부를 인용해 본다.

> "팝업스토어 여는 일을 맡은 사람이 있다고 쳐볼까요. 최고로 일이 잘됐다고 상상하면 결과가 뭘까요? 팝업 첫날부터 오픈런이 일어나겠죠. 그럼 거기서 출발하면 돼요. 그 사람들은 왜 줄을 서 있을까, 어디서 그 정보를 봤을까, 어떤 내용이기에 새벽부터 줄 설 결심을 했을까. 출발이 최고의 결과이기 때문에, 그 결과에 기여하지 않는 일은 끼어들 틈이 없어요. 그런데 대부분의 사람들은 그냥 자기 순서대로 일해요. 팝업을 여니까 일단 포스터를 만들어야지, 우리 SNS 계정에 올려야지, 보도자료도 내야지. 그런데 아무도 안 와요. 이런 식의 일이라고 편한 건 아니에요. 오히려 일의 양은 더 많아요. 중간에 '과연 이 일이 결과를 담보하는가'라는 질문만 없을 뿐이에요."

각자 다른 이유로 우리는 매일 오픈런 한다. 꼭 갖고 싶었던 제품을 먼저 '득템'하기 위한 오픈런, 한정판 희귀템을 누구보다 먼저 구입해 '리셀'하기 위한 오픈런, 핫플에서 찍은 인증샷을 '인스타그램 스토리'에 올리기 위한 오픈런, 조금이라도 일찍 나와 '점심'을 먹기 위한 직장인들의 오픈런. 각자 다른 이유로 우리는 매일 오픈런하는 시대에 살고 있다. 철저한 전략이 뒤에 숨어 있든, 내 지갑을 열게 만들든, 한번 자랑하고 말든, 우리는 오픈런, 줄서기 문화를 즐기고 있다.

31. 팝업스토어, 어디까지 가봤니?

방 지 연 (LF 홍보팀장)

팝업스토어가 다양한 산업의 전방위 브랜드의 마케팅 도구로 확대되고 있다. 패션, 뷰티, 식음료 브랜드를 넘어 화제의 이모티콘, 유튜버, 웹툰, 예능프로그램, 온라인게임, OTT 플랫폼 등 온라인 콘텐츠와 캐릭터까지 개성 넘치는 팝업스토어들이 전국 각지에서 쏟아져 나오고 있다. 매주 열리는 팝업의 수는 가늠하기 어려울 정도로 많고 다양하다. 서울의 팝업스토어 방문을 위해 지방에서 관광버스를 대절하고, 한정판 기념상품 구매를 위해 영업시간 전부터 줄을 서는 '새벽 오픈런'도 종종 접할 수 있는 사회현상이 되었다.

팝업스토어는 단기간 열리는 오프라인 매장이다. 제품과 브랜드를 직접 경험할 수 있는 체험형 공간이다. 패션, 뷰티 브랜드 중심으로 시작되어 성장해 왔다. 최근 엔데믹으로 다시 일상을 찾는 소비자의 수요에 힘입어 그 어느 때보다 팝업스토어는 최고의 전성기를 누리고 있다.

미디어 사이트 캐릿에서 Z세대 대상으로 진행한 온라인 조사 결과에 따르면, 팝업스토어를 한 번이라도 방문한 적이 있는 응답자는 97.2%에 달했다. 팝업의 성지로 떠오른 여의도 소재의 더현대 서울은 지난 3월 '팝업 서울(POP-UP SEOUL)'이라는 디지털 리포트를 발간했다. 지난 2년간 이곳에서는 321개의 팝업 매장이 6239일간 열렸으며, 현장에는 서울 시민의 절반 가까운 약 460만 명의 고객이 다녀갔다고 한다. 방문자들은 트위터로 매장운영 일정과 현장 상황을 실시간 공유하고, 블로그를 통해 방문 후기를 기록하는 등 총 33만 건 이상의 SNS 언급량도 눈에 띄는 수치다. 더현대 서울은 신선한 팝업스토어 유치로 개점 2년 만에 문화 콘텐츠의 성지로 급성장했다. 백화점 쇼핑몰은 물론 을지로, 성수동, 홍대 등 특색과 개성 넘치는 힙한 지역에서는 어렵지 않게 팝업스토어를 찾아볼 수 있다. 팝업스토어 운영을 위한 중개사업자도 등장했다. 국내 최대 팝업스토어 중개플랫폼 '스윗스팟'은 현재까지 1500개 이상의 브랜드와 5000개 이상의 매장을 운영하며 실시간 관련 정보도 SNS로 활발히 제공하고 있다. 이렇게 팝업스토어는 경험 소비의 핫플레이스로 대세를 인증하며 소비자의 일상에 깊숙이 들어왔다.

Need에서 Want로: 소비행태의 변화

팝업스토어의 주요 방문자는 유튜브, 블로그, 페이스북, 인스타 등 다양한 SNS 콘텐츠의 소비자이자 생산자로 대중문화를 이끄는 MZ세대다. 브랜드에 민감하고 다양한 트렌드에 관심이 많으며, 개인의 선호와 취향을 드러낼 수 있는 이색적인 경험을 추구한다. 일반 매장을 찾아 직접 물건을 접하고 온라인 최저가 검색을 기반으로 기능적 소비보다는 온·오프라인 채널을 넘나들며 브랜드와 제품을 경험하고 공감하는 정서적 경험 소비를 즐긴다.

이들의 소비 성향은 팬데믹을 거치며 가속화되었다. 대면 활동이 제한되며 온라인 콘텐츠로 브랜드를 발견하고 같은 관심사를 가진 소비자들과 만나 소통하는 것이 일상이 되었다. 낯선 브랜드여도 창의적인 콘텐츠에 이용자들의 반응이 매력적이면 즉시 구매로 이어지기도 한다. 브랜드만의 차별화된 콘텐츠가 소비자의 구매에 미치는 영향력이 커진 것이다. 엔데믹 이후 소비자들은 온라인의 경험과 더불어 오프라인에서도 흥미로운 경험을 원한다. 온·오프라인을 넘나드는 경험을 통해 나와 '핏' 맞는 브랜드를 찾고자 하는 요구가 높아지고 있다.

여기에 전 세계적인 기업가치투자를 위한 ESG 열풍도 소비행태 변화를 부추기고 있다. ESG는 기업의 평가 기준을 재무적 관점에서 기업의 환경 노력, 사회공헌, 투명한 지배구조 및 의사결정 과정을 아우르는 비재무적인 요소까지 확대한 것이다. 이제 소비자들은 기업 활동이 사회와 환경, 그리고 개인에 미치는 영향을 간과하지 않는다. 환경을 보호하며 사회적인 책임을 실현하는 회사를 지지하는 등 현명한 가치소비를 위해 많은 시간과 정성을 쏟는다. 이는 개인의 선호와 취향을 중심으로 깊이 파고드는 디깅 소비와도 맞닿아 있다. 디깅은 dig(땅을 파다)의 단어에서 유래된 것으로 관심사를 수집하거나 관련 콘텐츠에 몰입하는 현상이다. 내가 원하는 브랜드는 적극적으로 소비하고 나와 같은 관심사를 가진 이들과의 소속감을 위주로 이야기를 공유하며 유대감을 키워나가는 SNS 소통에 의미를 부여한다. 필요(needs)가 아닌 원하는(wants) 브랜드를 골라 소비하는 것이다. 김난도 서울대 교수는 『트렌드코리아 2023』에서 '디깅 모멘텀(digging momentum)'을 올해를 설명하는 10가지 키워드 중 하나로 제시하며, "디깅하는 고객들을 사로잡을 때 또 다른 기회를 만들 수 있다"고 언급했다.

디깅러들의 창의적인 놀이터로 만들어라

이러한 급변하는 사회, 문화적 환경에 따라 팝업스토어는 현명한 소비를 위해 진화된 문화 체험공간이다. 디깅러들은 공간에 몰입해 브랜드를 입체적으로 경험하기 원하고 브랜드 가치의 근본에 공감하고자 한다.

로컬 소셜라이징(Local Socializing)은 팝업스토어와 함께 떠오르는 브랜딩 방법이다. 지역 골목상권들이 가진 개성과 특성에 문화를 접목하는 것이다. 로컬 소셜라이징으로 주목받고 있는 브랜드는 시몬스(SIMMONS)이다. 침대 없는 침대광고로 유명한 시몬스의 팝업스토어에도 역시 침대는 없다. 대신 시몬스 브랜드의 본질인 '잠'을 라이프스타일로 확장해 로컬 문화와 지역특산물을 연결한다. 실제 삶과 밀접한 문화 콘텐츠로 사람과 사람, 지역과 지역을 잇는 다양한 이색 경험을 제공한다. 소외되었던 골목상권은 방문자들이 몰리며 활성화되고 지역 특산물의 브랜딩으로 농가에 힘을 실어주는 등 사회적(social) 관점에서 상생을 실현하고 있다. 이러한 활동들은 브랜드의 주력상품인 침대를 벗어나 고객들에게 라이프스타일 전반에서 시몬스를 상기시키는 브랜드 확장의 계기를 만들었다.

고객은 팝업스토어에서의 경험을 어떻게 평가할까? 행동경제학(behavioural schools of economics)의 아버지라 불리는 대니얼 카너먼(Daniel Kahneman)의 피크엔드 법칙(peak end Rule)을 팝업에 적용할 수 있겠다. 특정 브랜드의 경험 평가는 누적된 경험의 총합보다는 절정(peak)의 경험과 마지막(end) 경험의 평균값으로 결정된다는 이론이다. 즉, 공간 내에서의 인상적인 경험의 설계와 브랜드에 공감할 수 있는 마지막 여운을 남기는 전략적인 경험 접근이 필요하다고 해석된다.

얼마 전 나는 우연히 불가리 세르펜티 75주년 팝업 전시(Bulgari Serpenti 75 Years of Infinite Tales)를 방문했고 기대 이상의 경험을 했다. 주제별로 구성된 세 개의 공간에서 온라인 도슨트(docent)는 안정적인 소통을 도왔다. 전문성이 돋보인 직원들은 적절히 필요한 도움을 주었고, 곳곳의 감각적인 디자인 요소들과 75주년 상징 조형물은 동선에 멋진 포토존이 되어주었다. 나는 이색적인 디지털 체험공간과 다큐멘터리 영상으로 전시를 마무리하며 75년간 불가리가 추구해 온 브랜드 본질과 세계관에 공감했다. 정점의 경험은 아트콜라보레이션(art collaboration)이었다. 천경자 등 '뱀'을 소재로 한 한국 대표 여성 작가의 작품을 관람하며 아카이브(archive)된 세르펜티 제품에 깃든 상징(뱀)을 재해석할 수 있었다. 좋은 경험은 기억되고 오래 남는다. 팝업의 만족스럽고 특별한 경험을 통해 평범했던 이탈리아 명품 브랜드 불가리는 나와 새로운 관계가 만들어졌고, 이제 나에게 의미 있는 브랜드가 되었다.

이렇게 콜라보레이션(협업, collaboration)은 고객에게 새로운 인식(perception)을 심어주기 위한 마케팅으로 인기 브랜드 팝업스토어에서도 활용된다. 두 개 이상의 브랜드(사람, 예술, 제품 등)들이 만나 한정판 제품을 출시하거나 협업 매장에서 차별화된 브랜드 경험을 제공하는 방법이다. 이색 조합에서 오는 낯선 감각은 브랜드를 바라보는 고객의 인식을 확장한다. 고착화된 브랜드 고정관념(stereotype)에서 벗어나 새로운 시각으로 브랜드를 인식하게 하는 기회를 제공한다.

캐주얼 브랜드 헤지스(HAZZYS)가 국보 반가사유상과 한정판 캡슐 컬렉션(collection)을 출시한 사례가 그렇다. 국립중앙박물관 '사유의 방' 기획전에서 재발견된 반가사유상은 오픈 1년 만에 역대급 관람객 66만 명을 동원하며 힙한 문화재로 자리 잡았다. 여기에 방탄소년단의 리더 RM의 반가사유상 굿즈 소장 사실이 알려지며 큰 화제가 되기도 했다. 특유의 온화한 미소와 분위기는 위안을 주기에 '반가사유멍'이라는 신조어도 생겨났다. 헤지스는 올해 23년 된 국내 토종 장수 브랜드로 일상 속 세대를 아우르는 네추럴한 멋을 추구해 오고 있다. 한결같이 편안하고 어딘지 모르게 닮은 두 브랜드, 헤지스와 반가사유상이 만난 것이다. 시대와 세대를 뛰어넘는 국보 협업은 새로움과 힙한 의외성으로 브랜드에 활력을 주었다. 한국적인 멋에 반응하는 Z세대 취향과 맞아떨어지며 일부 상품들이 동나는 등 화제와 문화적 의미를 모두 가져가는 등 고착된 이미지를 환기할 수 있는 긍정적인 계기가 되었다.

제품보다 브랜드를 파는 곳

이렇게 팝업스토어는 브랜드 스토리를 창의적이고 다양한 방식으로 풀어내며 방문자들에게 잊을 수 없는 경험을 선사하는 마법의 공간이다. 브랜드 전문가 한양대학교 홍성태 명예교수는 그의 저서 『모든 비즈니스는 브랜딩이다』에서 "브랜드들은 자신이 가진 브랜드 헤리티지, 전통성, 차별성 등의 강점을 기반으로 브랜드 콘셉트와 스토리를 도출하고 브랜드 체험 요소를 가미해 재미 흥미를 창의적으로 입혀 나가는 것이 중요하다"라고 말했다. 팝업스토어도 결국, 방문자에게 "무엇을 어떻게 전달할 것이냐"만 남는다. 여기서 '무엇'은 브랜드 스토리이고 '어떻게'는 체험의 방법이다.

소비자에게 브랜드를 각인시키는 다양한 마케팅 수단은 시대에 따라 달라진다. 브랜드는 지금 대세인 팝업스토어 유행에 올라타 이목을 끌 기회임은 분명하다. 하지만 마케팅의 근시안적 관점만으로 접근해 단순한 흥미와 재미만으로 가득한 공간에서 한정판 제품 판매에만 열중한다면 방문자들에게 큰 실망만을 남길 것이다.

브랜딩(branding)은 브랜드를 영위해 나가는 전 과정을 아우른다. 브랜드의 과거 현재 미래를 이어가는 맥(脈)이기도 하다. 팝업스토어는 그 중간 어디쯤 있는 브랜딩을 위한 이벤트이다. 제품을 직접 홍보하기보다는 브랜드의 본질을 고객에게 체험으로 심어줄 수 있어야 한다. 오프라인에서의 생생했던 체험을 온라인으로 연결해 지속적인 브랜드 경험을 제공하는 것이 다음 과정이다.

가치 소비행태는 전 연령으로 확대되며 나와 '핏' 맞는 브랜드를 찾아 구매하려는 그들의 여정은 계속될 것이다. 팝업스토어에서 브랜드에 반응하는 팬들을 발견하고 그들을 열광하는 팬덤으로까지 발전시키기 위한 첫 단계는 바로 공감대 형성이다. 이것이 팝업스토어를 통해 브랜드가 얻을 수 있는 가장 큰 수확이 아닐까 싶다.

참고문헌

김난도. 2022. 『트렌드코리아 2023』. 미래의창.

김보라. 2023.7.7. "삼청동 휘감은 '뱀' 불가리의 세르펜티 천경자도 불러냈다". ≪한국경제≫, A19면.

송주희. 2013.3.28. "'에루샤' 없이도 매출 1조 "비결은 팝업"". ≪서울경제≫, A19면.

유주현. 2022.2.12. "골목 문화 품은 팝업스토어, MZ세대 명소로 떴다". ≪중앙일보≫ , 19면.

유지연. 2022.11.15. "반가사유상 왜 거기서 나와? '아트' 더해 '힙' 챙긴다". ≪중앙일보≫, 온라인.

홍성태. 2012.『모든 비즈니스는 브랜딩이다』. 샘앤파커스 .

32. 왜 일론 머스크는 트위터를 인수했을까?

김은용 (KPR 전무)

미국의 괴짜 경영자, 일론 머스크(Elon Musk)가 2023년 4월 아무런 설명도 없이 자신의 트위터 계정에 달랑 "X"라는 한글자만 써서 업로드했다. 워낙 돌발 행동을 해왔던 그였기에 이 뜬금없는 트윗의 조회수는 15시간도 안 되어 3500만 회를 기록하며 큰 관심을 받았다. 하지만 이런 그의 행동은 의도된 도발이었다. 그동안 무성했던 예측대로 그가 트위터를 인수해 이름을 X로 바꾸면서 '에브리싱 앱(Everything app)', 즉 모든 것을 다할 수 있는 슈퍼앱을 지향할 것이라는 극적인 선언을 한 것이다. 일론 머스크가 미지수를 뜻하는 X로 채널명을 바꾼 것은 트위터 인수가 단순히 SNS 서비스 채널 제공을 위해서가 아니라 전 세계인들의 라이프 종합 서비스 앱으로 확장을 위한 것이라는 의미였다.

애플리케이션 마케팅 시장 변화, 슈퍼앱의 성장

지금 디지털 시장은 앱 하나로 다양한 서비스를 함께 이용할 수 있는 슈퍼앱들의 성장이 눈에 띄게 활발하게 이루어지고 있다. 수퍼앱이란 복잡한 가입이나 인증 절차를 거치지 않고 앱 하나가 다양한 앱 서비스들로 연동되어 기존 제공 서비스 외에 다른 영역의 서비스까지 제공하는 앱을 말한다. 수많은 개별적인 앱 서비스들로 피로감을 느끼는 소비자들이 늘어나면서, 글로벌 기업들과 유니콘(Unicon) 플랫폼 기업들은 물론 국내 대표 인터넷 기업인 네이버와 카카오도 앞다투어 수퍼앱 서비스로 전환하고 있다.

요즘 네이버에서 검색만, 카카오에서 채팅만 이용하는 사용자는 많지 않다. 네이버쇼핑을 이용하여 물건을 구매하고, 식당의 음식은 스마트 주문을 통해 주문한다. 카카오 또한 카카오뱅크를 통해 돈을 보내고 펀드에 투자하며, 카카오T로 KTX, 항공티켓을 예매하는 것이 일상화되었으며 카카오지갑으로 각종 고지서의 확인 및 납부도 가능하게 되었다. 그 결과 슈퍼앱이 우리 생활의 다양한 영역으로 뿌리를 내리면서 성장을 거듭하고 있다. 금융감독원에 따르면 네이버와 카카오는 2021년 2분기 기준 1조 원이 넘는 매출액을 기록했다. 네이버는 커머스(Commerce), 핀테크(Fintech), 콘텐츠(Contents), 클라우드(Cloud) 등 4개 신사업 부문 매출이 전체 매출의 절반 이상을 넘어섰다. 카카오도 2분기 모빌리티(Moblity)와 페이(Pay) 등 신사업을 포함한 플랫폼 기타 부문 매출이 2462억 원으로 전년 동기 대비 73% 가량 늘었다.

슈퍼앱의 두 가지 특성

국내에서 슈퍼앱 서비스는 네이버, 카카오 등 기존 IT 선도 기업들의 주도하에 진행되고 있으며 소비자들의 관심도 꾸준히 높아지고 있다. 슈퍼앱의 특성은 크게 두 가지로 요약할 수 있다.

생활전반 서비스 제공에 따른 강력한 편리성

슈퍼앱은 기존 한 가지 앱에서 담당하던 모든 서비스를 한 곳에 모아 소비자가 실생활에서 필요한 서비스를 즉각적으로 받을 수 있는 특성이 있다. 현재 슈퍼앱은 하나의 앱으로 e커머스, 금융, 예약, 배달, 음악, 영화, 게임 등 대부분의 온오프라인 콘텐츠 및 비즈니스 영역을 담당하고 있다. 또한 위드 코로나19시대 필수적인 백신 접종 인증과 함께 시작되어 포스트 코로나19시대에도 각종 자격증, 증명서, 신분증, 고지서까지 대체하고 있다. 금융과 관련된 서비스 중 네이버페이와 카카오지갑은 소비자를 위한 멤버십, 포인트 제도와 간편결제 서비스를 통해 자체적인 화폐 생태계를 구축하며, 괄목할 성장세를 기록하고 있다. 소비자들이 사용이 많은 주요 서비스들을 매번 다운로드하거나 신규 회원 가입하는 번거로움 없이 기존에 사용하는 슈퍼앱에서 다양한 서비스를 연속해서 이용할 수 있는 강력한 편리성을 갖고 있다.

기존 유저 기반 타 산업 서비스 확장성

기업들의 입장에서도 슈퍼앱이 가진 특성은 명확하다. 우선 강력한 검색, 메시지 서비스를 기반으로 기존 유저들을 대상으로 다양한 사업으로 서비스 확장을 쉽게 시도할 수 있다. 기존 앱 소비자들에게 기업의 다른 서비스들을 쉽게 노출할 수 있기 때문에 초기 마케팅 비용이 상대적으로 낮으며, 사용자들의 유입을 효과적으로 유도할 수 있다. 또한 서비스 기술 개발도 기존 UI/UX, 소스코드(Source code)를 활용하기 때문에 독자적인 앱을 만드는 것보다 앱 서비스 개발·유지비가 상대적으로 저렴하다. 이러한 강점들로 슈퍼앱들은 금융을 비롯한 다양한 분야의 서비스를 시작했으며, 각각의 서비스들을 서로 연동하여 기존 유저들의 유입도 늘려나가고 있다. 카카오의 경우 2014년 간편결제 서비스 출시 이후, 송금, 멤버십, 청구서, 전자문서 등부터 시작해 투자, 보험, 자산관리 등까지 서비스 제공 분야를 늘려가고 있다. 국민 대다수가 이용하는 카카오톡과의 계좌연동 서비스도 카카오페이 앱 이용자를 끌어 모으는 기폭제가 되었다. 네이버의 경우도 초기 거래 중개로 성장한 전자 상거래 분야를 네이버페이와 결합하여 기존 온라인 쇼핑 이용 유저들이 네이버페이를 쉽게 쓸 수 있도록 유도했다.

국내 성공사례: 네이버, 카카오

네이버는 데스크탑 기반의 검색포털 서비스에서 시작하였으나 이제는 웹 기반뿐 아니라 슈퍼앱을 통해 점차 블로그, 카페 등과 같은 커뮤니티 서비스를 제공하기 시작하였고, 뉴스를 포함한 스포츠, 연예, 쇼핑 등 다양한 콘텐츠들을 제공할 뿐 아니라 TV, 웹툰, V LIVE 등 다양한 엔터테인먼트 콘텐츠들도 강화하고 있다. 또한 식당이나 전시회 등을 실시간으로 편리하게 예약, 주문하고 네이버 페이로 결제도 가능하다. 커머스도 강화하여 대형 쇼핑 플랫폼으로 자리 잡았다. 네이버 슈퍼앱 제공 서비스들은 아이돌 팬덤을 기반으로 네이버 TV를 포함한 스트리밍 서비스에 대한 관심과 파급력이 큰 편이고, 네이버 예약, 주문이나 네이버페이, 네이버웹툰 등의 서비스들에 관심이 높다.

카카오의 경우 메신저로 시작하여 은행, 교통, 쇼핑 등의 역할을 수행할 수 있는 서비스를 제공하며 이제는 모바일 종합 플랫폼으로 자리매김하고 있다. 모바일 인덱스(www.mobileindex.com)에서 최근 발표한 자료에 따르면 카카오톡은 국내 메신저 시장 86.5%를 점유하고 있는데다 국내에서 월평균 사용자 수가 가장 많고, 월 평균 이용 시간 또한 길다. 거의 대부분의 국민이 하루에 최소 한 번 이상 카카오톡 서비스를 이용하는 만큼 서비스 의존도가 매우 높아 카카오 플랫폼의 영향력은 매우 크고, 축적된 방대한 고객 데이터의 활용도가 카카오의 최고 무기로 꼽을 수 있다. 카카오앱 제공 서비스의 특징은 카카오페이, 카카오뱅크, 카카오웹툰, 카카오택시에 대한 관심이 높은 것을 알 수 있다.

해외 성공사례: 알리바바, 텐센트

알리페이와 위챗페이는 중국 전자결제시장을 양분하고 있다. 알리페이는 중국 알리바바의 자회사 앤트그룹이 운영하는 간편결제 서비스로 10억 명의 사용자를 보유한 것으로 알려져 있다. 알리페이는 결제 서비스를 포함하여 우버, 면세백화점, 맛집, 메이크업 등과 관련된 정보나 쿠폰을 제공하고 있을 뿐만 아니라 앱을 활용해 재테크 서비스도 이용 가능하다. 단순한 결제수단이 아닌 라이프 스타일 전반에서 활용할 수 있는 앱으로 진화하고 있다. 위챗은 중국 텐센트 기업이 개발한 메신저 앱으로, 카카오처럼 메신저 앱으로 시작하였지만 현재는 중국의 대표적인 슈퍼앱으로 거듭났다. 위챗은 2021년 9월 기준으로 월간 12억 6000만 명이 사용한다고 밝혔고, 특히 위챗에서 다른 앱으로 넘어가는 방식이 편리하여 사용자가 꾸준히 유입되어 성장세를 보이고 있다. 위챗은 하나의 앱 안에서 쇼핑, 결제, 배달, 미디어 콘텐츠, 교통 등의 서비스를 제공하고 있어 사용자들은 앱 안에서 장기간 머물고 앱에 대한 의존도가 높다.

슈퍼앱, 다양한 산업군으로 진출 시도

거대 IT기업 외에도 의·식·주생활과 밀접하게 관련된 다양한 앱 서비스들이 슈퍼앱으로 변신하기 위해 힘쓰고 있다. 슈퍼앱으로 성공한다는 것은 사업 확장을 이끌 뿐만 아니라 고객들을 플랫폼에 오래 머무르게 하여 기업에 대한 의존도를 높이고, 기업에 대한 친밀감을 높여 기업가치를 강화시켜 줄 수 있기 때문이다. 하지만 현재는 네이버, 카카오와는 달리 아직까지는 제한된 산업에서 카테고리 확장을 시도하는 과정에 있다. 종합패션 플랫폼 '무신사'는 국내 최대 규모의 온라인 편집숍으로 2019년 2조 2000억 원의 기업 가치를 인정받아 유니콘 기업으로 성장했다. 무신사 앱은 본래 의류 쇼핑 외 패션 콘텐츠와 주요 핫이슈, 브랜드를 살필 수 있는 서비스를 제공하고 있다. 쿠팡이츠, 배달의 민족, 배달통 등 배달플랫폼 업계가 각축전을 벌이는 가운데 '배달의 민족'은 단순히 배달 앱이 아닌 푸드 슈퍼앱으로 전환하려 노력한다. 배달뿐만 아니라 장보기, 라이브방송, 음식 선물하기 등의 기능을 추가하여 식문화 전반에 관여하는 음식 관련 종합 서비스 앱으로 성장시키려 하고 있다. 버킷 플레이스가 2014년 7월 론칭한 '오늘의 집'은 국내 최대 인테리어 전문 플랫폼이다. 앱을 통해 인테리어 콘텐츠를 제공하고 콘텐츠 속에 등장하는 가구와 소품을 구매할 수 있는 채널을 연계하였고, 가구뿐 아니라 시공업체까지 중개해 주는 서비스를 연계했다. 2022년 1월에는 이사 서비스까지 오픈하여 대표 인테리어 콘텐츠, 커머스앱으로서 입지를 다지고 있다. 여가활동에서는 '야놀자'가 대세 플랫폼으로 부상하고 있다. 숙박 예약 서비스에서 시작하여 교통과 맛집, 액티비티 등을 포함하여 국내에서 소비자들이 여가 활동으로 즐길 수 있는 콘텐츠들을 집대성했다. 이를 통해 향후 여가 트렌드를 선도하는 플랫폼으로 성장하는 목표를 세웠다.

4차 산업혁명 시대가 도래하면서 넘쳐나는 플랫폼 서비스들이 서로 무한 경쟁을 하고 있다. 기업들은 슈퍼앱을 통해 경쟁 기업 대비 차별적 우위를 점하고, 점진적으로 사업 확장과 충성고객 확보를 위해 노력하고 있다. 슈퍼앱을 통해 고객의 편의성을 극대화하고, 고객들의 의존도를 높이는 것이 기업들이 새로운 사업 확장을 통해 지속적으로 성장하는 데 중요하기 때문이다. 물론 해결해야 할 문제들도 존재하지만 슈퍼앱은 플랫폼 서비스들이 앞으로 추구하는 중요한 전략이 될 것이다.

애플리케이션 시장 변화, 슈퍼앱 성장에 대한 우려

모든 서비스를 하나의 앱으로 해결할 수 있는 슈퍼앱은 사용자 편리성이 극대화된다는 장점에도 불구하고, 해결해야 할 몇 가지 과제들이 있다. 첫째는 모든 개인정보가 하나의 앱에 저장되어 있어 보안에 취약하다는 문제이다. 디지털화된 세상에서 해킹은 비단 슈퍼앱만 직면한 문제는 아니지만, 고객 데이터가 집약된 슈퍼앱에서는 개인정보 유출로 발생하는 피해 규모가 더욱 심각하기 때문에 보안을 강화할 필요가 있다. 두 번째는 슈퍼앱은 기존 대기업의 독점 구조를 심화시킬 것이라는 우려다. 카카오의 경우 혁신적인 스타트업의 상징이었으나 택시, 택배, 게임, 퀵서비스, 연예, 콘텐츠, 페이, 증권 등 업종을 망라한 문어발식 확장으로 비난받고 있다. 하나의 카카오 앱을 거쳐서 쇼핑, 택시 호출, 길찾기, 주식계좌 개설 등과 같은 다양한 활동이 가능해지면서 기존 중소기업들 서비스 영역을 잠식하고, 이들의 성장 가능성을 저해할 것이라는 우려도 존재한다. 마지막으로 슈퍼앱으로 인해 과도하게 제공되는 다양한 서비스에 대해 피로감을 호소하는 이용자들도 존재한다는 점이다. 메신저 기능만 남긴 카카오톡 라이트(Lite) 버전을 원한다는 목소리도 나타나고 있고, 각종 기능의 탑재로 트래픽이 몰리면 오류를 유발하는 경우도 종종 발생해 소비자들의 불만이 제기되기도 한다.

하지만 현재 애플리케이션 마케팅을 주도하는 기업들은 당장 이용자들의 충성도를 높이는 것이 우선적 목표이기 때문에 앱 서비스를 간소화하지는 않을 것이다. 고도화된 기술로 프로그램 오류를 최소화시키면서 우려 점들을 해결하고 계속 성장하기 위한 노력을 하게 될 전망이다. 앞으로 몇 년 후 슈퍼앱 시장의 성장이 불러올 우리 사회의 모습이 어떨지, PR 환경에는 어떤 영향을 가져올지 기대와 함께 우려를 갖고 지켜보게 된다.

참고문헌

김형택. 2022. 『디지털트랜스포메이션 시대의 디지털마케팅 커뮤니케이션 전략』. 서울: 도서출판 비제인퍼블릭.

KPR 디지털커뮤니케이션연구소(https://www.kprinsighttree.co.kr). 2021년 5월. [Why] "N잡러 시대의 플랫폼 경제".

______. 2022년 2월. KPR 인사이트트리 [Why] "디지털 시장 변화의 방아쇠, 슈퍼앱".

______. 2023년 2월. [Why] "알파세대와 함께 성장하는 키즈테크".

______. 2023년 4월. KPR 인사이트트리 [Lifestyle] "간편결제로 달라진 소비생활".

기획

KPRA 한국PR협회
Korea Public Relations Association

사단법인 한국PR협회는 한국 PR산업의 발전과 PR인의 상호 교류 등을 목적으로 1989년 8월 22일 창립되었다. 한국PR협회는 정부나 공공기관, NGO의 공보나 홍보담당자, 기업 홍보실, PR회사, PR 관련 교수와 학생 등 다양한 PR인들이 참여하는 국내 최고 역사의 최대의 PR단체다.

한국PR협회는 그 동안 공익 PR캠페인 전개, PR교실 운영, PR포럼과 세미나, 서적 발간, 조사 등 다양한 사업을 해왔다. 한국PR협회는 PR의 개념을 정의해 발표하고 PR윤리강령도 제정했다. 한국PR협회는 현재 한국PR대상 실시, PR전문가 인증(KAPR) 교육 및 시험 실시, PR전문 인력 양성을 위한 대학생 취업 특강, PR People Talk와 PR인의날 행사 개최, 대학생PR위원회 운영, PR서적 출간 등 다양한 사업을 실시하고 있다.

Homepage www.koreapr.org
Facebook @weKPRA
Instagram @koreapr_official
YouTube @weKPRA (한국PR협회)
Email kpra2001@hanmail.net

“PR은 조직과 공중이 쌍방향 소통으로 상호 호혜적인 관계를 형성하고, 유지하며, 지속가능한 발전을 추구하는 전략적 관리 과정이다”

한국PR협회

지은이 (원고수록순)

성민정

중앙대학교 광고홍보학과 교수이며 현재 한국 PR협회 연구이사를 맡고 있다. 서울대학교 인류학과 졸업 후 미국 보스턴 대학교(석사, 2000), 메릴랜드 대학교(박사, 2004)에서 PR을 전공하였다. 뉴욕 시립대(City University of New York) 조교수를 거쳐 중앙대학교 임용 후, 기업 PR, 이슈/위기관리, 전략 커뮤니케이션 등의 영역에서 연구 및 교육을 하고 있다. 22대 한국 PR학회 회장(2020-2021)을 역임하였다.

조삼섭

숙명여자대학교 홍보광고학과 교수이며 현재 사회과학대 학장을 맡고 있다. 현재 한국 PR협회 감사를 맡고 있다. 제일기획(1989~1996)을 거쳐 미국 미시건 주립대학교에서 석사(1999), 플로리다대학교에서 박사(2003)를 취득하였다. 16대 한국 PR학회 회장(2014-2015)을 역임하였다. PR 관련 논문 50여 편이 있다.

이재승 jason@redcross.or.kr

대한적십자사 기획조정실장으로 근무하고 있으며, 한국PR협회 인증이사와 공익법인 아이프칠드런의 이사로 활동하고 있다. 아이티, 네팔 지진 등 재난 현장에서 긴급구호팀을 이끈 국제구호활동 전문가다. 적십자 홍보팀장 및 모금전략본부장을 맡아 마케팅과 홍보업무를 수행한 홍보맨이기도 하다.

신호창

전북대학교 신문방송학과, 이화여자대학교 언론홍보영상학부를 거쳐 현재 서강대학교 지식융합미디어대학 및 메타버스전문대학원 교수로 재직하고 있다. 한국PR협회 연구이사 및 부회장, 국제커뮤니케이션학회(ICA) PR분과장, 한국PR학회 회장(2005-07), 한국공공외교학회 회장(2021-2023)을 역임하였다.

김재인

서울대학교 신문학과(현 언론정보학과)를 졸업했다. 삼성전자 광고·마케팅 분야에서 20여 년 근무하고 인천아시안게임 홍보본부장, 서울주택도시공사 홍보처장을 역임했다. 현재는 다트미디어 고문으로 있으면서 한국PR협회 기획이사를 맡고 있다.

이옥진 june12@chosun.com

조선일보 기자이다. 서울대 정치학과를 졸업했다. 2011년 조선일보에 입사해 사회부, 정치부, 국제부를 거쳐 현재는 주말 섹션 〈아무튼, 주말〉을 만들고 있다. 주로 심층 인터뷰와 정치, 사회 트렌드 관련 기사를 다룬다.

김주호 jhkim@kpr.co.kr

한국PR협회장으로서 KPR 사장을 맡고 있다. 2018 평창 동계올림픽 조직위 부위원장을 지냈으며 제일기획 마스터로 일했다. 『이기는 홍보 성공하는 PR』, 『PR의 힘』, 『세계 10대 메가 스포츠 이벤트 스폰서십』 등의 저서가 있다. IOC훈장, 올해의 PR인상 등을 수상했다.

김지영 jekim@visa.com

글로벌 결제 기술 기업인 Visa에서 한국과 몽골지역 커뮤니케이션을 리드하고 있다. 제일기획에서 PR 전문가로 활동했고, 현재 한국PR협회 국제이사를 역임하고 있다.

조영석 stonecys@naver.com

고려대학교 문과대학 학사, 연세대학교 대학원에서 광고홍보 석사를 받았다. 1992년 아시아나항공 입사. 현재 홍보 광고 인사 노무 총무 교육 구매 항공기 도입 대외협력 국제업무 고객만족 ESG 등을 총괄하는 경영관리본부장을 맡고 있다. 한국PR협회 부회장으로 활동 중에 있으며, 한국PR협회 '한국PR대상', 한국광고총연합회 '대한민국 광고대상', 교육부 '교육기부대상' 등을 수상했다.

김희진 heejin@commkorea.com

홍보대행사 커뮤니케이션즈 코리아에서 부사장으로 재직하고 있다. 2002년부터 커뮤니케이션즈 코리아에서 근무하며 자동차, IT, 플랫폼, 식음료, 엔터테인먼트, 뷰티 등 여러 분야의 언론홍보, 위기관리, 디지털 PR, PI, 이벤트 업무를 담당하고 있는 종합 홍보 전문가이다. 연세대학교 언론홍보대학원에서 광고홍보 석사학위를 취득했으며, 현재 한국PR협회 대외협력이사로 활동하고 있다.

조재형

한양대학교에서 광고홍보학 박사 학위를 받았다. 1984년 LG화학 홍보실에 입사한 이래 40년간 PR업계에서 일해 왔다. 1993년 신화커뮤니케이션을 설립한 이후 2006년 피알원을 설립해 현재 경영자로 일하고 있다. 현재는 소비자공익네트워크 이사, 한국PR협회 부회장 등으로 활동하고 있다. 2021년 올해의 PR인으로 선정되었다. 지은 책으로 『기업을 살리는 설득의 기술』(2021), 『위험사회』(2017), 위기관리 전문서인 『위기는 없다』(1995) 등이 있다.

유재웅 yoojw777@hanmail.net
한국위기커뮤니케이션연구소 대표다. 고려대학교 신문방송학과 졸업 후 연세대학교에서 석사, 한양대학교 신문방송학과에서 박사학위를 받았다. 제23회 행정고시(1979)로 공직에 입문, 국정홍보처 국정홍보국장, 대통령홍보기획비서관, 해외홍보원장을 역임했다. 을지대학교 교수로 15년 간 PR을 가르치고 연구면서 국내외 저널에 70여 편의 논문을 발표했다.

강함수 hskang@scotoss.com
전략 커뮤니케이션 컨설팅 회사인 '에스코토스컨설팅(주)' 대표이사이다. 명성 및 위기관리, 리더십 및 조직 커뮤니케이션 컨설팅을 담당하고 있다. 전략적 리서치 방법론을 바탕으로 PR 및 전략커뮤니케이션 프로젝트를 300건 이상 수행했고 기업 리더 대상으로 이슈관리 자문, 위기 시뮬레이션, 미디어트레이닝, 리더 커뮤니케이션 전략 코칭 등을 진행하고 있다. 성균관대학교 신문방송 전공으로 박사를 수료했다.

장수환 ocs90th@naver.com
경남도청 홍보담당관으로 재직 중이며 경북도청, 2018 평창동계올림픽 조직위원회, 2014 인천아시안게임 조직위원회, 2012 여수세계박람회 조직위원회에서 온오프라인 홍보를 담당했다. 기관(기업)의 뉴미디어 채널을 통한 대중과의 소통과 새롭고 다양한 형태의 콘텐츠 기획, 확산에 관심이 많다.

임수길 paranse@sk.com
신문방송학을 전공하고, 삼성전자에서 홍보를 시작해 SK 그룹홍보팀 임원을 거쳐 현재 SK이노베이션 밸류 크리에이션 센터(Value Creation Center)장을 맡고 있는 대한민국 최고의 커뮤니케이션 전문가로 인정받고 있다. 이런 능력을 인정받아 2022년에는 한국PR협회 주관 '올해의 PR인'으로 선정되기도 했다.

오세진
SK이노베이션 밸류크리에이션센터 팀장이다. 1988년부터 홍보업무를 시작해 지금까지 홍보, 광고 및 이벤트 등 다양한 영역의 업무를 거친 PR 전문가로, 기업 광고를 이해관계자들과 함께 한다는 의미로 브랜드 캠페인으로 격상시켰다는 평가를 받고 있다.

전양숙
유한킴벌리 ESG & 커뮤니케이션 본부장 겸 포용과 다양성 최고책임자이다. 유한킴벌리 전사 지속가능성 평가 기준 수립, 이행 리드와 ESG 사무국, 환경경영과 사회책임, 이해관계자 커뮤니케이션을 담당하고 있다. 커뮤니케이션으로 입사해 지속가능성 보고, 가족 친화 문화, 여성 CSR을 담당했으며, 이후 하기스, 화이트, 좋은느낌의 프로덕트 매니저로 사업과 제품, 고객에 대한 경험을 바탕으로 지속가능한 브랜드와 포용적 비즈니스에 대한 시도를 해왔다.

권용규 ibsr@naver.com
우아한형제들 사장님비즈니스성장센터장으로 재직 중으로, 종합광고대행사인 휘닉스커뮤니케이션에서 AE(광고기획자)로 사회생활을 시작하여, CJE&M, LG유플러스, 네이버 등을 거치며 마케팅/제휴/콘텐츠/서비스운영 업무를 담당해 오고 있다.

최정식 tonychoi@hanmail.net
현재 국가보훈부 홍보담당관, 코콤포터노벨리 출신의 PR컨설턴트, 2005년 민간 PR전문가 영입 1세대로 공직에 입문 후 기획재정부, 교육부 홍보기획팀장, 서울시 뉴미디어홍보팀장 등 다양한 공직 경로를 거치며 2021년 한국PR대상 〈장군의 귀환〉 PR캠페인 등 국민들과 소통하는 다양한 PR케이스를 남기고 있다.

임유진 yjlim@kpr.co.kr/ yjlim@ssu.ac.kr
현 한국PR협회 사무국장이자, 숭실대학교 경영대학원 겸임교수이다. 이화여자대학교에서 언론홍보학 박사학위를 받고 동대학에서 연구교수, 노스웨스턴대학 메딜스쿨에서 방문학자를 역임했다. 1999년부터 뉴스커뮤니케이션즈, 한솔인티큐브 IT 홍보팀, KPR 수석컨설턴트, 국토교통부 장관정책보좌관(3급 상당) 등 PR 에이전시와 인하우스, 정부기관의 PR을 경험했다. 현재 KPR 디지털커뮤니케이션연구소 수석 컨설턴트로 활동하고 있다.

안순태 soontae@ewha.ac.kr
현재 이화여자대학교에서 커뮤니케이션·미디어학부 교수, 빅데이터분석학 협동과정 겸임교수로 재직 중이다. 노스캐롤라이나 대학교에서 매스커뮤니케이션 박사학위를 받았다. 지금까지 약 100여 편의 국내외 논문을 발표해 왔고 저서로는 『광고리터러시: 디지털 미디어 시대, 브랜디드 콘텐츠와 뒷광고를 중심으로』, 『자살예방과 헬스커뮤니케이션』, 『디지털 시대 어린이 광고』, The Global Advertising Regulation Handbook, 『커뮤니케이션과 사회』가 있다.

고아진 goajin@outlook.com

미국 뉴욕 프랫 인스티튜트에서 Digital Arts 학과 인터랙티브 미디어 전공으로 석사학위를 받았으며, 현재 (주)제일기획에서 인터랙티브 익스피리언스팀(IX팀)을 이끌고 있다. 혁신적인 테크 기반 디지털 체험 솔루션 창출에 열정과 재미를 느끼고 있다. 뉴미디어 전문가로서 기술에 대한 폭넓은 경험과 이해를 바탕으로 (주)제일기획에서 삼성전자의 주요 해외 글로벌 전시 및 런칭쇼, 이벤트, 올림픽 캠페인 등에서 테크 체험 솔루션 기획/제작을 총괄하고 있다.

김종래 jongrae.kim@kakao.com

동아일보 경제부 기자, KPR 온라인PR 총괄 이사 겸 소셜커뮤니케이션연구소장, 한국전력공사 뉴미디어실장을 거쳐 홍보회사 디앤씨컴퍼니 부사장으로 일하고 있다. 한국블로그산업협회 회장(2011-2012)을 맡았고 현재 한국과학언론인회 사무총장으로도 활동 중이다.

임지현 brand91@gmail.com

(주)카카오게임즈 부사장이다. 현재(주)카카오게임즈에서 커뮤니케이션 및 ESG 분야를 총괄하고 있다. LG, 삼성, CJ 등의 기업에서 브랜드 마케팅 및 커뮤니케이션을 담당했으며, 문화체육관광부 온라인대변인, 미래콘텐츠재단 부이사장을 역임한 바 있다. 한국PR학회 부회장을 맡고 있으며 서강대학교에서 경영학 박사과정을 이수 중이다.

김윤경 yoonkim3@gmail.com

이화여자대학교 컴퓨터공학과를 졸업했고 포항공과대학교에서 석사학위를 받았고 미시건 대학교 경영대학원에서 MBA 과정을 마쳤다. 17년간의 인공지능 개발자로 경력과 다양한 CMO 경험을 바탕으로 한 챗GPT 전문가로서 현재는 팬덤퍼널 유튜브 채널에서 유용한 콘텐츠를 제공하며 챗GPT의 활용법을 소개하고 있다.

김묘영

바이스 버사 디자인 스튜디오 대표로 재직 중이며, 사단법인 한국디자인산업연합회 AI & New Media 사업부 부회장을 맡고 있다. 동국대학교 AI융합부 객원교수를 역임하며, 국민대학교 테크노디자인전문대학원 스마트경험 디자인과에 출강하고 있다. 저서로는 『좋아 보이는 것들의 비밀, 인포그래픽』(길벗)이 있다.

이중대

더피알 이중대 대표는 지난 20년간 기업 및 비즈니스 리더들을 위한 다양한 커뮤니케이션(PR, 마케팅, 이슈관리, 위기 대응, 미디어 트레이닝, 코칭, 리더십 등) 활동들을 서비스로 제공해 온 커뮤니케이션 전문가이자 코치(KPC)이다. 대학과 대학원에서는 광고/홍보, 코칭, 리더십, 조직행동, 조직문화, 인사관리 등을 전공했다.

한광섭

제24대-25대 회장으로 한국PR협회를 5년간 이끌었고 현재는 한국PR협회 명예회장이다. 35년간 삼성전자, 삼성구조조정본부, 삼성물산, CJ에서 기업 커뮤니케이션의 모든 분야를 경험했고 이끌었다.

김영섭 kyseop62@naver.com

현재 주식회사 타이거스튜디오 대표이사를 맡아 방송사, 플랫폼사, 영화사에 영상 콘텐츠를 기획해 제공하고 있다. SBS 콘텐츠 허브 대표와 SBS 드라마본부장을 역임했다.

황유선 yoosunny@gmail.com

커뮤니케이션 컨설팅 회사 (주) 글램잇의 대표이자 작가다. 연세대학교에서 언론학 박사학위를 받고 중부대학교 신문방송학과 교수로 재직했다. KBS 아나운서, 한국언론진흥재단 선임연구위원으로 근무한 바 있다. 저서로는 『오해받기도 이해하기도 지친 당신을 위한 책』, 『다시, 대화가 필요한 시간』 등이 있다.

정세진 formint22@hanwha.com

한화솔루션을 거쳐 한화에어로스페이스 전략부문 커뮤니케이션실 실장으로 재직 중이다. 동아일보에서 경제부와 산업부 기자, 논설위원 등으로 근무했으며 저서로는 '시장과 네트워크로 읽는 북한의 변화', '작지만 강한 대학' 등이 있다.

이상우 sangwoo.lee@prain.com

커뮤니케이션 전략연구소인 프레인앤리의 연구소장 겸 대표이며, 한국PR협회 교육이사를 맡고 있다. 마콜컨설팅그룹과 시너지힐앤놀튼에 재직하면서 커뮤니케이션 컨설팅 전반에 걸친 전문가로서 역량을 키웠다. 서울대학교 공과대학에서 섬유고분자공학 학사를 받았다.

방지연
(주)카카오M 홍보팀장, (주)카카오 홍보이사를 거쳐 현재 생활문화기업 (주)LF에서 PR과 기업 SNS 업무를 리딩하고 있다. 콘텐츠, IT, 유통 산업 전반의 기업에서 다양한 브랜드를 PR해 오고 있다. 연세대학교 언론홍보대학원에서 광고홍보 석사를 취득했으며 현재 한국PR협회 교육이사로 활동 중이다.

김은용 hieykim@kpr.co.kr
KPR & Associates 디지털 부문 총괄 겸 디지털커뮤니케이션연구소 소장으로 재직 중이며, 타파크로스와 함께 'KPR 인사이트트리'를 운영하고 있다. 연세대학교, 핀란드 알토경영대학원(Alto University School of Business)에서 MBA를 취득하였고, 칸 국제광고제 은사자상(1997년), 대한민국광고대상(2022년), 올해의 홍보인상(2021년) 등을 수상하였다.

한울아카데미 2487

블랙스완 시대의 PR

32인의 PR 전문가가 본 포스트코로나 시대 32개의 트렌드

엮은이 **한국PR협회** | 펴낸이 **김종수** | 펴낸곳 **한울엠플러스(주)** | 편집 **조수임**

초판 1쇄 인쇄 **2023년 11월 3일** | 초판 1쇄 발행 **2023년 11월 20일**

주소 **10881 경기도 파주시 광인사길 153 한울시소빌딩 3층**

전화 **031-955-0655** | 팩스 **031-955-0656**

홈페이지 **www.hanulmplus.kr** | 등록번호 **제406-2015-000143호**

Printed in Korea.

ISBN 978-89-460-7488-0 03320

978-89-460-8285-4 03320 (학생판)

* 책값은 겉표지에 표시되어 있습니다.

* 이 도서는 강의를 위한 학생판 교재를 따로 준비했습니다. 강의 교재로 사용하실 때는 본사로 연락해주십시오.